Kindler
Taschenbücher

# Geist und Psyche

# Psychotherapie der Psychosen

Herausgegeben von
Günter Ammon

Mit Beiträgen von G. Ammon,
L. Bellak, G. Benedetti,
J. L. Gonzales, G. H. Graber,
L. S. Kubie, L. Pinkus, G. Quevedo,
R. Schneider, H. F. Searles, D. A. Shaskan,
und L. Whitaker

Kindler
Taschenbücher

# GEIST UND PSYCHE
## Herausgegeben von Nina Kindler

Die Übersetzung der Beiträge von L. Bellak,
J. L. Gonzáles/G. Quevedo und D. A. Shaskan
besorgte E. Ortmann. Der Aufsatz von L. S. Kubie wurde
von G. Hoffmann übersetzt.

Redaktion: G. Rave
Korrekturen: E. C. Kindl
Gesamtherstellung: Friedr. Pustet, Regensburg
Printed in Germany
ISBN 3 463 18146 0

# Inhalt

# Vorwort des Herausgebers

Die psychoanalytische Erforschung und Behandlung der sogenannten Geisteskrankheiten war von jeher ein wichtiger Zweig
der psychoanalytischen Arbeit; in den letzten Jahrzehnten ist die
Auseinandersetzung mit dem Problem der psychotischen und
psychosenahen Krankheitsbilder immer mehr zu einem zentralen Arbeitsfeld der Psychoanalyse geworden.

Wenn auch Freud selbst noch der Meinung war, die von ihm
als »narzistische Neurosen« bezeichneten psychotischen Erkrankungen seien aufgrund der ausbleibenden Übertragungsbeziehung einer psychoanalytischen Behandlung nicht zugänglich,
so blieb er doch ständig um ein psychodynamisches Verständnis
der sogenannten Geisteskrankheiten bemüht. Vor allem seine
metapsychologischen Schriften enthalten eine Fülle grundlegender Einsichten zur Psychodynamik der Psychosen, die bis heute
ihre Gültigkeit behalten haben.

Auch die frühen Mitarbeiter FREUDS bemühten sich intensiv
um die Erforschung der Psychosen. C. G. JUNG ist einer der Pioniere in der Schizophrenieforschung. KARL ABRAHAM verdanken
wir grundlegende Untersuchungen zur Psychodynamik der Depression.

Insgesamt aber blieben die psychoanalytischen Ansätze in der
Psychosenforschung und -therapie in Deutschland Episode. Abgesehen von wenigen Ausnahmen blieb die psychoanalytische
Forschung weitgehend auf die ambulante Praxis beschränkt. In
der eigentlichen psychiatrischen Klinik und Lehre blieben KRAE-
PELIN und seine Schüler tonangebend. Für diese galten, nach der
Devise GRIESINGERS, Geisteskrankheiten per definitionem als
Krankheiten des Gehirns, und die sogenannte »Uneinfühlbar-
keit« war für sie geradezu ein differential-diagnostisches Kriterium für das Vorliegen einer psychotischen Erkrankung. Bekanntlich führte dann der Faschismus dazu, daß die Mehrzahl
der Psychoanalytiker Europa verließ und in die USA emigrierte.

Hier war die Psychoanalyse bereits früher auf eine ganz andere, für ihre Weiterentwicklung wesentlich günstigere Situation gestoßen. Die seit jeher stärker therapeutisch-pragmatisch ausgerichtete amerikanische Psychiatrie erkannte in der Psychoanalyse sehr bald einen Beitrag von zentraler Bedeutung, der entsprechend begrüßt und rezipiert wurde.

So entstand in den Dreißiger Jahren, entscheidend vorangetrieben durch psychoanalytische Emigranten wie FEDERN, ALEXANDER, SIMMEL, FROMM-REICHMANN, JACOBSON, WEIGERT u. a. eine psychoanalytisch orientierte Psychiatrie in den USA, die später von FRANZ ALEXANDER und KARL MENNINGER als »Dynamische Psychiatrie« bezeichnet wurde. Damit ist eine Psychiatrie gemeint, welche auf den Erkenntnissen der Psychoanalyse basiert und diese als Grundlagenwissenschaft zur vollen Anwendung bringt.

Die Beiträge, welche dieser Zweig der psychoanalytischen Forschung und Praxis seitdem für das psychodynamische Verständnis der bis dahin als »uneinfühlbar« oder »endogen« geltenden Psychosen erbringen konnte, haben jedoch in der deutschen Psychiatrie – von vereinzelten Ausnahmen abgesehen – bis heute so gut wie kein Echo gefunden, vielfach wurden sie nicht einmal zur Kenntnis genommen.

Dies gilt besonders auch hinsichtlich der vielfältigen psychotherapeutischen Behandlungstechniken, die im Rahmen der Dynamischen Psychiatrie allmählich entwickelt wurden. Ein Umstand, der darin seinen Ausdruck findet, daß Psychoanalyse und Psychotherapie hierzulande zumeist noch immer ambulanter Praxis gleichgesetzt werden bzw. mit der von FREUD für die Neurosentherapie entwickelten Standardsituation auf der Couch.

Dieses spezifische Erfahrungsdefizit und der daraus resultierende Mangel an psychoanalytisch geschulten Psychiatern und an Psychoanalytikern, die auf dem Gebiet der Psychosentherapie und -forschung tätig sind, droht meines Erachtens auch zu einer Gefahr für die in den letzten Jahren endlich in Gang gekommenen Bemühungen um eine grundlegende Strukturreform der deutschen Psychiatrie zu werden; die Gefahr nämlich, daß die angestrebte Humanisierung der Psychiatrie im Organisatorischen und Administrativen stecken bleibt.

KULENKAMPFT (1970) hat darauf kürzlich warnend hingewiesen: »Wir können Bauten errichten, Geldmittel bereitstellen, Zuständigkeiten ändern, Gesetze initiieren: kurzum, wir können das Gehäuse verändern. Ob wir auch die Menschen ändern können, die in diesem optimierten Gebäude wohnen und arbeiten sollen, ist die Frage. Nichts wäre schlimmer, als wenn sich unser Bemühen im Umgießen alten Weins in neue Schläuche erschöpft.« Hier wird ein Problem angesprochen, das WILLIAM MENNINGER, einer der Pioniere der psychoanalytisch orientierten Psychiatrie, zu seiner berühmt gewordenen Maxime »brains before bricks« – erst die Menschen, dann die Häuser – veranlaßt hat.

Damit wird meines Erachtens auch der Stellenwert bezeichnet, welchen die psychoanalytische Erforschung und Behandlung der Psychosen für jede Reform und Neubestimmung der psychiatrischen Krankenversorgung haben muß.

Wie die Arbeiten des vorliegenden Bandes deutlich machen, erfordert die psychoanalytische Behandlung der Psychosen weitgehende Veränderungen in der therapeutischen Technik und führt zu entsprechenden Neubestimmungen in den theoretischen Konzepten, welche der Reflexion und der Kontrolle der therapeutischen Praxis dienen.

Der Weg, den die psychoanalytische Psychosenforschung seit den Tagen FREUDS gegangen ist, läßt sich – in starker Verkürzung – etwa folgendermaßen skizzieren. Zu Beginn steht die triebpsychologische Fragestellung im Vordergrund. Der mit der akuten Psychose verbundene Realitätsverlust wird zurückgeführt auf den Abzug der Objektlibido von der äußeren Realität und ihre Rückkehr ins Ich. Diese Erklärung dient auch dazu, die von FREUD vermutete Unfähigkeit zur Übertragung verständlich zu machen.

Später rückt dann der Ich-psychologische Aspekt stärker in den Vordergrund. Es wird erkannt, daß der psychotische Realitätsverlust nicht einen im Ich konzentrierten Libidoüberschuß anzeigt, sondern im Gegenteil Folge einer Verarmung des Ichs hinsichtlich eigener Energie darstellt. Es wird deutlich, daß psychotisch erkrankte Patienten zumeist eine besonders intensive Übertragungsbeziehung entwickeln, deren Dynamik sich von der Übertragungsneurose allerdings in wesentlichen Punkten unterscheidet.

Gefördert durch die psychoanalytische Direktbeobachtung

der frühkindlichen Entwicklungsschritte und ihrer Störungen werden die Psychosen schließlich als psychodynamisch verstehbare Reaktionsformen auf pathogene und durch Verinnerlichung autonom gewordene Objektbeziehungen der frühesten Kindheit begriffen.

Besondere Bedeutung kommt dabei der psychoanalytischen Gruppenforschung zu, die es ermöglichte, die unbewußte pathogene Dynamik krankmachender Familiengruppen, etwa am Beispiel der sogenannten schizophrenogenen Familie, als Pathologie zerfallender oder allein durch Zwang zusammengehaltener Gruppen verständlich zu machen. Dadurch wurde die individuelle Psychose als Ausdruck eines unbewußten Gruppengeschehens erkennbar, in dessen Verlauf das schwächste Gruppenmitglied zum Krankheitsträger dieser Gruppe werden muß. Die psychoanalytische Erforschung und Behandlung der Psychosen gewinnt damit eine Schlüsselrolle in der Erforschung des interpersonellen und intrapsychischen Geschehens der Ich-Entwicklung in der Gruppe und führt zu weitreichenden Neubestimmungen der psychoanalytischen Theorie und Technik.

Besonders bedeutsam ist dabei meines Erachtens die Erkenntnis, daß Psychose und Neurose zwar beide als verstehbare Reaktionsformen auf verinnerlichte traumatische Erfahrungen verstanden werden können, daß aber die Psychodynamik der Psychosen einer qualitativ anderen Dynamik folgt als die Neurose.

Eben weil die psychotische Reaktion nicht das Ergebnis eines verinnerlichten und unbewußt gewordenen intrapsychischen Konflikts des Patienten ist, wie dies in der Neurose der Fall ist, sondern weil sie einen in der Auseinandersetzung mit der frühesten Umwelt erlittenen strukturellen Defekt des Ichs anzeigt, ist die psychoanalytische Psychosentherapie entscheidend auf die Erforschung der frühen interpersonellen Beziehung selbst und ihrer unbewußten Dynamik angewiesen. Hierfür bietet die therapeutische Gruppe nach meiner Erfahrung optimale, noch immer nicht voll ausgeschöpfte Möglichkeiten. Ich möchte sogar soweit gehen und sagen, daß die heute mancherorts zu hörende Enttäuschung hinsichtlich der psychoanalytischen Psychosenforschung und ihrer Ergebnisse dadurch verursacht wurde, daß einerseits die strukturelle Differenz von Psychose und Neurose nicht hinreichend berücksichtigt wurde – in Deutschland gilt dies

z. B. für die verdienstvollen Bemühungen von SCHULTZ-HEN-
CKE (1951) – und daß andererseits der psychodynamisch entscheidende Zusammenhang von Ich-Entwicklung und Dynamik
der Primärgruppe nicht deutlich genug erfaßt wurde, wie dies
meines Erachtens auch noch für die bahnbrechenden Forschungen von BATESON et al. (1969) gilt.

Der vorliegende Reader legt eine Reihe von Arbeiten vor, die
alle in den letzten Jahren entstanden sind und sowohl praktisch-
therapeutische als auch theoretisch-konzeptionelle Probleme
behandeln, wie sie die derzeitige internationale Diskussion in
diesem Arbeitsbereich bestimmen.

Der Beitrag von KUBIE macht deutlich, daß die aus der Neuro-
senforschung und -behandlung gewonnenen theoretischen Konzepte, insbesondere das psychoanalytische Strukturmodell, einer
konsequenten Funktionalisierung bedürfen, um den Erfahrungen aus der psychotherapeutischen Psychosenbehandlung gerecht werden zu können.

Die Arbeiten von BELLAK und WHITAKER stellen spezifische
Testverfahren vor, die für die differentialdiagnostische Bestim-
mung der Ich-Funktionen und ihrer Störungen erhebliche Bedeutung haben.

Einen Beitrag zur Erforschung spezifischer Ich-Zustände gibt
PINKUS mit seinem Bericht über experimentell hergestellte
Traumzustände als Mittel der therapeutischen Technik in der
Psychosentherapie.

GONZALES und QUEVEDO entwickeln in ihrem Referat auf der
Basis KLEINIanischer Vorstellungen das Konzept einer Regression zu intrauterinen Bewußtseinszuständen in der Psychose.

BENEDETTI liefert einen wichtigen Beitrag zur Diskussion des
Schizophrenieproblems. Einen Überblick über die Entwicklung
psychoanalytischer Konzepte in der Schizophrenieforschung
habe ich selbst beigesteuert.

Die besonderen Bedingungen und Möglichkeiten und die
technischen Probleme in der Psychosentherapie werden von verschiedenen Autoren eingehend beschrieben.

SEARLES entwickelt sein Konzept der therapeutischen Symbiose, die er als ein wechselseitiges reparatives Geschehen begreift, an dem sowohl der Therapeut als auch der Patient aktiv
und kreativ beteiligt ist.

GRABER beschreibt auf der Basis der von ihm begründeten

pränatalen Psychologie die therapeutische Situation als eine duale Erlebniseinheit, welche die Regression zu pränatalen Erlebnisformen und schließlich eine aktive Neugeburt ermöglicht.

Besonders wichtig erscheinen mir die Beiträge über die psychoanalytische Gruppentherapie mit psychotisch oder psychosenahe reagierenden Patienten. SHASKAN berichtet über seine gruppenpsychotherapeutische Arbeit mit Borderline-Patienten. Ich selbst habe versucht, in meiner Arbeit über die Ich-psychologischen und gruppendynamischen Aspekte der psychoanalytischen Gruppentherapie mit ähnlichen Patienten das Konzept der nachholenden Ich-Entwicklung im Medium der Gruppe deutlich zu machen und dabei den theoretisch wie praktisch-therapeutisch entscheidenden Zusammenhang von Ich-Entwicklung und Gruppendynamik deutlich zu machen.

Dieser Ansatz wird in einigen Arbeiten erweitert und im einzelnen ausgeführt und differenziert. SCHNEIDER zeigt in ihrem Beitrag, daß die Psychodynamik des Borderline-Kindes allein aus dem pathogenen Gruppenfeld des Kindes heraus verstanden werden kann, insbesondere hinsichtlich der frühen Mutter-Kind-Beziehung. Ihr Beitrag demonstriert darüber hinaus, wieviel die Psychotherapie der Psychosen in technischer Hinsicht der psychoanalytischen Kindertherapie verdankt.

Das Grundgesetz jeder Psychosentherapie muß nach meiner Erfahrung sein: Die Form der Therapie und die therapeutische Technik müssen sich nach dem Patienten richten und seiner Entwicklung im Rahmen der Therapie kontinuierlich und flexibel angepaßt werden.

Das vorliegende Buch wendet sich vor allem an Ärzte, Psychiater, Psychotherapeuten und alle in der psychiatrischen Krankenversorgung Tätigen. Wenn es ihm gelingt, deutlich zu machen, was im Rahmen einer psychodynamisch orientierten und kontrollierten Psychosentherapie heute schon möglich ist, und wenn es deutlich machen kann, daß die Psychoanalyse in Theorie und Praxis hier sehr viel zu bieten und noch sehr viel mehr zu erforschen und zu lernen hat, dann hat es seinen Zweck erfüllt.

Tagesklinik für Intensive Gruppenpsychotherapie Stelzerreut (Passau)
28. Dezember 1974                                    GÜNTER AMMON

# Ich-psychologische und gruppendynamische Aspekte der psychoanalytischen Gruppentherapie unter besonderer Berücksichtigung psychotischer Strukturen

*Von Günter Ammon*

Psychische Störungen aller Schweregrade können innerhalb eines Ich-psychologischen und gruppendynamischen Konzeptes, das auf der psychoanalytischen Theorie aufbaut und dieses erweitert, verstanden werden als Ergebnis einer in frühester Kindheit liegenden Störung der Ich-Entwicklung. Dabei verstehe ich die Entwicklung des Ichs als ein interpersonelles Geschehen, in dessen Verlauf das Kind in der Interaktion mit der Mutter und der umgebenden Gruppe seine Ich-Funktionen allmählich entwickelt und differenziert und sich schließlich als Persönlichkeit in eigenem Recht selbst wahrnehmen und abgrenzen kann. Die sogenannten Geisteskrankheiten verstehe ich als Störungen dieser Entwicklung, das zunächst uneinfühlbar erscheinende Verhalten der Psychosekranken als deren Manifestationen. Psychotische Reaktionen sind meines Erachtens das Ergebnis einer jeweils spezifisch gestörten Interaktion zwischen dem sich entwickelnden Kind und der Mutter bzw. auch der weiteren Primärgruppe, die unfähig sind, das Kind bei der Entfaltung seiner Ich-Funktionen und bei der Abgrenzung seiner eigenen Identität, die immer in der Gruppe und mit Hilfe der Gruppe stattfindet und immer auch im Dienste der Gruppe stehen wird, adäquat zu unterstützen. Als pathogenes Kräftefeld verstehe ich dabei eine gestörte Mutter-Kind-Beziehung in den ersten drei Lebensjahren, die zur Entstehung eines ungelösten Konfliktes in Form des Symbiosekonfliktes führt. Dieser entfaltet eine jeweils spezifische Dynamik und ist für die psychotische Reaktion ebenso grundlegend wie der Ödipus-Komplex für die Neurose. Neben den psychotischen Reaktionen des schizophrenen und des manisch-depressiven Formenkreises zähle ich auch die sogenannte Boderline-Symptomatik, d. h. Mischformen und Übergänge zwischen Psychose und Neurose, die sexuellen Perversionen und die psychosomatischen Störungen zu den archaischen Ich-Krankheiten.

Die Erforschung der Genese der archaischen Ich-Krankheiten führt zum Verständnis der Dynamik des mit den einzelnen Krankheits-Bildern verbundenen Verhaltens und der Symptome der Patienten. Ein Verständnis der schweren psychischen Störungen als Resultat einer behinderten, arretierten Ich- und Identitätsentwicklung in der Primärgruppe, der Familie, ermöglicht in der Psychotherapie eine nachholende Ich-Entwicklung und Bearbeitung archaischer Konflikte.

Ich möchte betonen, daß die Annahme einer Psychogenese der sogenannten Geisteskrankheiten hier nicht im Sinne einer dogmatischen Ablehnung möglicher somatischer Faktoren in der Ätiologie der schweren psychischen Erkrankungen zu verstehen ist. Wenn ich den Prozeß der Ich-Entwicklung und ihrer Störungen in den Mittelpunkt der Analyse stelle, dann deshalb, weil meines Erachtens auf dieser Ebene, nämlich auf der Ebene des Ichs, der zentralen Ich-Funktionen, alle Faktoren des multidimensionalen und multifaktoriellen Krankheitsgeschehens zusammentreffen, insofern nämlich, als sie auf der Ebene des Ichs sowohl erfahren als auch in Verhalten umgesetzt werden.

FREUD (1924a, 1924b) betonte in seinen Erörterungen der Psychodynamik der Psychosen vor allem den Unterschied zur Neurose. Er verstand die Neurose im wesentlichen als einen intrapsychischen Konflikt zwischen den einzelnen psychischen Instanzen, verbunden mit einer weitgehenden Aufrechterhaltung des Kontaktes zur Außenwelt. Als charakteristisch für die psychotische Reaktion dagegen bezeichnete er die Störung des Verhältnisses zur Außenwelt, nämlich den Realitätsverlust. Er gab hierfür zunächst eine triebpsychologische Erklärung in Form seiner Narzißmustheorie (FREUD, 1911, 1914) und nahm an, daß in der Psychose alle Libido von den äußeren Objekten abgezogen und auf das eigene Ich gerichtet werde. Dieses errichte sich in der Wahnbildung eine eigene Welt. Später betonte er stärker den Ich-psychologischen Aspekt der psychotischen Reaktion (FREUD, 1924a, 1924b). Er begriff die Psychose nun als Ergebnis einer »Verleugnung« der Außenwelt durch das Ich, im Gegensatz zur neurotischen Verdrängung, die gegen die Triebwünsche des Es gerichtet sei. Dabei hob er jedoch hervor, daß die Verleugnung zunächst keine vollständige sei und der Reali-

tätsverlust daher partiell bleibe. Er stellte fest:».... das Problem
der Psychose wäre einfach und durchsichtig, wenn die Ablösung
des Ichs von der Realität restlos durchführbar wäre. Aber das
scheint nur selten, vielleicht niemals vorzukommen«. Auch in
der tiefsten Psychose könnten nämlich zwei Einstellungen beobachtet werden: ».... die eine, die der Realität Rechnung trägt, die
normale; eine andere, die unter Triebeinfluß das Ich von der
Realität ablöst« (FREUD, 1938b). Das starre Nebeneinander beider Einstellungen im Ich, das Anerkennen und die Verleugnung
der Realität und ihrer Ansprüche führe zu einer »Ich-Spaltung
im Abwehrvorgang«, die mit einer Verleugnung der Außenwelt
immer verbunden sei (FREUD, 1938a). Damit stellte Freud eine
direkte Verbindung zwischen dem psychotischen und psychose-
ähnlichen Verhalten und einer strukturellen Veränderung des
Ichs her, von der er annahm, daß sie aus einem Konflikt des Ichs
mit der Außenwelt resultiere.

In der Entwicklung der psychoanalytischen Ich-Psychologie
wurde zunächst der Abwehrmechanismus der Verleugnung weiter differenziert. ANNA FREUD (1936) ordnete ihn ebenso wie die
Projektion und die Identifikation frühen Stufen der Ich-Entwicklung zu. HARTMANN (1953) machte darauf aufmerksam, daß
der die Psychose hervorrufende Konflikt nicht allein aus den »ri-
valisierenden Ansprüchen des Es und Außenwelt an das Ich«,
wie FREUD (1938b) formulierte, resultierte, sondern daß eine Beeinträchtigung des Ichs selbst, d. h. eine Störung seiner Funktionen und seiner Abwehrmöglichkeiten mit zur Entstehung einer
psychotischen Reaktion beitragen. Er verstand diese Beeinträchtigung als Störung der von ihm konzipierten sogenannten »kon-
fliktfreien Ich-Sphäre«, von der er annahm, daß sie durch eine
fortschreitende Neutralisierung libidinöser und aggressiver
Triebenergie auf der Basis primär gegebener autonomer Ich-An-
lagen gebildet werde (HARTMANN, 1939).

RAPAPORT (1958) dagegen entwickelte auf der Basis der
HARTMANNschen Theorie seine Konzeption von der »relativen
Autonomie des Ichs« sowohl gegenüber den Ansprüchen der
Außenwelt als auch gegenüber der Welt der Triebbedürfnisse. Er
verstand diese »relative Autonomie« als Ergebnis einer »kon-
fliktfreien« Tätigkeit der Ich-Funktionen, die eine Überanpassung an die innere Welt der Triebbedürfnisse und an die Außenwelt verhindern. Die Psychose erscheint in diesem Konzept als

Verlust der relativen Autonomie des Ichs und als Überanpassung an die Welt der Triebbedürfnisse.

Für unsere Einsicht in die Ich-psychologischen Bedingungen einer »relativen Autonomie des Ichs« lieferte PAUL FEDERN (1952) entscheidende Beiträge, fußend auf den frühen Erkenntnissen von VIKTOR TAUSK (1933), dessen Namen ich hier einmal nennen möchte. Aus der Traum- und Psychosenforschung entwickelte Federn sein Konzept der beweglichen »Ich-Grenze«, die entsprechend den wechselnden »Ich-Zuständen« das Ich nach innen und außen gegen das Nicht-Ich abgrenzt. Die dynamische Einheit des Ichs ist danach von flexiblen Grenzen umgeben, die als eine Art peripheres Wahrnehmungsorgan nach innen und außen dienen und mit wechselnden Beträgen einer Ich-eigenen narzißtischen Energie, die FEDERN als »ego cathexis« bezeichnet hat, besetzt sind. Gegenüber dem funktionellen Aspekt des Ichs betonte FEDERN das »Ich-Gefühl«, in dem das Ich als ein kontinuierliches psychisches Erlebnis seinen Ausdruck finde.

Mit Hilfe dieses hier nur kurz skizzierten begrifflichen Instrumentariums konnte PAUL FEDERN den Ich-psychologischen Aspekt der psychotischen Reaktion präzise beschreiben. Er verstand die Entfremdungs- und Depersonalisationsgefühle der Psychose als Ausdruck eines Mangels an Ich-eigener narzißtischer Energie und einer daraus resultierenden unzureichenden Besetzung der Ich-Grenzen. Dadurch werde die Unterscheidung von Ich und Nicht-Ich bedroht, die allein durch die Ich-Grenze möglich ist. Auch wenn die Ich-Funktion der Realitätsprüfung weiterbesteht, entstehen dann Entfremdungsgefühle. Die Realität wird zwar deutlich wahrgenommen, aber als fremd und unwirklich erlebt. Ähnlich erklärte FEDERN die Entstehung von Wahnvorstellungen. In der Psychose überflutet das »ent-ichte« Unbewußte ein Ich, dessen Grenzen unzureichend besetzt sind. FEDERN sah daher im Mangel an Ich-eigener narzißtischer Energie, in einer Schwäche der Ich-Grenzen, die Ursache für die Psychose und nicht in einem Rückzug der Libido von der Außenwelt. Er erkannte, daß psychotisch reagierende Patienten eine starke Übertragungsbeziehung entwickeln können, und widerlegte damit FREUDS Vorstellung, der in der Unfähigkeit zur Übertragung ein wichtiges Kennzeichen der Psychose gesehen hatte. Die Übertragung ist nur eine andere als die neurotische

Übertragung, ich habe sie als eine symbiotische Übertragung beschrieben (AMMON, 1971a).

RAPAPORTS Theorie der »relativen Autonomie des Ichs« und FEDERNS Konzept der »Ich-Grenze« erwiesen sich als außerordentlich fruchtbar in der Anwendung auf das Studium der Ich-Entwicklung und ihrer Störungen. Wir können dann das Ziel der Ich-Entwicklung in dem Aufbau einer flexiblen Ich-Grenze bzw. ihrer ständigen Erweiterung sehen, die dem Ich eine konfliktfreie Tätigkeit seiner Ich-Funktionen und damit eine relative Autonomie gegenüber den inneren Bedürfnissen und den Bedürfnissen der Außenwelt ermöglicht (vgl. AMMON, 1972, 1973). In diesem Sinne verstehe ich den Aufbau der Ich-Grenze und die damit ermöglichte Unterscheidung von Ich und Nicht-Ich als die entscheidende Phase der Ich- und Identitätsentwicklung. Der Aufbau der Ich-Grenze wird dabei durch primär gegebene Ich-Funktionen ermöglicht. Diese sind zu ihrer Entfaltung jedoch gebunden an die Unterstützung durch die erste Umgebung, die Primärgruppe, insbesondere durch die Mutter im Rahmen der frühen Symbiose von Mutter und Kind. Diese Symbiose beginnt pränatal, schon vor der Geburt können psychische Faktoren wie die unbewußte Ablehnung durch die Mutter, vermittelt durch vegetative und hormonelle Einflüsse, die Entwicklung des Kindes behindern. GRABER (1973) hat darauf hingewiesen, daß auch pränatal schon die umgebende Gruppe an dieser Entwicklung teilhat.

Störungen des interpersonellen Geschehens in der Symbiose, in der das Kind seine Ich-Funktionen der konstruktiven Aggressionen und der Kreativität entdeckt und im schützenden Rahmen Symbiose entwickelt und erprobt, führen zu psychopathologischen Syndromen, die einerseits durch die Unfähigkeit, zwischen Ich und Nicht-Ich zu unterscheiden, gekennzeichnet sind – insofern handelt es sich um eine Störung im Aufbau der Ich-Grenzen – und die andererseits ein starkes Maß an destruktiv gewordener Aggression aufweisen. Insofern handelt es sich um eine pathologische Deformation einer zentralen Ich-Funktion. Die archaischen Ich-Krankheiten der psychotischen Reaktion, der sogenannten Boderline-Symptomatik, der sexuellen Perversionen und der psychosomatischen Erkrankungen (vgl. AMMON, 1973b) verstehe ich als Reaktionsformen auf eine solche Störung im Aufbau der Ich-Grenzen bzw. der daran beteiligten Ich-

Funktionen. Sie können meines Erachtens allgemein als Manifestationen einer pathologischen Arretierung der Ich- und Identitätsentwicklung auf präödipaler Ebene aufgefaßt werden. Ich
bezeichne sie als archaische Ich-Krankheiten, die zusammen ein
Spektrum bilden. Die zugrunde liegende verinnerlichte Kon-
fliktsituation begreife ich hier als Symbiosekomplex, um die
präödipale Ebene des frühkindlichen Konfliktes zu bezeichnen,
der im psychopathologischen Verhalten eine sekundäre pathologische Autonomie gewonnen hat.

Während der ersten Lebenszeit erlebt sich das Kind nicht als
von der Mutter getrennt, es unterscheidet nicht zwischen Innen
und Außen, zwischen Selbst und Nicht-Selbst, zwischen Ich und
Nicht-Ich. Die Mutter wird als Teil des eigenen Körpers erlebt,
der Körper selbst hat keine klaren Grenzen. Indem die Mutter
sich im Rahmen dieser Symbiose dem Kind liebevoll zuwendet,
seine Bedürfnisse und seine Körpersprache versteht und adäquat
beantwortet, ermöglicht sie es dem Kind, allmählich seine Bedürfnisse und Körperfunktionen selbst wahrzunehmen und
seine Ich-Funktionen zu erproben.

Die symbiotische Interaktion zwischen Mutter und Kind entfaltet sich dabei auf vielen Ebenen. Sie bildet den Rahmen für die
Ausbildung des Körper-Ichs, für die Entfaltung der primär gegebenen Ich-Funktionen der konstruktiven Aggression und der
Kreativität und bildet auf diese Weise ein Übungsfeld, auf dem
das Kind in der kontinuierlichen Interaktion mit der Mutter seine
Ich-Funktionen entwickelt und seine Ich-Grenzen aufbaut und
erlebt.

SPITZ (1955) hat darauf hingewiesen, daß das Kind die Situation seiner Symbiose mit der Mutter in einer frühen Phase seines
Lebens nach dem »Höhlenmodus der Wahrnehmung« erlebt,
d. h. mit Hilfe der »Urhöhle« des Mundes, indem alle Erfahrungen zugleich innere und äußere Wahrnehmungen sind. Er hat
diesen Erfahrungsmodus als Brücke zwischen Innen- und
Außenwahrnehmung überzeugend beschrieben und auf die interpersonelle Qualität der Situation mit den folgenden Worten
aufmerkam gemacht: »Man könnte hinzufügen, daß dieses frühe
intraorale Erleben ja darin besteht, daß das Kind die Brust in sich
hineinnimmt, während es zugleich in Arme und Brust der Mutter
eingehüllt ist. Der Erwachsene betrachtet dies als ein getrenntes
Erlebnis. Aber für das Kind sind sie nur eines, sind singulär und

untrennbar, ohne Unterschied zwischen den konstituierenden Teilen, so daß auch jeder dieser konstituierenden Teile für das ganze Erleben stehen kann.« Das heißt, der Urhöhle des eigenen Mundes entspricht die Urhöhle der mütterlichen Arme, die das Kind tragen, und der Brust, an die es sich anlehnt. Dieses Tragen ist natürlich wesentlich in der Psychotherapie von psychotisch reagierenden und von Borderline-Patienten. Derartig Ich-kranke Patienten müssen oft für lange Zeit im wahrsten Sinne des Wortes getragen werden, man muß ganz für sie da sein. Dabei ist die Gruppentherapie indiziert und außerordentlich hilfreich, denn was der einzelne nicht tragen kann, kann die ganze Gruppe tragen.

Diese »Welt der Urhöhle« ist nach Spitz »die Matrix sowohl von Introjektion wie Projektion«, in denen wir die erste, primär-prozeßhafte Form jener Ich-Funktionen erkennen können, die später der stabileren Trennung von Ich und Nicht-Ich dienen werden.

Spitz bezeichnet die »Urhöhle« des Mundes und die interpersonelle Situation, welche durch sie repräsentiert wird, als Ort des »Übergangs für die Entwicklung bewußter zielgerichteter Aktivität, für das erste aus der Passivität auftauchende Wollen«, eine Vorstellung, die meinem Konzept der Ich-Funktion der konstruktiven Aggression sehr nahe kommt, obwohl Spitz selbst eine orthodoxe Triebtheorie hinsichtlich der Aggression weiter vertritt. In dieser frühen Phase der Symbiose, die eingeleitet wird durch das Lächeln, mit dem das Kind am Ende des dritten Lebensmonats auf die Wahrnehmung des Gesichts der Mutter antwortet, bewegt die symbiotische Interaktion sich vor allem auf der Ebene des Körper-Ichs und dient der Ausbildung desselben. Wie wichtig in dieser Phase der kontinuierliche direkte Kontakt, der Körperkontakt mit der Mutter für die Ich-Entwicklung des Kindes ist, haben die Hospitalismusforschungen von Spitz (1946) ebenso gezeigt wie die Untersuchungsreihen der vergleichenden Verhaltensforschung, insbesondere die Versuche an Primaten von Harlow und Harlow (1966). Schon bei der Ausbildung der Körpergrenzen gehen Triebentwicklung und Ich-Entwicklung parallel, und eine Unterdrückung der einen ist immer gleichbedeutend mit einer Verstümmelung der anderen, d. h. Triebunterdrückung ist immer auch Blockierung der Ich-Entwicklung. Auch nach dem Abschluß dieser Phase der Entwicklung, also nach Erreichung einer Kontrolle und Koordina-

tion der Körperfunktionen und der Motorik, lebt das Kind in
einer Symbiose mit der Mutter, einer psychologischen Symbiose.
Neben dem bewußten Verhalten der Mutter gegenüber dem
Kind, der Art und Weise ihres körperlichen Kontaktes und ihrer
Pflege und Zuwendung sind es vor allem ihre unbewußten Phantasien, die für die Ich-Entwicklung des Kindes ausschlaggebende
Bedeutung haben. ANZIEU (1971) hat festgestellt, daß die unbewußten Phantasiebildungen nicht, wie vielfach angenommen
wird, als individualpsychologische Vorgänge par excellence verstanden werden dürften, sondern daß sie vielmehr eine interpersonelle Realität darstellen. Als solche stecken sie den Bewegungs-
und Artikulationsrahmen der Ich-Entwicklung ab, sie entscheiden sozusagen über die Ausdehnung und den Differenzierungs-
grad des »Spielfeldes« der Symbiose.

In diesem Sinne hat ERIKSON (1965) darauf hingewiesen, daß
die Erfahrungsfähigkeit der Mutter und der Primärgruppe gegenüber den Bedürfnissen des Kindes die Voraussetzung für eine
gelingende Ich-Entwicklung bilden. Die Dynamik, welche der
Prozeß der individuellen Ich-Entwicklung entfaltet, ist daher eng
verbunden mit der unbewußten Dynamik der Gruppe, in deren
Rahmen das Kind aufwächst, und die Dynamik der Primärgruppe hat für das Gelingen oder das Mißlingen dieser grundlegenden Phase der Ich-Entwicklung entscheidende Bedeutung.
Die entscheidenden Mechanismen, die die symbiotische Interaktion von seiten des Kindes bestimmen, sind Projektion und
Identifikation, welche in einer Situation zur Anwendung kommen, in der das Kind für lange Zeit keine klare Unterscheidung
zwischen sich selbst und den Objekten bzw. den entsprechenden psychischen Repräsentanzen treffen kann, d. h. während der
gesamten präödipalen Entwicklungsphase. Ihre Aufgabe besteht
einerseits darin, die Bedürfnisse des Kindes zu befriedigen und
es vor Gefahren der Realität zu schützen, andererseits darin, ihm
beim Ertragen der unvermeidlichen Frustrationen behilflich zu
sein. Mutter und Gruppe übernehmen also für das sich entwik-
kelnde Kind für lange Zeit die entscheidende Ich-Funktion der
Abgrenzung nach innen und außen. Indem sie das Kind darin
unterstützen, seine eigenen Bedürfnisse zu erkennen und zu artikulieren, helfen sie ihm, eine Ich-Grenze gegenüber den inneren
Triebbedürfnissen aufzubauen. Indem sie das Kind in der Erforschung der Außenwelt, in seinem neugierigen Herangehen an

Dinge und Menschen unterstützen, helfen sie ihm, eine Ich-Grenze gegenüber der Außenwelt aufzubauen.

Im Zuge seiner Entwicklung übernimmt das Ich des Kindes dann fortschreitend die Funktionen, die vorher von der Mutter bzw. der Primärgruppe insgesamt wahrgenommen wurden. Es lernt, seine Bedürfnisse zu erkennen und zu artikulieren, seine Körperfunktionen und -bewegungen zu koordinieren, und es beginnt, selbständig die Umwelt zu erforschen und im Spiel zu verändern. Hierzu bedarf es jedoch der kontinuierlichen Unterstützung durch Zufuhr von »external narcissistic supplies«, wie FENICHEL (1945) es formulierte, und es braucht körperliche Zuwendung und narzistische Bestätigung atmosphärischer Art.

Wenn Mutter und Gruppe unfähig sind, dem Kind diese Unterstützung zu geben, wenn sie den Bedürfnissen des Kindes und seinen Äußerungen mit Unverständnis, Ablehnung oder sogar mit offener Feindseligkeit begegnen, dann sind schwere Entwicklungsstörungen die Folge. Das Kind erfährt die Ablehnung durch die Mutter als eine existentielle Verlassensangst und Vernichtungsdrohung. Seine schwachen Ich-Grenzen werden mit der Überflutung durch innere und äußere Nicht-Ich-Inhalte bedroht. Anstelle einer flexiblen Ich-Abgrenzung, die nach innen und außen der Kommunikation dient, tritt eine Abspaltung des ganzen betroffenen Erfahrungsbereichs im Ich und eine Verleugnung des entsprechenden Bereiches in der Realität. Es entstehen sozusagen weiße Flecken auf der Landkarte des Ichs, Bereiche, in denen das Ich des Kindes nach innen und außen erfahrungsunfähig bleibt und die daher als Ich-fremd verleugnet und abgespalten werden müssen. Auf diese Weise entsteht ein strukturelles Ich-Defizit, ein Defizit in der Ich-Grenze, das ich als »Loch im Ich« bezeichnet habe (AMMON, 1972a). Die betroffenen Bereiche der Erfahrung können dann in die weitere Entwicklung nicht mit aufgenommen werden. Das Kind bleibt in diesen Bereichen in einer diffusen Abhängigkeit von undifferenzierten Objekten. Es wehrt die damit verbundenen Gefühle einer archaischen Vernichtungsangst durch Abspaltung und Verleugnung ab. Je nach dem Zeitpunkt und der Dauer der präödipalen traumatischen Erfahrung wird es eine spezifische psychopathologische Symptomatik entwickeln, die der Kompensation des narzißtischen Defizits dient und das »Loch im Ich« gewissermaßen ausfüllt. Die destruktive Dynamik, welche diese Symptoma-

tik, d. h. die archaische Ich-Krankheit, entwickelt, verstehe ich
nicht als Anzeichen einer nicht gelungenen Neutralisierung oder
Sublimierung eines destruktiv-aggressiven Triebes. Meines Erachtens bezeichnet die Destruktion eine reaktive pathologische
Deformierung der ursprünglich konstruktiven Aggression, die
ich als eine primär gegebene Ich-Funktion begreife, d. h. weder
als gezähmten Trieb (im Sinne von MITSCHERLICH, 1958, 1969)
noch als Antrieb (im Sinne von SCHULTZ-HENCKE, 1951). Diese
Ich-Funktion des neugierigen Herangehens an Dinge und Menschen ist ebenso wie die eng verwandte Ich-Funktion der Kreativität von zentraler Bedeutung für den Aufbau der Ich-Grenzen
in der Zeit der Symbiose. Sie verwandelt sich in Destruktion,
wenn sie auf eine erfahrungsunfähige Mutter und Gruppe stößt,
die mit Angst oder feindseliger Ablehnung auf die Aktionen des
Kindes reagieren. In diesem Sinne ist die destruktive Aggression
gewissermaßen das Negativ der konstruktiven Aggression.

Die Erfahrungsunfähigkeit der Mutter gegenüber dem Kind
kann sich in verschiedenen Formen und auf verschiedenen Ebenen der symbiotischen Beziehung äußern. Nach meiner Erfahrung ist das Spezifische bei der schizophren-machenden Mutter
in der malignen Form deren Unfähigkeit, Mutter sein zu können.
Diesen Pseudomüttern ist das kleine Kind, das auf ihre Hilfe angewiesen ist, bedingungslos ausgeliefert. Eine benigne Form der
schizophren-machenden Mutter sind die sogenannten Kindmüt-
ter, die von ihren eigenen Kindern erwarten, wie von einer Mutter behandelt zu werden (GISELA PANKOW, 1968).

Wenn die Rolle der Mutter in der Pathogenese der archaischen
Ich-Krankheiten hier auch betont wird, bedeutet dies nicht, daß
die Mutter als krankmachendes Agens isoliert werden kann. In
ihrem Verhalten gegenüber dem Kind repräsentiert sie die Primärgruppe insgesamt und bringt deren unbewußte Dynamik
zum Ausdruck. Wenn die Gruppe insgesamt keine Identität hat
und sich als Gruppe nicht gegen die Außenwelt abgrenzen kann,
dann wird auch die Mutter in der Symbiose mit dem Kind diesem
keine Ich-Abgrenzung gestatten und ermöglichen können. Eine
Primärgruppe, die zu einer solchen Abgrenzung nicht in der
Lage ist, wird insgesamt ein pathogenes Kräftefeld darstellen.
Die Gruppe als ganze ist dann unfähig, ein Gruppen-Ich und eine
Gruppenidentität zu bilden. Sie wird entweder überangepaßt
sein an die Außenwelt und ihre Normen oder an die Innenwelt

der Gruppe und ihre Konflikte. In beiden Fällen ist die Gruppe
gelähmt und als Gruppe aktionsunfähig, ist sie eine tote Gruppe.
Die Erforschung der sogenannten schizophrenogenen Familie
(vgl. BATESON et al., 1969) und der Familiengruppen von depres-
siv-psychotischen Patienten (vgl. COHEN, 1954) hat die pathogene Dynamik dieser zerfallenen, überangepaßten und allein
durch inneren oder äußeren Zwang zusammengehaltenen
»Pseudogemeinschaften« (WYNNE, 1958) sehr deutlich gemacht.
Das Kind ist also, um eine kommunizierende Ich-Grenze auf-
bauen zu können, immer darauf angewiesen, daß es in der Symbiose mit Mutter und Primärgruppe von kommunizierenden
Ich-Grenzen umgeben ist. In der Auseinandersetzung mit diesen
dynamischen interpersonellen Strukturen kann es dann seine ei-
genen Ich-Grenzen, d. h. seine eigene relative Autonomie im
Sinne einer fortschreitenden kreativen Erweiterung der Ich-
Identität ausbilden und differenzieren. Die archaischen Ich-
Krankheiten sind Ausdruck einer Störung des ersten und
entscheidenden Schrittes dieser Ich- und Identitätsentwicklung.
Sie gehen zurück auf eine nicht gelungene Ausbildung eigener
Ich-Grenzen und ein dadurch verhindertes Heraustreten aus der
Symbiose. Deswegen bezeichne ich die verursachende Konflikt-
konstellation als Symbiosekomplex. Wir erleben es immer wieder in psychotherapeutischen, psychoanalytischen und gruppenanalytischen Prozessen, daß die Patienten im Widerstand sich
gegen diesen Schritt in die Identität sträuben, daß sie in der Weigerung, eine Identität anzunehmen, bis zum Selbstmord gehen
können (AMMON, 1973c).
In der Nachfolge von FERENCZI hat BALINT (1968) mit seiner
»Theorie der Grundstörung« (basic fault) ein Konzept entwik-
kelt, das in manchen Zügen dem entspricht, was ich als Symbiosekomplex bezeichne. Auch er macht darauf aufmerksam, daß
eine frühe Störung der psychischen Entwicklung in der »Zwei-
Personen-Beziehung« zwischen Mutter und Kind eine andere
Dynamik entfaltet als der ödipale Konflikt der Neurose, und er
betont ebenfalls den interpersonellen Charakter dieser präödipalen pathologischen Dynamik. Aber BALINT gibt für sein Konzept
der Grundstörung, wie er selbst hervorhebt, keine strukturtheo-
retischen Koordinaten. Er gibt eine hervorragende Phänomenologie des symbiotischen Zustandes und seiner Störung, entwik-
kelt aber kein Konzept, das die Entstehung und Veränderung

dieser Zustände im Rahmen der Ich-Entwicklung verständlich macht. Die Konsequenzen, die er aus seinen Beobachtungen für die therapeutische Arbeit zieht, müssen daher auch minimal bleiben.

Auch MARGARET MAHLER (1969) hat in der Erforschung der Genese und der Dynamik infantiler psychotischer Reaktionen wesentlich zur Erhellung der symbiotischen Dynamik beigetragen. Ihre Konzeption, die in der fehlgeschlagenen Symbiose die Ursache für psychotische und psychoseähnliche Reaktionen erkennt, entspricht in vielem dem, was ich unter dem Symbiosekomplex verstehe. Hinsichtlich ihrer Ich-Theorie und ihrer triebpsychologischen Annahmen – sie steht einerseits der HARTMANNschen Schule nahe, andererseits der Richtung von MELANIE KERN (1952) – unterscheidet sich ihr Konzept der symbiotischen Dynamik in wesentlichen Punkten von meinen Vorstellungen. Dies gilt insbesondere für die Konzeption der Aggression, die MAHLER als Triebgeschehen begreift, und für die Rolle der Gruppe, der sie keine Bedeutung beimißt.

Die Funktion der Gruppe in der Pathogenese der archaischen Ich-Krankheiten wird besonders deutlich im Fall der symbiotischen Störung in Form einer verlängerten Symbiose. Die Mutter versucht dann, das Kind über die Zeit der natürlichen Symbiose hinaus an sich zu fesseln, weil sie in der gestörten Gruppe allein nicht zu bestehen vermag. Das Kind wird von den übrigen Mitgliedern der Familie der Mutter überlassen, um der Gruppe zu erlauben, ihre eigenen Konflikte nicht erkennen zu müssen. Dem Kind wird dadurch verboten, eine eigene Identität in der Primärgruppe der Familie zu entwickeln. Als schwächstes Mitglied der Familiengruppe dient es dazu, den gemeinsamen unbewußten Konflikt durch Projektion in einem Mitglied zu lokalisieren, um ihn damit kontrollieren und abwehren zu können. In der Gruppenpsychotherapie, in der von den Patienten die frühe Familiensituation wiederhergestellt und wiedererlebt wird, dient dann einerseits das Eingehen einer symbiotischen Beziehung zu einem Partner außerhalb der Gruppe als Widerstand gegen die Teilnahme am Gruppenprozeß. Andererseits kann in der Gegenübertragung der gesamten Gruppe auf einen Patienten dieser zum Krankheitsträger gemacht und als schwächstes Gruppenmitglied isoliert werden.

Meist wird die infantile Symptomatik, welche die elterlichen

Konflikte zum Ausdruck bringt, von den Eltern nicht als Manifestation ihrer eigenen Schwierigkeiten erkannt. Das Kind ist dann gezwungen, sich in Form seiner Pathologie an die krankmachende Familiensituation anzupassen – parallel zu der Anpassung der schwer gestörten Ich-Kranken an die Institution einer Heil- und Pflegeanstalt, in der der Kranke Symptome entwickelt, die wir heute als Artefakte im Sinne eines Hospitalismus bezeichnen.

Die infantile Symptomatik wird als Krankheit des Kindes mißverstanden und behandelt, sie wird dann in der Folge verdeckt durch die Ausbildung eines falschen Selbst (WINNICOTT, 1935, 1948; GUNTRIP, 1968, und KAHN, 1968, 1972) im Sinne einer Fassade des überangepaßten Funktionierens. Tritt dann eine Veränderung der pathogenen, aber »unauffälligen« Situation ein, z. B. beim Eintritt in die Schule, beim Beginn der Pubertät, beim Verlassen des Elternhauses oder auch später beim Verlassen von Schule oder Universität, welche die Rolle der symbiotischen Mutter und Primärgruppe übernommen haben, dann kommt es zum manifesten Ausbruch der Krankheit. Wir können sie als einen Versuch verstehen, das durch die Trennung von der Mutter erneut virulent gewordene »Loch im Ich« durch eine demonstrative Pathologie auszufüllen, die den Patienten in die alte Abhängigkeit von der Mutter zurückbringt. Die Latenz der psychotischen oder psychosenahen Ich-Störung kann erhalten oder wiederhergestellt werden, wenn andere symbiotische Partnerbeziehungen eingegangen werden. Erst wenn diese »Ersatz-Symbiosen« – wie Ehen, Freundschaften, Arbeitsgruppen – aufhören zu funktionieren, wenn aus inneren oder äußeren Anlässen das symbiotische Gehäuse plötzlich als ein Gefängnis erfahren wird, kann es zu einer psychotischen Reaktion kommen. Diese erscheint daher als ein verzweifelter Protest gegen die Gefangenschaft, in der das Ich sich durch sein jeweiliges Mit-Ich (Dosužkov, 1971) gehalten fühlt, und führt, weil die Ich-Entwicklung nicht über die symbiotische Phase hinausgelangt ist, zu den quälenden Erfahrungen des Ich-Verlustes, der Entfremdung und des Nicht-Ich-Gefühls. Die vielfach beobachtete Periodizität psychotischer Reaktionen, die in der sogenannten »Schub«-Theorie oberflächlich rationalisiert wird, findet hier eine psychodynamische Erklärung.

Die Dynamik der verlängerten Symbiose tritt besonders deutlich auch hervor in der sogenannten »folie à deux« der gemeinsamen Wahnbildung, die als Versuch verstanden werden kann, das symbiotische Gehäuse gleichzeitig beizubehalten und phantastisch auszudehnen. Auch die paranoische Form der schizophrenen Reaktion geht meines Erachtens zurück auf eine verlängerte Symbiose. Die Paranoia dient daher nicht, wie Freud (1911) annahm, einer Abwehr der latenten Homosexualität, sondern die Homosexualität dient hier vielmehr umgekehrt als Abwehr gegen die als verfolgend erlebte symbiotische Mutter.

Der infantile Konflikt wird erneut dargestellt und ausagiert, es ist charakteristisch für die archaischen Ich-Krankheiten, daß die Parienten ihre Symptomatik im Hier und Jetzt des Ausagierens nicht als Ich fremd und pathologisch erleben, obwohl ihr Symptomverhalten zumeist in krassem Gegensatz zur überangepaßten Fassade ihres falschen Selbst steht. Sie leben ihren unbewußten Konflikt vielmehr traumhaft in die Realität hinein aus, die dadurch zur Bühne ihrer infantilen Symbiose wird. Die Umwelt wird sozusagen aufgefordert, die Funktion der Ich-Abgrenzung für den agierenden Symbiosekranken zu übernehmen. Im Hier und Jetzt das Ausagierens erscheint den Kranken ihr Verhalten dabei auch nicht als eine Störung ihres Kontaktes zur Außenwelt, ihr pathologisches Verhalten ist vielmehr häufig die einzige Form, in der sie sich selbst als existent und die Außenwelt als wirklich erleben können, d. h. in der sie ein Ich-Gefühl haben können. Ich habe dies auch an anderer Stelle als eine soziale Psychose bezeichnet.

Hier tritt ein entscheidender Unterschied zum neurotischen Symptom hervor. Dieses wird von den Patienten als Ich-fremd erlebt, als (W. Schindler, 1951) andererseits die Mutter auf die Gruppe als ganze übertragen wird (W. Schindler, 1966). Die Gruppe ermöglicht dem Patienten eine Regression bis in die symbiotische Phase seiner Entwicklung, da durch die Aufsplitterung der Übertragung in der Viel-Personen-Situation die mit dem pathogenen symbiotischen Konflikt verbundene destruktive Aggression, die eine Zwei-Personen-Beziehung zerstören würde, die Probleme der Abhängigkeit, die Angst vor dem Verschlungenwerden und vor Vernichtung wiedererlebt und bearbeitet werden kann.

Ausgehend von der vom regredierten Patienten wiedererlebten Situation der Primärgruppe bietet die therapeutische Gruppe ihm ein »facilitating environment« (WINNICOTT, 1972) bei seiner nachholenden Ich-Entwicklung. Die Gruppe unterstützt das sich entwickelnde Ich in der Entfaltung und Differenzierung seiner Ich-Funktionen und hilft dem einzelnen Patienten bei der Abgrenzung und Erweiterung seiner Ich-Identität.

Voraussetzung dafür ist der Aufbau flexibler Gruppengrenzen (AMMON, 1972b), die der Gruppe als ganze eine konstruktive Abgrenzung von der Umwelt erlauben. Intakte Gruppengrenzen, für deren Aufbau und Erhaltung der Therapeut als zentrale Figur sorgt, bieten dem Patienten die Geborgenheit und den Schutz, den er zur Bearbeitung seiner archaischen Konflikte braucht, und dienen ihm als Vorbild zum Aufbau eigener Ich-Grenzen.

Die zweite wesentliche Aufgabe der therapeutischen Gruppe liegt in der ständigen Realitätskontrolle, die sie vorerst für den Patienten übernimmt. Wie in allen seinen aktuellen Gruppen seines Lebens- und Arbeitsbereiches macht der Ich-kranke Patient auch die therapeutische Gruppe zur Bühne des direkten Agierens seiner Konflikte. Die therapeutische Gruppe ist der Ort, an dem das Agieren des Patienten verstanden und überwunden werden kann.

In der klinischen Praxis stößt die Trennung der neurotischen von psychotischen oder psychosenahen Zustandsbildern häufig auf große Schwierigkeiten, weil die Krankheitsbilder sich vielfältig überlagern können. Die Differentialdiagnose ist aber andererseits sehr wichtig für die Wahl der adäquaten therapeutischen Technik.

Mein Lehrer KARL MENNINGER (1963) hat das große Verdienst, die psychiatrische Diagnostik einer grundlegenden Kritik und Revision unterzogen zu haben. Er hat die sogenannten Geisteskrankheiten entmythologisiert und hat in Theorie und Praxis eine psychodynamisch orientierte Therapie auch der schwersten psychischen Erkrankungen entscheidend gefördert. KARL MENNINGER entwickelte ein Konzept, wonach alle psychischen Störungen, von der leichtesten neurotischen Irritation bis hin zur schwersten psychotischen Erkrankung, als Ich-Kontrollstörungen unterschiedlichen Grades verstanden und behandelt werden können. Er unterschied die Funktionsstörung (dysfunction), welche das Verhalten beschreibt, von der Organisationsstörung (dysorganization), welche die durch das pathologische Verhalten erfolgende Veränderung im Zustand der psychischen Organisation erfaßt. Funktionsstörung und entsprechende Organisationsstörung faßte er zusammen als Kontrollstörung (dyscontrol). Die Kontrollstörung bezeichnet eine Störung der Stabilisierungsoperationen (coping devices), mit deren Hilfe das Ich als »Hüter des Lebensgleichgewichtes« die Balance (vital balance), wie KARL MENNINGER (1963) es zuletzt formuliert hat, des psychischen Systems gegenüber den Triebimpulsen und dem Streß der Außenwelt zu bewahren versucht. Das Ich wird dabei von MENNINGER vor allem als ein der Triebabwehr dienendes Kontroll- und Regulationssystem begriffen. Es ist identisch mit der Summe seiner Funktionen, welche aus einer Hierarchie von Abwehrmechanismen und regulierenden Bewältigungsmaßnahmen, den coping devices, besteht.

Ich möchte MENNINGERS Konzept einer gleitenden Skala graduell unterschiedlicher Kontrollstörungen erweitern und von einem gleitenden Spektrum der psychischen Erkrankungen sprechen, um damit den strukturellen Unterschieden gerecht zu werden, die aus den verschiedenen, jeweils spezifischen Konfliktsituationen resultieren, welche den einzelnen Krankheitsbildern zugrunde liegen. Es ist schließlich doch ein Unterschied, ob es sich um eine hysterische Reaktion handelt, eine phobische oder eine schizophrene Reaktion, um eine zwangsneurotische oder um eine psychosomatische. Den einen Pol des Gesamtspektrums der psychischen Erkrankungen bilden die archaischen Ich-Krankheiten, die auf ein in einer arretierten Symbiose erworbenes strukturelles Ich-Defizit zurückgehen. Den anderen Pol des Spektrums bilden die neurotischen Erkrankungen, die auf einen ungelösten Ödipuskomplex zurückgehen.

Einen breiten Grenzbereich zwischen den psychotischen Erkrankungen und den neurotischen Erkrankungen bildet das Gebiet der sogenannten Borderline-Symptomatik, in der ein zugrunde liegender struktureller Ich-Defekt durch eine Vielzahl neurotischer Symptombildungen überdeckt wird.

Es ist eine von vielen Psychotherapeuten geteilte Erfahrung, daß die vorherrschende Symptomatik in den letzten Jahrzehnten eine deutliche Verschiebung von den neurotischen Zustandsbildern zu den psychosenahen Krankheitsformen vom Typ der Borderline-Symptomatik erkennen läßt. Dies hat seine Ursache sicherlich darin, daß die Entwicklung der psychoanalytischen

Erforschung der Ich-Entwicklung und die korrespondierende Gruppenforschung uns ein besseres Verständnis dieser Symptomatik ermöglicht hat. WOLBERG (1973) hat erst kürzlich darauf hingewiesen, daß viele von FREUD beschriebene Patienten, wie z. B. auch der berühmte »Wolfsmann« (Freud, 1918), Borderline-Patienten waren. Dem entsprach auch die Therapietechnik, die man intuitiv beim »Wolfsmann« anwendete und die der heutigen Erfahrung mit Borderline-Patienten entspricht. Dieser Patient wurde im Sinne einer aktiven Therapie über Jahrzehnte von mehreren Therapeuten behandelt, man nahm ihn teilweise in das Haus des Therapeuten auf, sorgte für seinen Lebensunterhalt.

Andererseits aber bezeichnet das Zunehmen der archaischen Ich-Krankheiten wohl auch eine Situation des fortschreitenden Zerfalls der bürgerlichen Kleinfamilie, welche ihre lebensgeschichtlich entscheidende Aufgabe, die Ich-Entwicklung des Kindes durch die Bereitstellung einer intakten Gruppengrenze zu ermöglichen, immer weniger erfüllen kann.

Die Entwicklung der psychoanalytischen Ich-Psychologie und Gruppenforschung ist ein Versuch, dieser durch die gesamtgesellschaftliche Dynamik aufgeworfenen Problemstellung gerecht zu werden. Während dabei zunächst der funktionelle Aspekt des Ichs und insbesondere seine Abwehrmechanismen im Vordergrund des Interesses standen, besonders in den Dreißiger Jahren, rückte vor allem durch die Forschungen FEDERNS und später ERIKSONS (1956) das Problem des Ich-Gefühls bzw. der »Ich-Identität« in den Vordergrund. Die Entwicklung der psychoanalytischen Gruppenforschung wurde dann später zur Erhellung des Identitätsaspekts der Ich-Entwicklung besonders wichtig. Sie zeigte, daß die Ich-Entwicklung nicht allein als individualpsychologisches Problem der Triebkontrolle und Unterdrückung begriffen werden kann, sondern daß der interpersonelle Aspekt der Ich-Entwicklung, d. h. die Frage der Abgrenzung und Kommunikation von und mit der umgebenden Gruppe, die entscheidende Ebene für das Gelingen oder Mißlingen der psychischen Entwicklung darstellt.

Das Ich eines Menschen erscheint im Lichte dieser Forschungen nicht allein als ein kybernetisches System der verschiedenen Abwehr- und Regulationsmechanismen, wie es Karl Menninger noch gesehen hat, das durch seine Funktion der Triebkontrolle und der Anpassung an die Außenwelt ausreichend bestimmt wäre. Neben diesem funktionellen Aspekt des Ichs müssen wir seinen Identitätsaspekt erkennen, der das Ich eines Menschen zu einer einmaligen Gestalt macht, die allein aus dem historischen Zusammenhang der Lebensgeschichte des einzelnen mit seiner Gruppe, im weitesten Sinne der Gesellschaft, verstanden werden muß. Diese Identitätsfunktion des Ichs, wie ich sie nennen möchte, ist darauf angewiesen, daß im Rahmen eines interpersonellen Geschehens der einzelne im Aufbau, in der Aufrechterhaltung und in der Erweiterung seiner Ich-Grenzen kontinuierlich unterstützt wird, wie er selbst auch dazu beiträgt, seine Partner in ihrer Entwicklung zu unterstützen.

In diesem Sinne können wir in der Psychopathologie unserer Patienten und in den unbewußt gewordenen Konflikten, die sie in ihrer Ich- und Identitätsentwicklung behindert und beschädigt haben, auch die pathogene Dynamik einer Gesellschaft erkennen, die ihre eigene Identitätskrise durch Verleugnung und Abspaltung zu umgehen versucht. Mit der genauen Analyse jener Krankheitsprozesse, die von der Gesellschaft und auch von vielen Psychiatern bis heute für uneinfühlbar und irreversibel gehalten werden, kann die Dynamische Psychiatrie zu der Verbreitung der Erkenntnis beitragen, daß Ich- und Identitätskrankheiten nicht per definitionem hoffnungsloses und individuelles Schicksal sind, sondern im Rahmen einer Gruppe verstanden und geheilt werden können.

Die therapeutische Gruppe bietet, so können wir sagen, dem Ich-kranken, an der Einsicht in die eigenen Probleme gehinderten Patienten die Möglichkeit, seine inneren Konfliktsituationen als interpersonelle Konflikte in der Gruppe erleben und beobachten zu können. Indem er lernt, das beobachtete Verhalten seiner Mitpatienten im Zusammenhang der Gruppe zu verstehen, übt er seine Ich-Funktionen und kann unter Umgehung seiner Widerstandssymptomatik Einsicht in seine eigenen abgespaltenen und unbewußt gewordenen Konflikte gewinnen.

Die Vielpersonensituation der Gruppe, die dem Patienten dies erlaubt, ist zugleich aber eine ganz hervorragende psychotherapeutische Forschungssituation, die es uns ermöglicht, die Konflikte und Probleme psychotischer Reaktionen, ihr Wiedererleben in der Gruppe und ihrer Behandlung durch gruppenpsychotherapeutische Techniken zu studieren und zu erforschen.

# Auf dem Wege zu einer
# Psychotherapie der Schizophrenie*

## Von Günter Ammon

Die vorliegende Arbeit ist ein Versuch, die Erfahrungen zusammenzufassen, die ich in über zwei Jahrzehnten in der psychotherapeutischen Behandlung schizophren reagierender Patienten habe sammeln können (vgl. AMMON 1957, 1968, 1969 a, b).

An Hand dreier repräsentativer Behandlungsverläufe habe ich an anderer Stelle gezeigt, daß die sogenannte Schizophrenie als eine Reaktionsform des Individuums auf traumatische Erfahrungen in der Zeit der frühkindlichen Entwicklung begriffen werden kann, daß diese Reaktionsform verstehbar, einfühlbar und im Lauf eines psychotherapeutischen Prozesses reversibel ist. Mit der Betonung einer Psychogenese der schizophrenen Reaktion möchte ich jedoch keinen Ausschließlichkeitsanspruch verbinden, etwa im Sinne einer dogmatischen Ablehnung somatischer Ätiologie. Ich bin vielmehr der Meinung, daß es sich bei dem psychiatrischen Syndrom, das KRAEPELIN (1899) als *Dementia Praecox* und EUGEN BLEULER (1911) als die Gruppe der Schizophrenien beschrieben hat, um den Ausdruck eines multidimensionalen und multifaktoriellen Geschehens handelt, dessen komplexe Ätiologie somatische Faktoren durchaus miteinschließen mag. Allerdings hat eine weltweite Forschung trotz immensen Aufwands für die These von der organischen Determiniertheit der schizophrenen Reaktion bis heute keine stichhaltigen Beweise zutage fördern können.

Im Gegenteil, gerade die erbbiologische Forschung und die vielfältigen biochemischen und neurophysiologischen Untersuchungen haben eher dazu beigetragen, die somatogenetische These zu relativieren und die entscheidende Bedeutung der Lebensgeschichte der Patienten hervorzuheben. Insbesondere die neueren Zwillingsforschungen von KRINGLEN (1964) und POLLIN (1969) haben gezeigt, daß eine eindeutige Relation zwischen Erbfaktoren und schizophrener Reaktion keinesfalls besteht.

* Siehe Fußnote auf S. 49

KRINGLEN, der auch die früheren Untersuchungen von KALL-
MANN (1950) einer gründlichen Kritik unterzogen hat, kommt zu
dem Schluß, daß keine Anlage zur Schizophrenie, sondern lediglich eine unbestimmte Gefährdung für seelische und geistige
Krankheit überhaupt vererbt werden kann; eine unbestimmte
Bereitschaft, auf Konfliktsituationen mit pathologischen Reaktionen zu antworten, die ebenso gut die Form einer Neurose,
einer Charakterstörung wie die einer schizophrenen Psychose
annehmen können. In ähnlicher Richtung weisen die Forschungen von J. L. HESTON (1966).

M. BLEULER (1970) hat darauf hingewiesen, daß die Wahr-
scheinlichkeit der Erkrankung an Schizophrenie auf die Gesamt-
bevölkerung bezogen erheblich höher ist als die Fertilität der Erkrankten. Nach M. BLEULER müßte »falls die Schizophrenien
vererbt wären, ... die Erbmasse, die an der Entstehung schizophrener Psychosen maßgebend ist, immer neu entstehen«. Die
familiäre Häufung schizophrener Reaktionenen, die einmal
Ausgangspunkt der Theorie von einer »schizophrenen Erbmasse« war, hat denn auch für unser Verständnis der Pathogenese sehr viel mehr beigetragen, als sie zum Ansatzpunkt der
soziologisch-kommunikationstheoretischen  Forschungsarbeit
wurde (vergl. BATESON et al. 1956).

Auch BENEDETTI (1970) kommt zu dem Schluß, in jedem Fall
konkretisiere sich »mehr und mehr der alte psychiatrische Eindruck, daß sich das Wesen des Kranken und seine Lebenserfahrung eng verbunden entwickeln«.

Die biochemischen Untersuchungen, welche das Ziel verfolgen, eine für die schizophrene Reaktion charakteristische Stoff-
wechselstörung zu isolieren, leiden zumeist, wie HORWITZ
(1959) gezeigt hat, unter der Betriebsblindheit, mit der sie die tatsächliche Lebenssituation des Patienten unberücksichtigt lassen.
Ein besonders krasses Beispiel lieferte AKERFELD (1957), der im
Blut schizophren reagierender Patienten Ceruloplasmin, ein
kupferhaltiges Enzym, isolierte und damit ein diagnostisches
Kriterium gefunden zu haben glaubte. Später wurde dann festgestellt, daß es sich einfach um ein Indiz für Vitamin-C-Mangel
handelte, der auf die unzureichende Ernährung der Patienten zurückzuführen war.

So hat gerade die Suche nach dem spezifisch organischen Substrat die traditionelle These, die »Schizophrenie« sei ein orga-

nisch determiniertes Geschehen, nachhaltig erschüttert. Und
heute gehen die Neurophysiologen, wie z. B. PENFIELD (1966)
davon aus, daß das Gehirn eines Menschen durch seine Lebenserfahrung selbst plastisch und morphologisch geformt werde,
daß also das organische Substrat nicht einfach als ein Schlüssel
des psychischen Geschehens verstanden werden könne, sondern
selbst der Erklärung durch den Zusammenhang der Lebenssituation bedarf. Auf diesem Hintergrund wird das Festhalten an der
GRIESINGERSCHEN These (1845), Geisteskrankheiten seien Ge-
hirnkrankheiten und die Ätiologie der sogenannten »endoge-
nen« Psychosen sei prinzipiell organisch, zum Paradox.

Besonders deutlich wird dies, wenn RÜMKE (1958) als Indiz für
die »endogene« Qualität einer schizophrenen Reaktion und als
Kriterium ihrer Unterscheidung von den erlebnisbedingten, sogenannten »Pseudoschizophrenien« eine vage und unbestimmte
Reaktion des »sehr erfahrenen Untersuchers« sein »Praecox-Ge-
fühl« vorschlägt, das selber unbestimmt, doch etwas ganz Be-
stimmtes anzeigen soll, nämlich die »endogene Schizophrenie«.
Damit sind wir wieder bei KRAEPELIN, für den die Uneinfühl-
barkeit des psychotischen Verhaltens zur Basis seiner Vorstellung von der organischen und nicht psychologischen Determiniertheit der Psychosen wurde. Aber was für KRAEPELIN (1899)
eine legitime Arbeitshypothese war, ist heute zur unreflektierten
Behauptung geworden, zu einem Dogma, dessen Geltungsan-
spruch längst widerlegt wurde.

FREUDS kopernikanische Entdeckung der Dynamik des Unbewußten hat, obwohl er selbst sich fast ausschließlich mit dem
Studium und der Behandlung der Neurosen befaßte, den Weg zu
einem psychodynamischen Verständnis der sogenannten endo-
genen Psychosen eröffnet. Indem FREUD den unbewußten psychologischen Zusammenhang der isolierten und scheinbar unverständlichen neurotischen Symptome enthüllte und dabei die fundamentale Rolle aufdeckte, welche die Angst für die psychische
Entwicklung des Menschen spielt, lieferte er einen Schlüssel auch
für die verstehende Interpretation psychotischen Verhaltens.

Auf die Ähnlichkeit der psychischen Prozesse, die FREUD in
der *Traumdeutung* (1900) beschrieben hatte, mit dem Verhalten
der schizophren reagierenden Patienten hat als erster C. G. JUNG
(1906) hingewiesen. In seiner *»Psychologie der Dementia Praecox«* vertrat er die Auffassung, wenn wir einen Träumer wach

herumgehen, reden und handeln ließen, hätten wir das Bild der
schizophrenen Reaktion. Die Schizophrenie erscheine wie ein
langer Alptraum. Alle ihre Symptome gehorchten den Gesetzen,
die FREUD, ADLER und andere für das Traumdenken aufgestellt
haben. Der Traum sei der Schlüssel zur Psychose.

JUNG war in seinen Assoziationsexperimenten auf die Kombination verdrängter Ideen mit starken Affekten gestoßen und
hatte diese Verbindung als »Komplex« bezeichnet. Er war der
Meinung, daß in der Dementia Praecox starke Komplexe ein ge-
schwächtes Bewußtsein durchbrächen und so zum Ausdruck gelangen. In seinem psychodynamischen Konzept der schizophrenen Reaktion verband JUNG also die Vorstellung der starken
Affekte, ihre Assoziation mit spezifischen Vorstellungsinhalten,
mit einer Bewußtseinsschwäche, die wir heute eine Ich-Schwäche oder Dysfunktion nennen würden. Die KRAEPELINsche
Vorstellung eines die Krankheit (Gehirnschädigung) verursa-
chenden Stoffwechselprodukts, das er »Autotoxin« nannte, eine
Vorstellung, die auch von BLEULER geteilt wurde, integrierte er
in sein Konzept durch die These, daß dieses Autotoxin durch
psychologische »Komplexe« hervorgerufen sein könnte, statt
durch somatische Vorgänge. Auf diese Weise formulierte JUNG
erstmalig ein psychodynamisches Konzept, das zugleich ein psy-
chosomatisches war.

Für unseren Zusammenhang, die Entwicklung des analytischen psychodynamischen Verständnisses der schizophrenen
Reaktion, ist es von höchster Bedeutung, daß die Kontroverse
zwischen FREUD und JUNG, die schließlich zum Bruch zwischen
beiden führte, mit einer Auseinandersetzung um die Theorie der
psychotischen Reaktion verbunden war.

FREUD hatte in seiner Arbeit über die Autobiographie des
sächsischen Gerichtspräsidenten DANIEL PAUL SCHREBER (1911)
die Vermutung angestellt, daß SCHREBER seine Bindungen an die
Außenwelt deshalb nicht habe aufrechterhalten können, weil er
seine Libido von der Welt der realen Dinge und Menschen abgezogen hatte. Diese Vorstellung erklärte jedoch nicht, was mit den
Ich-Trieben geschieht. FREUD meinte, daß eine »gut begründete
Theorie der Triebe« noch fehle und erwog zunächst zwei Hypothesen, entweder sei die sexuelle Libido mit dem »Interesse im
allgemeinen« identisch oder aber eine Störung in der Verteilung
der sexuellen Libido übe eine disruptive Wirkung auf das Ich aus.

Als JUNG ein Jahr später diese Fragestellung aufgriff und meinte, daß die Libido mit dem »Interesse im allgemeinen« zusammenfalle und daß der Psychotiker nicht nur kein sexuelles Interesse mehr an der Außenwelt habe, sondern alle seine Interessen von ihr abgezogen habe, begann er, seine prinzipielle Abwendung von den FREUDschen Sexualtheorien vorzubereiten.

FREUD antwortete auf diesen Entwurf mit einer Studie über den Narzißmus (1914), worin er eine Triebtheorie formulierte, die ihm erlaubte, die neurotische von der psychotischen Reaktion zu unterscheiden. Er vertrat nun die Auffassung, daß in der psychotischen Reaktion die zurückgenommene Libido an das eigene Ich geheftet werde und auf diese Weise der Zustand der infantilen Selbst-liebe wiederhergestellt werde. Der neurotisch Reagierende dagegen behalte ein geistiges Bild der Objekte, auf die er seine von der realen Außenwelt zurückgezogene Libido nun richte. Während also der Neurotiker in seinen Symptomen eine virtuelle Beziehung zur Außenwelt aufrechterhalte, breche in der psychotischen Reaktion die Bindung an die Außenwelt völlig zusammen.

Die bedeutsame Konsequenz der FREUDschen Theorie war, daß er die psychotische Reaktion einer analytischen Behandlung nicht für zugänglich hielt, weil eine Übertragungsneurose sich nicht entwickeln könne.

Der libidotheoretischen Kontroverse mit JUNG war eine Auseinandersetzung mit EUGEN BLEULER vorausgegangen, der sich daraufhin schon 1910 durch seinen Austritt aus der Psychoanalytischen Vereinigung von FREUD getrennt hatte. Die organisatorische Trennung von einem der bekanntesten europäischen Psychiater hatte für die Entwicklung der psychoanalytischen Theorie und Praxis vielleicht noch weiterreichende Folgen als der spätere Bruch mit JUNG. Die Psychoanalyse verlor mit der Verbindung der Züricher Schule BLEULERS den Zugang zur psychiatrischen Praxis und verschloß sich damit für lange Zeit auch den Problemstellungen, die diese Praxis zwangsläufig aufwirft.

Als eine europäische Besonderheit entwickelte sich so die theoretische und organisatorische Spaltung und Verhärtung der Psychoanalyse und Psychiatrie, die bis heute die Entwicklung beider Disziplinen in einem Ausmaß gehemmt hat, das erst durch den Vergleich mit der Entwicklung in den Vereinigten Staaten von Amerika deutlich wird. Die Psychoanalyse traf hier auf eine sehr viel größere Aufnahmebereitschaft seitens der Psychiatrie, als dies in Europa der Fall gewesen war. Und als während der Herrschaft des Faschismus die Psychoanalyse aus Europa vertrieben wurde und viele Psychoanalytiker in die USA emigrierten, wurden hier, im Rahmen der entstehenden Dynamischen Psychiatrie, die praktischen und theoretischen Voraussetzungen geschaffen, die eine Weiterentwicklung und Differenzierung des psychodynamischen Konzeptes der schizophrenen Reaktion erlaubten. Zu nennen sind hier in erster Linie die Namen von ALEXANDER, FENICHEL, MENNINGER, FROMM-REICHMANN, ARIETI und, für die Psychotherapie der schizophrenen Reaktion besonders wichtig, FEDERN, SULLIVAN, BELLAK und SEARLES. Meine Arbeit ist mit diesen Entwicklungen sehr eng verbunden, und ich möchte daher im folgenden kurz umreißen, welchen Beiträgen ich mich besonders verbunden und verpflichtet fühle.

Die Kontroverse, ob genetische, »endogene« oder aber Umweltfaktoren für die Entstehung der schizophrenen Reaktion entscheidend sind, beherrschte lange Zeit auch die amerikanische Psychiatrie. Wie schon berichtet, führte gerade die intensive erbbiologische Forschung zu der Annahme, daß allenfalls eine unbestimmte Disposition zu pathologischen Reaktionen vererbt werde und daß von den lebensgeschichtlichen Umständen abhänge, ob und in welcher Form eine pathologische Reaktion dann tatsächlich entwickelt werde.

Zu einer ähnlichen Vorstellung kam BELLAK (1952) mit seinem Konzept der Ich-Stärke, d. h. der Festigkeit und Elastizität jenes Systems von psychischen Funktionen, das die Integration der Persönlichkeit bewirkte. BELLAK meinte, daß der Grad der Ich-Stärke bzw. -schwäche entscheidend sei für die Form, welche das pathologische Verhalten annehme. Ein gleicher Vorstellungsinhalt könne z. B. je nach der Ich-Stärke des Menschen psychotisch oder neurotisch ausgedrückt werden. Ein Ich-schwacher Mensch gelange in Wahnvorstellungen zum Ausdruck von Konflikten, die eine Ich-starke Person in Träumen, in neurotischen Symptomen oder in Form von Charakterstörungen artikulieren könne.

BELLAK (1967) entwickelte einen Katalog der einzelnen Ich-Funktionen (Beziehung zur Realität, Triebregulierungen, Objektbeziehungen, Denkprozesse, Abwehr, autonome und synthetische Funktionen) und ihrer Störungen, in der Hoffnung, in breit angelegten Untersuchungen eine differenzierte Ätiologie dieser Störungen entwickeln zu können. Ähnlich wie BELLAK hatte schon PAUL FEDERN (1932, 1934), einer der Pioniere der psychoanalytischen Psychosentherapie, die schizophrene Reaktion als eine »Ich-Krankheit« begriffen.

FEDERN hatte seit 1924 eigene Ansätze zu einer psychoanalytischen Ich-Psychologie entwickelt, deren Unvereinbarkeit mit den FREUDschen Positionen ihm jedoch erst gegen Ende seines Lebens deutlich wurden (vgl. WEISS, 1966). Was BELLAK später in dem Konzept der Ich-Stärke formulierte, begriff FEDERN als ›Ego-Kathexis‹. Er war der Überzeugung, daß es neben den beiden Antagonisten der Dualtrieblehre eine neutrale Besetzungsenergie des Ichs gebe. Der psychotischen Reaktion, die er als eine überwältigende Erfahrung von Entfremdungs- und Depersonalisierungsgefühlen verstand, liegt nach FEDERN daher nicht ein Mangel an objektgerichteter Libido zugrunde, wie FREUD dies in seiner Narzißmustheorie angenommen hatte, vielmehr finde darin ein Mangel an Ich-Besetzung seinen Ausdruck. Das Ich der psychotisch reagierenden Patienten sei nicht überbesetzt, es sei im Gegenteil verarmt.

FEDERN unterschied das Ich-Gefühl von den Ich-Funktionen. Das Ich wird nicht begriffen als eine abstrakte psychische Instanz, bzw. als die Summe seiner Funktionen, es wird verstanden als ein tatsächliches und andauerndes psychisches Erlebnis, als Ich-Gefühl, das die elementare Unterscheidung von Ich und Nicht-Ich trifft und dadurch die Ich-Grenzen konstituiert. Diese sind flexibel, sind periphere Organe eines dynamischen Ganzen.

Die Unterscheidung von Nicht-Ich und Ich ist nach FEDERN also nicht gebunden an die Ich-Funktion der Realitätsprüfung. Diese kann zum Beispiel unbeeinträchtigt bleiben, auch wenn das Ich-Gefühl durch Entzug seiner Besetzung verarmt. Es entstehen dann Entfremdungsgefühle. Die Realität wird deutlich wahrgenommen, aber als fremd und unwirklich empfunden. In dieser Energieverarmung der Ich-Grenzen sieht FEDERN auch eine Erklärung für die Wahnvorstellungen der psychotischen Reaktion. Der Patient kann keine hinreichende Besetzung an allen Grenzen des Ich zum Nicht-Ich aufrechterhalten, und so wird das Ich von Seiten des »ent-ichten« Unbewußten überflutet. Ziel der Therapie ist nach FEDERN daher, dem Patienten dabei behilflich zu sein, Energie nicht zu vergeuden, sondern in den

Neuaufbau der Ich-Grenzen zu investieren. FEDERN erkannte, daß psychotisch reagierende Patienten eine außerordentlich starke Übertragung entwickeln können. Eine Tatsache, die FREUDS Psychosentheorie widerlegte. Sein Konzept der verschiedenen Ich-Zustände, das er in der psychotherapeutischen Arbeit mit schizophren reagierenden Patienten und in der Erforschung der Traumzustände gewann, hat unser Verständnis der psychotischen Reaktion außerordentlich vertieft.

Daß er in der Entwicklung der psychoanalytischen Ich-Psychologie, wie sie von ANNA FREUD, HARTMANN, ERIKSON und RAPAPORT entwickelt wurde, eine nur marginale Rolle gespielt hat, liegt daran, daß er zwar eine Phänomenologie der Ich-Erfahrung, nicht aber eine Konzeption der Ich-Entwicklung gegeben hatte, zum anderen ist diese marginale Rolle sicher auch eine Folge der Präokkupation, mit der sich die psychoanalytische Forschung auf das Gebiet der Neurosen beschränkte. Gerade für die Erforschung der Ich-Entwicklung, ihrer Bedingungen und Stationen, hat das Individuum der archaischen »Ich-Krankheiten«, wie wir mit FEDERN die Psychosen begreifen können, große Bedeutung gewonnen.

Der amerikanische Psychiater H. S. SULLIVAN (1953/1962) hat als Psychotherapeut in der Behandlung schizophren reagierender Patienten die Basis für sein Konzept einer interpersonellen Theorie der Psychiatrie gewonnen, welche die psychische Entwicklung und Geschichte der Individuen ebenso wie ihre pathologischen Reaktionen im Zusammenhang der jeweils spezifischen Interaktionen der beteiligten Personen betrachtet. SULLIVAN begreift die schizophrene Reaktion als eine spezifische »security operation«, mit deren Hilfe sich das »Selbst-System« eines Menschen vor einer alles überwältigenden Angst zu schützen versucht. Den Ursprung dieser Angst sieht er in der frühesten Entwicklungsgeschichte des Menschen begründet. Wenn wichtige Bereiche der frühkindlichen Erfahrung, also im Kontakt mit der Mutter, mit übergroßer Angst verbunden sind, so können diese Bereiche und die Strebungen, mit denen sie verbunden sind, von der unentwickelten psychischen Organisation der Kinder nicht integriert und daher in die psychische Entwicklung nicht mitaufgenommen werden.

SULLIVAN gibt folgendes Beispiel: Ein Kind, dessen Mutter auf die Äußerungen seiner Sexualität, sein Spielen mit dem Penis

oder mit der Vulva, mit der psychosenahen Furcht reagiert, aus
ihrem Kind könne ein lustvolles Monster werden, wird eine Persönlichkeit entwickeln, die an der Stelle sexueller Erfahrungen
eine Lücke besitzt, ein Loch in dem Sinne, daß jede Annäherung
an die Genitalien ein undifferenziertes Gefühl plötzlicher, inten-
siver und alles umfassender Angst hervorruft, ein Gefühl, das den
Menschen trifft, wie ein Schlag auf den Kopf.

Je nach dem Umfang und der Bedeutung der betroffenen Bereiche der kindlichen Lebenserfahrung ergeben sich aus einer
solchen Dissoziation mehr oder weniger schwere Verhaltensstö-
rungen. SULLIVAN beschreibt sie als die Abwehrformen der
zwanghaften Ersatzhandlungen, der Skotome, des Ekels, der
Automatismen und der Faszination. Die Wiederkehr dissoziier-
ter psychischer Motivationen, d. h. der Abwehrformationen,
führt zu den verschiedenen Formen des »schizophrenic way of
life«, wie SULLIVAN die schizophrene Reaktion bezeichnet. Diese
»schizophrene Lebensweise« begreift er als den Versuch, die
durch die aktuelle Lebenssituation wiederbelebten und virulent
gewordenen Motivationen der abgespaltenen psychischen Pro-
vinzen neu zu integrieren. Eine der Formen dieser Versuche beschreibt er als »Fugue«, einen Zustand, der gekennzeichnet ist
durch ein traumartiges Verhalten, bei dem der Betreffende
glaubt, er sei wach und den die Umwelt für wach hält, dessen Beziehung zur umgebenden Realität im Grunde aber eben so sehr
aufgehoben ist, als wenn er schliefe. Dies ist die Verhaltensweise,
die auch JUNG vor Augen hatte, als er meinte, die schizophrene
Reaktion sei ein traumhaftes Verhalten in einer Art Wachzustand. Als verschiedene Formen dieses traumhaften Ausagierens
beschreibt SULLIVAN die »vorsätzliche fugue«, die scheinbar
nicht passiv erlebt, sondern aktiv initiiert wird, das »traumwand-
lerische Abenteuer« und die »Anpassung an das Unheimliche«,
d. h. ein sich Hineinstürzen in die Welt eines wahnhaften Dra-
mas von kosmischen Dimensionen.

Der Ausgang dieser verschiedenen Reintegrationsversuche
und »security operations« ist, weil es sich um riskante und gefährliche Operationen handelt, nur selten günstig. Und als Folge
ergeben sich oft die klassischen Krankheitsbilder der paranoischen, hebephrenen oder katatonen Reaktion; Zustände, die
SULLIVAN von den schizophrenen Prozessen, d. h. den tatsächli-
chen Restitutionsversuchen unterscheidet.

SULLIVANS Verständnis der schizophrenen Reaktion als eines menschlichen Prozesses, einer Lebensweise, ist das Ergebnis einer jahrzehntelangen intensiven Bemühung um ihre psychotherapeutische Behandlung. Er hat dabei im Lauf der Zeit Arbeitsformen entwickelt, die vorbildliche Ansätze für die Struktur und den Stil einer sozial-dynamisch orientierten Psychotherapie geworden sind. SULLIVANS Ansatz einer interpersonellen Theorie der psychischen Entwicklung, ihrer Störungen und ihrer Therapie zeichnet sich aus durch ein hohes Maß theoretischer Flexibilität, die aus seiner durch die therapeutische Praxis gegebenen Situationsnähe resultiert.

Wichtig für unseren Zusammenhang sind auch die Untersuchungen der Dynamik der sogenannten schizophrenogenen Familie, die seit Mitte der fünfziger Jahre unsere Einsicht in die Genese der schizophrenen Reaktion wesentlich haben vertiefen können. So haben BATESON, JACKSON, HALEY und WEAKLAND (1956) auf der Basis der Kommunikationstheorie eine familiäre Interaktionsform beschrieben, welche sie die »double-bind« Situation nannten und von der sie annehmen, daß sie das wesentliche Strukturelement der traumatischen Erfahrungen bildet, welche die schizophrene Reaktion hervorrufen. Die double-bind-Situation ist gekennzeichnet durch ein Zerreißen der Kommunikation zwischen Menschen – in unserem Fall zwischen den Eltern oder einem Elternteil und dem Kind – in der Weise, daß zur gleichen Zeit zwei verschiedene, einander ausschließende Mitteilungen, Botschaften, Forderungen an das Kind gerichtet werden, verbunden einerseits mit dem Verbot, sich für eine der beiden zu entscheiden und andererseits der Unmöglichkeit für das Kind, die Situation zu verlassen. Eine solche double-bind-Situation etwa entsteht, wenn eine Mutter ihr Kind innerlich ablehnt, Angst vor dem Kontakt mit ihm hat, andererseits sich aber liebevoll und besorgt gibt, und dann von dem Kind einen Beweis seiner Zärtlichkeit gleichzeitig fordert und fürchtet. Eine solche sich wiederholende Erfahrung läßt in der ungeschützten psychischen Entwicklung des Kindes jene Dissoziation wesentlicher Motivationen und psychischer Bereiche geschehen, wie SULLIVAN sie beschrieben hat. Die Familiendynamik, wie die zitierten Forscher, aber auch SINGER, WYNNE (1955) sie in diesen Familien beobachtet haben, ist denn auch gekennzeichnet durch Automatismen und Vermeidungszwänge, einen Zustand, der als

Pseudogemeinschaft (Wynne et al., 1958), als Spaltung und
Strukturverschiebung in der Ehe (Lidz et al., 1957), als die Ver-
teidigung stereotyper Rollen (Wynne et al., 1959), als Sünden-
bock-Dynamik (Vogel und Bell , 1960) beschrieben worden
ist.

Alle diese Untersuchungen haben gezeigt, daß die psychischen
Konflikte des Individuums mit der Art und Weise der familiären
Interaktion auf das engste verbunden sind, daß pathologisches
Verhalten eine Reaktion auf eine pathogene Realität ist und daß,
wenn wir die eine verstehen wollen, wir diese studieren müssen.
Der große Wert der zitierten Untersuchungen liegt denn auch
gerade darin, unsere Vorstellung von der Dimension des pathologischen, psychischen Konfliktes und seiner Manifestationen
erweitert zu haben. Ich-Schwäche darf danach nicht länger als etwas womöglich durch Vererbung Gegebenes hingenommen
werden. »Eine unzureichende tiefe Exploration der exogenen
Faktoren«, sagt Ferenczi (1955), »bringt einen in Gefahr, zu vor-
eiligen Erklärungen – oft allzu leichtfertigen Erklärungen – im
Sinne von ›Disposition‹ und ›Konstitution‹ Zuflucht zu nehmen«. Zu den »exogenen Faktoren«, die hier gemeint sind, gehört sicherlich das System der familiären Verhaltensweisen, das
in der Ich-Entwicklung der einzelnen seinen Ausdruck findet
und zwar in seinen gesunden Aspekten ebenso wie in der pathologischen Reaktion.

Unsere Einsicht in das Wesen der schizophrenen Reaktion und
in den Prozeß ihrer Therapie haben auch die Arbeiten von Searles (1965) wesentlich bereichert. Searles, der zunächst die schizophrene Reaktion als die Krankheit des einzelnen verstand und
behandelte, kam im Laufe seiner vierzehnjährigen Arbeit zu der
Auffassung, daß es sich um eine Pathologie der Beziehungen des
einzelnen zu seiner Umwelt handelt und verstand schließlich die
schizophrene Reaktion als eine Manifestation der Pathologie der
Familiengruppe. Der schizophren reagierende Patient wurde,
wie Searles meint, in den Jahren seiner frühesten Entwicklung
als ein Objekt, nicht aber als ein eigenständiges Individuum in
eigenem Recht betrachtet. Indem die Umgebung, d. h. die Mutter und die Familiengruppe, ihm die Entwicklung eigener Identität verbot, aus Angst die eigene zu verlieren, trieb sie den Patienten in die Verrücktheit.

Jeder Schritt zur eigenen Identität als Individuum ist für den

Patienten daher mit der Angst verbunden, dadurch die Existenz der Mutter, der Familie und der Umgebung zu zerstören. Andererseits lebt er unter der ständigen Angst, die eigene Existenz zu verlieren. Dieser Konflikt findet seinen Ausdruck in einer pathologischen Symbiose des Patienten mit der krankmachenden Mutter oder Gruppe, für deren Wohl der Kranke sich verantwortlich fühlt auf Kosten seiner eigenen emotionalen und physischen Existenz. Indem er einerseits ganz in dieser symbiotischen Beziehung aufgeht, andererseits aber gerade dieses Aufgehen als Verlust der eigenen Identität fürchtet, kann er ein eigenes emotionales Leben nicht organisieren und befindet sich daher im Zustand einer intensiven und extremen Isolation. Die schizophrene Reaktion, mit welcher der Patient auf diese Situation antwortet, (dies kann in der Kindheit, in der Pubertät oder später geschehen, wenn aktuelle Anlässe diese Situation neu entstehen lassen), begreift SEARLES nicht allein als Abwehrform, sondern gleichzeitig als einen Versuch einer spontanen Heilung; eine Ansicht, die auf FREUDS Konzept ebenso zurückgeht wie auf SULLIVANS Theorie des »schizophrenic way of life«. In seinem Konzept der »Symbiose« als einer Beziehung, welche der schizophren reagierende Patient ebenso sehr herbeisehnt wie er sie flieht, hat SEARLES die schizophrene Reaktion mit einer Pathologie in der frühkindlichen Entwicklung verbunden. In seiner therapeutischen Arbeit hat er versucht, diese Symbiose wiederherzustellen, sie gemeinsam mit dem Patienten zu erleben und ihm zu helfen, als Individuum in eigenem Recht schließlich daraus hervorzugehen. Seine Berichte enthalten sehr klare Beschreibungen über die emotionalen Erfahrungen in der Symbiose, die des Patienten und seine eigenen. Berichte, die das, was FEDERN Ich-Gefühl, Ich-Grenzen und die Nicht-Ich-Erfahrung nannte, vertieft und differenziert und in eine entwicklungsgeschichtliche Konzeption dieser Ich-Erfahrungen integriert haben.

Ich möchte nun, nach dieser kurzen und notwendig lückenhaften Übersicht (unerwähnt blieben z. B. die wichtigen Arbeiten von FRIEDA FROMM-REICHMANN, JOHN ROSEN, GERTRUDE SCHWING, M. A. SECHEHAYE, GISELA PANKOW, SILVANO ARIETI u. a. und ebenso die Schule von MELANIE KLEIN) umreißen, wie ich die schizophrene Reaktion verstehe. Die Dynamische Psychiatrie, wie sie in den Vereinigten Staaten entwickelt wurde, geht davon aus, daß das psychische, das psychosomatische und

das psychosoziale Krankheitsgeschehen sich diagnostisch gesehen auf einer gleitenden Ergänzungsskala bewegt, angefangen
von der leichtesten neurotischen Reaktion über die Borderline-
Struktur bis hin zur schwersten eingefahrenen schizophrenen
oder zwangsneurotischen Reaktion. Ich ziehe es vor, von einem
Spektrum der verschiedenen pathologischen Reaktionen zu
sprechen, das nicht nur graduelle Unterschiede deutlich macht,
sondern auch den qualitativen Differenzen der verschiedenen
Krankheitsbilder Rechnung trägt. Meines Erachtens sind es die
Intensität und die Dauer der gestörten frühen Mutter-Kind-Beziehung, die für die graduellen und strukturellen Unterschiede
der pathologischen Reaktion (d. i. der Ich-Dysfunktion) verantwortlich sind. Die Realität der ambivalenten Haltung der Mutter
gegenüber dem Kinde, die real existierende elterliche Feindseligkeit, ist dabei einer der »exogenen Faktoren«, wie FERENCZI sie
genannt hat, dessen Untersuchung für das Verständnis der schizophrenen Reaktion unentbehrlich ist[1].

Je stärker die frühkindliche Entwicklung von symbiotisch-
ambivalenten Forderungen der Mutter bestimmt wird, desto
deutlicher wird sich eine Ich-Krankheit ausprägen. Der Unterschied der Krankheitsbilder ergibt sich dabei aus dem Zeitpunkt
der traumatisierenden Erfahrungen. Je früher der Konflikt mit
der Mutter auftritt, desto stärker ist die Angst, die ihn begleitet
und desto stärker ist die Ich-Störung, die er bewirkt. Während
die neurotische Symptomatik aus relativ späten Störungen der
Ich-Entwicklung resultiert, die mit dem Kernkonflikt der ödipa-
len Situation verbunden sind, beruht die schizophrene Reaktion
auf Konflikten, welche weit früher einsetzen und die archaischen
Ich-Formationen schädigen und in ihrer Entwicklung arretieren.
Die Hilflosigkeit vieler schizophren reagierender Patienten in
dem Bemühen, ihre Angst und ihre Aggression zu formulieren,
beruht sicher darauf, daß die Konflikte, mit denen diese Emotio-
nen verbunden sind, in einer Zeit auftraten, als die Patienten noch
nicht sprechen konnten. Dies bedeutet nicht, daß die späteren

---

[1] 1967 erklärte der damalige Justizminister Heinemann, daß jedes Jahr in der Bun-
desrepublik 90 Fälle bekannt werden, in denen Kinder zu Tode geprügelt wurden. Heinemann selbst schätzte, daß die tatsächliche Zahl bis zu zehnmal größer
sei.

(Fragestunde des Deutschen Bundestages vom 12. März 1967, s. a. *Frankfurter
Allgemeine Zeitung* vom 18. 3. 1967, vgl. auch Biermann (1968).)

Lebenserfahrungen vernachlässigt werden dürften. In der Schlüsselfunktion, die das mütterliche Verhalten für die Entwicklung der Kinder hat, konvergieren daher auch die beiden Forschungsrichtungen, welche gegenwärtig die Schizophrenieforschung bestimmen. Sowohl der Ich-psychologische Ansatz als auch der soziologisch-kommunikationstheoretische stoßen in der präödipalen Mutterbeziehung auf das verursachende Feld der schizophrenen Reaktion.

Die entscheidende Bedeutung dieser Entwicklungsphase für die weitere Lebensgeschichte haben unter anderem die Affenversuche gezeigt, in deren Verlauf *Harlow* (1959) das Verhalten junger Affen, die bei der Geburt von ihren Müttern getrennt wurden, gegenüber zwei verschiedenen Mutterattrappen studierte. Eine »Ersatzmutter« war ein einfaches Drahtgestell, die andere ein Gestell, das mit einem Überzug aus Plüsch versehen war. HARLOW konnte zeigen, daß die jungen Affen zu einer Plüsch-Ersatzmutter eine affektive Beziehung entwickelten. Sie kehrten immer wieder zu ihr zurück und flüchteten sich zu ihr, sobald etwas auftauchte, das sie für gefährlich hielten.

Die einfache Drahtgestellmutter aber wurde nicht aufgesucht, auch nicht, als man die Plüschmutter entfernte und die Jungen in Angst versetzte, obwohl die Drahtmutter vorher Milch gespendet hatte. Der wärmende Fellkontakt mit der Plüschmutter war als andauerndes Bindungselement für diese Beziehung wichtiger als die periodischen Hungergefühle. Affenkinder, die nur mit einer Drahtmutter aufgezogen wurden, suchten diese, wenn sie sich fürchteten, nicht auf, sondern »warfen sich auf den Boden, verbargen den Kopf in den Armen und schrien in Verzweiflung«. Affenkinder aber, die ganz ohne Mutter oder Mutterersatz aufwuchsen, reagierten nicht mehr auf die Plüschmutter, wenn diese ihnen nach acht Monaten angeboten wurde.

Dieser spezifische Kontakt zur Mutter, der auf einer Haut- und Fellwärme, auf der Nähe beruht und etwas anderes ist als die Versorgung mit Nahrung, dieser affektive Kontakt ist also zeitgebunden, wenn er versäumt wurde, wird er nicht mehr nachgeholt. Affenkinder, welche ohne diesen affektiven Kontakt aufwuchsen, zeigten auch als physisch ausgereifte Tiere keinerlei Neigung zum Paarungsverhalten. Sie blieben interesselos, auch wenn sie in Gruppen normal aufwachsender Tiere gebracht wurden. Die Affenweibchen, welche selber mit Attrappen aufgezo-

gen worden waren und bei denen es schließlich gelang, sie zur
Paarung zu bringen, verhielten sich völlig teilnahmslos und reagierten überhaupt nicht auf ihr neugeborenes Kind, obwohl das
Kind normal auf sie reagierte. Sie sahen die Kinder nicht an, sondern starrten ins Leere. Eine ohne Plüschattrappe aufgezogene
Mutter aber wischte das Kind von ihrem Bauch oder Rücken ab
in derselben gleichgültigen Art, mit der sie Fliegen abzuwischen
pflegte.

Ähnliche Beobachtungen, wie HARLOW sie experimentell organisierte, konnte RENE SPITZ (1956) in Säuglingsheimen machen, in denen Kinder, die zwar genügend Nahrung, aber zu wenig affektive Zuwendung erhielten, die Hospitalismussymptome
zeigten, hohe Sterblichkeit, reaktive Depressionen, Entwick-
lungsverlangsamung.

Den extremen Falle einer Arretierung der Ich-Entwicklung
durch elterliches Fehlverhalten illustriert besonders deutlich der
Fall des kalifornischen Mädchens Susan Wiley, das von seinen
Eltern über dreizehn Jahre hinweg gefangengehalten wurde und
bei seiner Entdeckung durch die örtliche Jugendbehörde weder
gehen noch sprechen konnte, sondern Windeln trug, unentwik-
kelte Muskeln hatte und im ganzen das Verhalten eines einjähri-
gen Kindes zeigte. Während der siebzigjährige Vater sich nach
Bekanntwerden des Verbrechens erschoß, um einem Prozeß zu
entgehen, wurde die Mutter freigesprochen und gemeinsam mit
dem Mädchen in eine psychotherapeutische Behandlung genommen, von der die behandelnden Therapeuten unter der Leitung
des Chefpsychiaters HOWARD HANSEN hoffen, daß sie in zwei bis
drei Jahren die Entwicklungslücke schließen wird (BLOCH,
1970).

Die HARLOWschen Beobachtungen des Rhesusaffenverhaltens
und die Hospitalismusuntersuchungen von SPITZ haben die Bedeutung, welche der affektive Kontakt in der Phase der Mutter-
kind-Symbiose hat, klar gezeigt. HARLOW (1959) sagt: »Hat das
Kind in dieser Zeit nicht zu lieben gelernt, so wird es niemals lieben können.«

Die schizophrene Reaktion beruht meines Erachtens auf einer
Störung dieser natürlichen Symbiose, die entweder nicht entstehen konnte oder pathologisch arretiert wurde. Denn wie HAR-
LOW, SPITZ und ERIKSON gezeigt haben, und wie es unsere Erfahrung immer wieder bestätigt, begründet der affektive Kontakt

des Kindes mit der Mutter in den ersten drei Lebensjahren und besonders während der ersten zwölf Monate die Basis der Ich-Entwicklung. Mutter und Kind leben in einer physischen und emotionalen Dyade, von der andere Personen und Interessen weitgehend ausgeschlossen bleiben. Je nach dem Zeitpunkt der Störung ergeben sich die verschiedenen Krankheitsbilder. So wird ein Kind, das die natürliche Symbiose nie erleben durfte, anders reagieren als ein Kind, dessen Mutter erst im dritten Lebensjahr, wenn das Kind aus dieser Symbiose herauszutreten beginnt, eine feindliche Haltung zeigt. Während im ersten Fall auch die archaischen Ich-Formationen verkrüppelt werden, ist im zweiten Fall die Bildung eines besonders feindseligen, »giftigen« Über-Ichs die Folge.

Eine gestörte Symbiose liegt auch dann vor, wenn über die natürliche Symbiose hinaus der andere Personen und Interessen ausschließende affektive Kontakt des Kindes zur Mutter beibehalten wird, dem Kind also seine eigene Identität zu entwickeln verboten wird. In einer solchen verlängerten Symbiose bleibt eine schizophrene Reaktion dann so lange latent, wie das Leben in diesem emotionalen Gehäuse für das Kind erträglich bleibt. Oft kommt es jedoch während der Pubertät durch die zu diesem Lebensabschnitt gehörenden Anforderungen an die sexuelle und existentielle Identität zu einer Sprengung dieser Situation, einer Art symbiotischer Explosion, die sich in der schizophrenen Reaktion manifestiert. (Nach ERIKSON [1959] gehören schon zu einem relativ gesunden Durchlaufen dieser Lebensphase deutliche Zeichen von Ich-Diffusion.)

Die Latenz der schizophrenen Reaktion aber kann häufig erhalten bleiben, bzw. wieder hergestellt werden, wenn andere symbiotische Partnerbeziehungen eingegangen werden. Erst wenn diese »Ersatz-Symbiosen« – Ehen, Freundschaften, Arbeitsgruppen u. ä. – zu funktionieren aufhören, aus inneren oder äußeren Anlässen, wenn das symbiotische Gehäuse plötzlich als ein Gefängnis empfunden wird, kann es zu einer schizophrenen Reaktion kommen, die wir als einen Protest gegen die Gefangennahme des Ichs durch sein Mit-Ich in der Symbiose verstehen können. Von hier aus wird auch die oft beobachtete Periodizität der schizophrenen Reaktion lebensgeschichtlich verständlich. Dieser Protest führt dann, weil die Ich-Entwicklung über die symbiotische Ebene nicht hinaus gelangt ist, zu den quälenden

Erfahrungen des Ich-Verlustes, der Ich-Losigkeit und des Nicht-Ich-Gefühls[1].

Meines Erachtens handelt es sich bei der sogenannten folie à deux, die SCHULTE (1971) kürzlich als symbiotischen Wahn beschrieb, um eine Sonderform der Symbiose, welche den Protest der schizophrenen Reaktion in Form eines gemeinsamen Wahnsystems integriert und dadurch die Angst vermeiden kann, welche bei der Sprengung der Symbiose freigeworden wäre. Auch die paranoische Form der schizophrenen Reaktion hat meines Erachtens ihre Wurzel im Symbiosekomplex. Das verfolgende Element im paranoischen Wahn ist dabei die symbiotische Mutter, deren phallische Momente der Verfolgungsphantasie die häufig homosexuelle Färbung geben.

Nicht der Rückzug der Libido von der Außenwelt, wie FREUD (1911) vermutete, sondern ihre Fixierung an die diffus organisierte Dyade von Mutter und Kind in der Symbiose ist daher cha-

---

[1] In diese Richtung wiesen auch die Forschungen von OTTO WILL (1970), der im Oktober 1969 vor der Topeka Psychoanalytic Society dazu sprach. »The schizophrenic cases discussed were of people who had gotten through puberty without public recognition of psychic disaster. But they had preverbal, anxiety-laden experiences, with consequent perpetuation of autistic processes and disturbances of identity, aspects of the self-concept remaining dissociated. Through lack of anxiety tolerance and self-esteem, they were unable to meet the challenges of adolescence, and began to have an experience of madness, with uncanny emotions, imprecise inner experiences, a sense of urgency to do something to bring order, to maintain human contact without appearing crazy. Defenses were mobilized in the service of keeping out anything that would disturb the tenuous self-concept or lower self-esteem. But, eventually, these processes broke down, with mounting anxiety, obsessional preoccupations, depression, and panic. Resolution occured, either through a chronic catatonia or a paranoid or hebephrenic solution, or through simplifications of behavior, rendering the patient inconspicuous by restricting life to daydreams, movies, television, sports, reading. Or the person may have found more complex sublimatory behavior of an altruistic, religious or ritualistic sort. Or he may have been able to deny the experience, instituting defenses such as forgetting, rationalization, excitement, transfer of blame, negativism. . . .

The essential elements in the therapist's work that had brought about this hopeful turn in the psychotherapeutic relationship were: 1. the constancy of the therapist and of the surroundings; 2. his simple listening, prior to any attempt to bring about change; 3. his acceptance of their talking to each other as mere making sounds together, in itself something potentially helpful; 4. dealing with the here and now, not asking for explanations linked to the past, not being bound by the theory; and 5. providing alternatives for any interpretive remark he might hazard.«

rakteristisch für das Erleben und das Verhalten des schizophren reagierenden Menschen. Seine Ich-Grenzen sind undeutlich und lückenhaft, und gerade die Abgrenzung von der Mutter ist sein Problem. Dies wird auch deutlich in der Therapie. Die Schwierigkeit liegt weniger in der Herstellung einer Übertragungsbeziehung – diese ist häufig so heftig, daß sie als Psychose beschrieben wird – als darin, die Übertragung zu differenzieren und dem Patienten zu einer Abgrenzung vom Therapeuten zu verhelfen.

In dem Symbiosekomplex, d. h. einer Störung der präödipalen Mutter-Kind-Beziehung, sehe ich das verursachende Feld der psychotischen Reaktion. Der Symbiosekomplex hat für das Verständnis und die Therapie der Psychosen dieselbe Bedeutung wie der Ödipuskomplex für die neurotische Reaktion.

Konfliktverursachend im Sinne des Symbiose-Komplexes ist eine Haltung der Mutter, die dem Kind eine Entwicklung eigener Identität nicht erlaubt. Man kann diese Haltung als ambivalente Omnipotenz beschreiben, welche entweder das Kind nicht hergeben will, darauf sitzen bleibt wie eine Glucke, oder aber das Kind von sich stößt und es mit dem Bade ausschüttet. Beide Haltungen sind meist miteinander verbunden und bestimmen oft gleichzeitig die Beziehung (double-bind). Oder aber das Festhalten des Kindes wechselt ab mit einer Bindungslosigkeit, welche das Kind preisgibt. In der Symptomatik der Symbiosekranken kehrt all dies wieder: Bindungssucht, Bindungsunfähigkeit und Bindungslosigkeit, verbunden mit Angst- und Haßgefühlen.

Die Unfähigkeit der schizophren machenden Mütter, die natürliche Symbiose der ersten Lebensjahre zu akzeptieren und dem Kind die Entwicklung eines unabhängigen Ich mit freundlicher Hilfe zu ermöglichen, liegt in der psychischen Struktur der Mütter selbst, die, obwohl sie Kinder bekommen, keine Mütter werden können, weil sie sich selbst nie von ihren Müttern lösen durften. Das Kind wird für diese Mütter zu einem Hilfs-Ich, das sie brauchen, um selbst existieren zu können und dessen Unabhängigkeitswünsche sie daher unterdrücken müssen. Oder aber die Mutter ist so wenig in der Lage, eine partnerschaftliche Beziehung aufzubauen, daß sie ihr Kind abschüttelt wie eine lästige Fliege (vgl. Harlowsche Affenversuche). In beiden Fällen ist deutlich, daß das Verhalten der Mutter gegenüber dem Kind im Zusammenhang mit dem Gruppenverhalten und im weitesten Sinne der Gesellschaft gesehen werden muß.

In einer Gruppe, die ein differenziertes und lebendiges Gewebe von Beziehungen unterhält, wird eine Mutter sich auch aufmerksam und liebevoll ihrem Kind zuwenden können. Wenn es aber der Mutter in Gruppe und Gesellschaft unmöglich ist, sich selbst zu artikulieren und zu verwirklichen, dann wird dies auch ihre Beziehung zum Kind belasten, sei es, daß die natürliche Symbiose unnatürlich festgehalten wird, sei es, daß sie gar nicht erst oder nur unzureichend entstehen kann.

Dieser gruppendynamische Aspekt in der Genese der schizophrenen Reaktion ist für das Verständnis von großer Bedeutung. Er ist besonders wichtig auch für die Therapie. Seinen Ausdruck findet er in den negativen Reaktionen der Familie, aus welcher der Patient kommt und in die er zurückkehrt. In unseren Kliniken aber drückt er sich aus in einer Form der sozialen Distanz, die im Patienten keine Persönlichkeit mehr erkennt, sondern ihn zum Objekt des Studiums und der Verwaltung werden läßt. Auf der anderen Seite kann die Wiederbelebung der Symbiose im Rahmen der Psychotherapie zu einer Haltung des Therapeuten führen, die ich als Überidentifizierung mit dem Patienten bezeichnen möchte. Der Therapeut befriedigt dann in seiner Gegenübertragung eigene unbewußt gebliebene symbiotische Bedürfnisse und arretiert dadurch den Behandlungsverlauf, der über die Symbiose nicht zur Ich-Abgrenzung und Differenzierung fortschreiten kann. Eine wirksame psychotherapeutische Behandlung schizophren reagierender Patienten setzt daher ein vielfältiges und elastisches therapeutisches Instrumentarium voraus. Insbesondere die analytische Gruppen- und Milieutherapie (AMMON 1959, 1969c, 1970a, b, c; 1973) hat hier Behandlungsformen entwickelt, die auf der einen Seite den therapeutischen Zugang häufig erst eröffnen, die andererseits unsere Erforschung der psychischen Entwicklung in der Interaktion vielfältig bereichert haben.

---

In der medizinischen Wissenschaft ist es seit altersher der Fall, daß kein Arzt einen Heilerfolg versprechen kann, da es sich um die in der menschlichen Natur inhärenten Unvorhersehbarkeiten handelt. Die Prognose einer Behandlung ist um so schlechter, je chronifizierter das Krankheitsbild ist. Die aufgezeigten Grenzen sind kein Grund, mit der Erforschung der Psychotherapie und der Ausbildung auf dem Gebiet der psychotischen Reaktionen aufzuhören. Die scientistische Verifikation ist nicht für Schizophrenie-Psychotherapie spezifisch, sondern immanent der psychotherapeutischen Forschung allgemein, wegen der mit ihr verbundenen Vielfalt menschlicher Variablen. Der Schwerpunkt der Schizophrenieforschung sollte m. E. in der Erfahrung des zwischenmenschlichen Bereichs im Hier und Jetzt der psychotherapeutischen Situation und des therapeutischen Milieus liegen, und hier sollte die Forschung investieren.

# Über die therapeutische Symbiose

*Von Harold F. Searles*

Im Jahre 1958 führte ich aus, daß eine symbiotische Beziehung zwischen Patient und Therapeut in der Psychoanalyse bzw. in der Psychotherapie von neurotischen und psychotischen Patienten eine notwendige Phase darstellt. Dafür prägte ich den Begriff »therapeutische Symbiose« (SEARLES, 1959a). Im Jahre 1959 schrieb ich, daß das Neue in der Therapie nicht ein Ausweichen vor dieser symbiotischen, wechselseitig abhängigen Beziehung zwischen Patient und Therapeut sei, sondern die Annahme dieser Beziehung durch den Therapeuten (SEARLES, 1959b). Bei weiteren Diskussionen über diesen Gegenstand habe ich auf die Rolle der symbiotischen Beziehung bei gesunden Erwachsenen hingewiesen (SEARLES, 1965, 1967).

Die vorliegende Arbeit ist die dritte in einer Reihe, in der ich meine Beobachtungen über Autismus, Symbiose und Individuation darstelle. In dieser Reihe beschäftige ich mich nicht nur mit Patienten, die an einer mehr oder weniger ausgeprägten Schizophrenie leiden, sondern auch mit neurotischen Patienten, in deren Analyse ein subtil vorhandener Autismus offenbar wird. Die beiden folgenden Zitate entnehme ich den beiden vorangegangenen Arbeiten: »Die Kategorien . . . der pathologischen Symbiose, des Autismus, der therapeutischen Symbiose und der Individuation stellen meiner Meinung nach eine Reihe einander ablösender Phasen der Ich-Entwicklung in der Therapie dar. Vom Stand der erreichten Ich-Entwicklung zu Beginn der Therapie hängt es ab, ob ein Patient alle Stufen durchlaufen muß. Z. B. kann er zu Beginn der Therapie schon fähig sein, eine therapeutisch-symbiotische Beziehung einzugehen, und während

---

[1] Diese Arbeit wurde als Sixth Annual Franz Alexander Memorial Lecture am 21. März 1972 in Los Angeles vor den Mitgliedern der Cedars-Sinai Division of Psychiatry und der Southern California Psychoanalytic Society and Institute vorgetragen. Eine frühere Fassung wurde von der Canadian Psychoanalytic Society Ontario in Toronto am 27. Januar 1972 referiert.

der therapeutischen Arbeit mit diesem Patienten werden die beiden ersten Phasen kaum in Erscheinung treten« (SEARLES, 1971). »Für den Übergang von der Phase des Autismus zur therapeutischen Symbiose habe ich es als charakteristisch bezeichnet, daß der Analytiker es nun für angezeigt hält, Übertragungsmanifestationen zu interpretieren. Im Gegensatz dazu mußte er sich in der vorangehenden autistischen Phase mit dem Gefühl abfinden, das ihm der Patient über längere Zeitspannen hinweg vermittelte, nutzlos, nachlässig, irrelevant, sorglos, unfähig zu sein, vor allem aber unmenschlich zu sein. So wie der Patient den Analytiker erlebte, mußte er auf die Erfahrungsstufe eines kleinen Kindes regredieren, dem die Mutter als übermenschliche Person erscheint. Der Patient erlebte den Analytiker gleichbedeutend mit der Mutter seiner frühen Kindheit, die für den Säugling die ganze Welt bedeutete, in der er ein unlöslicher Teil seiner Mutter war und sein Ich noch nicht hinreichend ausgebildet war, um die Mutter als von seinem Körper verschieden zu erfahren und wahrzunehmen und sich und die Mutter als von der übrigen Welt getrennt zu erleben. Ähnlich liegen die Unterschiede zwischen der Übergangsphase und der therapeutischen Symbiose hinsichtlich der Frage, wann Übertragungsinterpretationen gegeben werden sollen. In der Phase der therapeutischen Symbiose sind diese fast ohne Einschränkungen angebracht« (SEARLES, 1970).

In der vorliegenden Arbeit beinhaltet der Begriff »therapeutische Symbiose« ambivalente wie präambivalente Formen der Symbiose innerhalb der Beziehung von Patient und Analytiker. Jedoch habe ich früher mit diesem Begriff lediglich die präambivalente Symbiose bezeichnet, die als hingebungsvolle und befriedigende Einheit erlebt wird und genetisch bis auf sehr frühe Ereignisse in der Beziehung zwischen dem Säugling und der Mutter zurückverfolgt werden kann, ehe Haßgefühle dieses Einssein hätten stören und die emotionale Matrix durch alles durchdringende Ambivalenz hätten verändern können. In beiden Formen der Symbiose ist eine Fülle von Möglichkeiten für therapeutische Interventionen enthalten, wie es auch für die anderen Phasen der Ich-Entwicklung gültig ist.

Darüber hinaus bin ich zu der Überzeugung gelangt, daß man kein Beispiel für eine präambivalente Symbiose geben kann, das eindeutig wäre und einen längeren Zeitraum betrifft. Mehr denn je bin ich mir eines Vorbehaltes bewußt, den ich 1961 so formulierte: ».... es gibt kein sicheres Kriterium, das uns sagen könnte, ob wir uns mit dem Patienten in einer präambivalenten Symbiose oder mehr in einer paranoiden Symbiose befinden, die eine Abwehr gegen Haßgefühle ist, ... wir müssen der Möglichkeit gegenüber offenbleiben, daß eine im Grunde konstruktive, subjektiv präambivalente Symbiose von Zeit zu Zeit unbewußt von beiden Parteien dazu benutzt werden kann, intensiven Haß dem Bewußtsein fernzuhalten« (SEARLES, 1961).

### Der Patient als Therapeut in der Symbiose

Um das Wesen der therapeutischen Symbiose zu verstehen, muß man begreifen, in welchem Ausmaß der Patient die Aufgabe übernehmen möchte, seinem Therapeuten gegenüber selbst der Therapeut zu sein, wie er es auch für andere Menschen in seinem Leben sein möchte. Der Wunsch, auf andere einen wesentlichen, therapeutischen Einfluß zu haben, betrifft nicht nur jene relativ beschränkte Anzahl von Menschen, für die die Psychotherapie oder die Psychoanalyse zur beruflichen Lebensaufgabe werden, sondern ist ein grundlegendes Bedürfnis aller Menschen. Wer sich schon als Kind vor die Notwendigkeit gestellt sah, für andere Familienmitglieder therapeutische Funktionen zu übernehmen, – wobei diese Rolle als so komplex und absorbierend und für das Identitätsgefühl als so bedeutsam, wie hinsichtlich anerkannter therapeutischer Erfolge, auf der anderen Seite also so frustrierend erschienen ist – wird wahrscheinlich als Erwachsener eine therapeutische Tätigkeit als natürliche Lebensaufgabe betrachten.

Es wäre schon nützlich zu erforschen, wie ein echtes Individuum, d. h. ein Mensch mit einem ungeteilten Selbst, einem relativ ganzen Ich, dazu kommt, ohne beauftragt worden zu sein, für andere Menschen, die gleichfalls eine psychologische Individuation erlebt haben und auch echte Individuen sind, therapeutisch tätig zu sein. In der vorliegenden Arbeit jedoch beschäftige ich mich mit dem »Therapeuten in der Symbiose«, mit dem Menschen, der noch keine feste Individuation für sich erreicht hat und dessen bedeutsamste menschliche Beziehungen darin bestehen, die Ich-Lücken der anderen auszufüllen. Diese Form der Beziehung beruht auf einem Verhältnis zur Mutter, in dem die Funktionstätigkeit des kindlichen Ichs auf der Ebene infantiler Fragmentierung und Nichtdifferenzierung fixiert bleibt; teilweise deshalb, weil der gefährdete Zustand der inneren Ordnung der Familie es erfordert, daß das Kind sich nicht zu einer eigenen Persönlichkeit entwickelt, sondern daß es sich, um die Ich-Lücken der anderen Familienmitglieder zu füllen, einzeln wie kollektiv, zur Verfügung hält.

So betrachtet ist der Patient nicht bloß ein von der Mutter und der Familie ausgebeutetes Opfer; die Begriffsbildung dabei zu belassen hieße, allein das feindselige Potential des Geschehens in Betracht zu ziehen. Ähnlich wie das Selbst und das Objekt in diesen symbiotischen Prozessen noch nicht klar voneinander abgegrenzt sind, so sind auch Liebe und Haß nicht klar voneinander differenziert. Ebenso wichtig wie alles andere sind die wachsende Liebesfähigkeit des Patienten und die Entwicklung seines Verantwortungsgefühles bei der Aufrechterhaltung dieser Beziehungsmodalität. Aufgrund der noch nicht richtig differenzierten Beziehung zu seinem eigenen Selbst ist das Kind bestrebt, schon um psychologisch und physisch zu überleben, die einzig ihm bekannte Art der Beziehung mit einem anderen aufrechtzuerhalten. Dabei hofft es, die Mutter so zu stärken, daß sie sich entwickeln kann, um für den eigenen Reifeprozeß ein Identifikationsmodell zu bekommen. Aufgrund des ebenso wenig vollständig entwickelten »Altruismus« wird das eigene potentielle Selbst aufgeopfert, um die Mutter zu vervollständigen und ihr Weiterleben zu sichern.

In alledem sind sowohl die Grundlagen für heftigsten paranoiden Haß zu finden, wie aber auch die Ursprünge echter, selbstloser menschlicher Liebe. Je kränker ein Patient ist, desto weniger kann er darauf verzichten, auf dieser Vorindividuationsstufe der Funktionstätigkeit des Ich für seine Mutter in der Übertragungssituation der Analytiker zu sein. Diese Art der Übertragung, deren Entwicklung nötig ist, wird unmöglich gemacht durch die überlieferte Einstellung, der Analytiker sei der Gesunde, er habe ein intaktes Ich, er bemühe sich, dem Kranken mit dem Ich-Defizit zu helfen. Der Letztere leidet in der Tat an einem Ich-Defizit, aber daran leiden alle, auch der Analytiker. Ohne dieses »Leiden« kann der Analytiker nicht hoffen, in der therapeutisch-symbiotischen Phase den Patienten wirksam zu behandeln.

Niemand wird ein so vollkommenes Individuum, wird so sehr erwachsen, daß er seine früher erworbene Fähigkeit, symbiotische Beziehungen einzugehen, verliert. Das sogenannte Ich-Defizit des schizophrenen Patienten ist bei einer Betrachtung, die dessen dynamische Funktion ins Auge faßt und nicht seine statisch erscheinende Verkrüppelung, das Gebiet der intensivsten Lebendigkeit, auch wenn es in der Symbiose wie in einem Kristall zusammengefaßt erscheint. Es ist von derselben Natur wie die symbiotische Grundlage einer gesunden, erwachsenen Ich-Tätigkeit. Sie ermöglicht es einem gesunden Erwachsenen, sich kreativ mit einem anderen Individuum eins zu fühlen, oder auch dieses Gefühl mit einer Gruppe von Menschen, mit der ganzen Menschheit, mit der gesamten äußeren Welt, mit einer kreativen Idee usw. zu erleben.

Um die Fixierung der Ich-Entwicklung des Patienten, die sich darin äußert, daß der Patient nur das Fragment oder Fragmente eines Ichs erworben hat, in der psychoanalytischen Behandlung aufzulösen, ist eins mehr als das andere wichtig. Der Patient muß die Erfahrung machen, daß ein anderer Mensch, der Analytiker, imstande ist, die unentbehrlich wichtige Rolle, die der Patient für dessen, des Analytikers, Ich-Tätigkeit hat, anzuerkennen und mit ihm in bewußter Anerkennung dieser Tatsache zusammenzuarbeiten.

Nur durch diesen Prozeß kann der Patient seine Individuation stärken. Auch ist dieser Prozeß der Individuation, den der Patient im Rahmen der Übertragungsbeziehung jetzt mit Erfolg erlebt, in Wirklichkeit wechselseitig, denn der Analytiker, der gemeinsam mit dem Patienten die therapeutische Symbiose erfährt, wird seine Individualität ebenfalls bereichern und vertiefen. Ebenso wie wir begreifen müssen, daß bei gesunden Menschen die Fähigkeit, symbiotische Beziehungen einzugehen, nicht auf die frühe Kindheit beschränkt bleibt, sondern auf zum großen Teil unbewußten Ebenen die dynamische Grundlage für das Leben des Erwachsenen bildet, so müssen wir anerkennen, daß der Individuationsprozeß nicht unwiderruflich ist. Nicht nur der schwerkranke Patient kann in einer psychoanalytischen Behandlung eine vollständigere Individuation erreichen als in seiner Kindheit, die nur fragmentarisch und oberflächlich war; auch ein gesunder Erwachsener führt ein Leben, das in seinen wesentlichen Bestandteilen Erfahrungen von symbiotischer Bezogenheit und Reinindividuation beinhaltet, seien sie nur momentan oder für eine ganze Lebensperiode bedeutsam.

Eine der gegenwärtigen größten menschlichen Tragödien besteht darin, daß Hunderttausende von Menschen in riesigen psychiatrischen Anstalten ihr Dasein fristen und die meisten von ihnen in chemischen Zwangsjacken dahinvegetieren. Der Grund dafür besteht wahrscheinlich in dem nichtartikulierten Gefühl, daß jeder von diesen Menschen, wenn wir es ihnen nur erlauben würden, ein viel persönlicherer Teil von uns werden könnte, als wir es uns eingestehen können.

Ich habe in den vergangenen Jahren die Beobachtung gemacht, daß bei schizophrenen Patienten am stärksten das Schuldgefühl abgewehrt wird, daß sie es nicht vermochten, aus ihrer unvollständigen Mutter eine vollständige Mutter zu machen, damit diese ihre Rolle als Mutter ihnen gegenüber erfolgreich übernehmen konnte. Dieses Schuldgefühl basiert zu einem Teil auf subjektiven Omnipotenzgefühlen und ist daher zu einem bestimmten Ausmaß irrational; es entspricht der Schuld, die wir der vermeintlich ebenfalls omnipotenten »schizophrenogenen Mutter«, ihr allein, an der schizophrenen Erkrankung des Patienten zuschieben möchten. Für uns ist aber ausschlaggebend, daß wir auch den realen Aspekt dieses Schuldgefühls angesichts des Scheiterns der Mutter gegenüber wahrnehmen. Denn es ist dieser reale Anteil, der es dem Patienten ermöglicht, einen Zugang zur Entwicklung reiferer Verantwortlichkeit in seinen interpersonellen Bezügen im allgemeinen zu finden. Die verkrüppelnde Wirkung seiner bisher unbewußten Schuldgefühle kann nur aufgehoben werden, wenn der Patient den Analytiker dazu befähigen kann, ungeachtet dessen, wie stark Haß und andere »negative« Gefühle auch sein mögen, in einer Beziehung zu ihm – analog zur Mutter – zu funktionieren. Im Nachhinein erkennen wir, daß die pathologischen Introjekte, die den Kern der Schizophrenie des Patienten ausmachen, nicht nur seine ihm unbewußten Mittel zur Bewältigung einer ihm unerträglichen Umwelt sind, sondern auch seine unbewußten primitiven Mittel, die »äußere Wirklichkeit« zu heilen. Der Patient hat nämlich die schwerstkranken Anteile der Mutter und späterer Mutterübertragungs-Personen in sich selbst aufgenommen, um die Mutter und ihre Nachfolger von dieser Last zu befreien.

*Die Phase der ambivalenten Symbiose*

In der analytischen Beziehung findet eine Regression nicht nur auf Seiten des bisher autistischen Patienten statt, sondern auch auf Seiten des Analytikers. Wie ich in einer früheren Arbeit (1970) beschrieben habe, wird der Analytiker auch in autistische Prozesse mit einbezogen. Wenn die Regression im analytischen Prozeß zunimmt, treten plötzlich und mit verstärkter Häufigkeit Teile der starken Ambivalenz, die das zersplitterte Ich aufweist, zutage. Gegen diese wurden je nach der Lebensgeschichte der Beteiligten autistische Prozesse zur Abwehr mobilisiert. In der Phase der ambivalenten Symbiose, in der die Ich-Grenzen per definitionem bei jedem der Beteiligten unstabil sind, finden viele Projektionen statt. Jeder fühlt sich durch den anderen bedroht, weil dieser eigene, noch nicht integrierte Inhalte personifiziert. Z. B. projiziert jeder auf den anderen seine eigenen mörderischen Gefühle und fürchtet dementsprechend um sein Leben. Jeder meint, seine eigene (autistische) Welt, die ihm allein zu gehören schien, mit Beginn dieses Prozesses verloren zu haben und reagiert darauf mit starker Wut, Angst und mit primitivsten Verlustreaktionen. Z. B. erlebt der Analytiker den Patienten als jemanden, der in chaotischer Weise von seinem Leben Besitz ergreift. Subjektiv wird dieser Vorgang so erfahren, daß einem weder eine eigene Welt noch ein eigenes Selbst übrigbleiben.

Zu betonen ist, daß hauptsächlich die unbewußte Ambivalenz, anders als die mehr bewußte Ambivalenz, die durch das Ich integriert werden kann, eine symbiotische Beziehung zum Anderen erfordert. In dieser Beziehung verkörpert der Andere die Anteile der Ambivalenz, die man selbst im Augenblick verdrängen muß. Im anderen Falle, wenn man seine eigenen Ambivalenzgefühle akzeptieren kann, kann man sich als Individuum fühlen und sich dem Anderen gegenüber wie zu einer Person in eigenem Recht verhalten. Ich werde niemals das Gefühl einer innerlich erreichten Freiheit vergessen, als ich die Kraft gefunden hatte, einer hebephrenen Frau, mit der ich über Jahre hinweg in einer quälenden symbiotischen Beziehung gefangen war, einen Besuch in meinem Haus zu verweigern, nach dem sie sich immer gesehnt hatte. Und ich verweigerte ihr diesen Besuch selbst auf die Gefahr hin, daß ein Klinikaufenthalt für sie damit verbunden gewesen wäre. Wo man hier eine Grenze zieht, ist von der Persönlichkeit des Analytikers abhängig; ich habe hier meine Grenze gezogen. Theoretisch gesehen ist es unwesentlich, vielleicht auch unklug, dem Patienten dies unvermittelt zu sagen. Es hat meiner Erfahrung nach jedoch niemals katastrophale Folgen, wichtig ist, daß man sich hier überhaupt eigene Gefühle gestatten kann. In diesem Fall konnte ich starke Ablehnungsgefühle verspüren, die ich jahrelang auf diese sich außergewöhnlich ablehnend verhaltende Frau projiziert hatte. Die Ambivalenz, über die ich schreibe, ist so intensiv, daß sie nur dann bewältigt werden kann, wenn die beiden Beteiligten weitgehend als eine Einheit diese Ambivalenz erfahren und erkennen können. Ich hoffe, daß es mir gelingt, dies in meiner Arbeit darzustellen.

Die Analyse dieser Patientin erfolgte zu einer Zeit, als ich noch nicht über genügend Erfahrung mit präambivalenten, symbiotischen Beziehungen mit meinen Patienten verfügte, um eine Begriffsbildung wagen zu können. Damals nahm ich an, daß alle symbiotischen Beziehungen in hohem Maße ambivalent seien. Nach einer Sitzung mit dieser Patientin machte ich mir folgende Notizen: »In zwei neueren Arbeiten habe ich auf symbiotische Beziehungen hingewiesen und wollte danach die Charakteristika einer solchen Beziehung in Einzelheiten beschreiben. Ich habe gerade eine Sitzung mit Carol Fleming (Pseudonym) beendet. Sie verlief wie hundert Sitzungen vorher mit ihr und ist, meiner Meinung nach, typisch für eine symbiotische Beziehung.

Als ich in ihr kahles Zimmer trat, lag sie in ihrem Bett und schwieg. Ich fühlte mich beim Eintritt sehr entmutigt und verspürte einen Widerwillen, die Arbeit fortzusetzen. Im Verlauf der Stunde, in der sie mich meistens feindselig anschaute und wenn überhaupt, dann nur in Bruchstücken sprach, wurde ich gewahr, daß meine Gefühle vor allem Hilflosigkeit gegenüber meinen anderen Gefühlen ausdrückten. Ich lehnte diese Gefühle ab, ungeachtet, ob sie Antagonismus, Mitleid, Zärtlichkeit oder etwas anderes ausdrückten. Ich verspürte den starken Wunsch, die Arbeit mit der Patientin einfach aufzugeben und sie zu verlassen. Gleichzeitig überkam mich aber das intensive Gefühl, in einem Konflikt zu stehen und hilflos zu sein.

Ich hatte das Gefühl, als sei ich ihrer Gnade ausgeliefert und sie könne mit meinen Gefühlen spielen. Durch gehässiges Verhalten vermochte sie, feindselige Gefühle in mir zu wecken; andererseits konnte sie Zärtlichkeit und Sympathie hervorrufen,

wenn sie plötzlich eine freundliche Miene aufsetzte und eine fle-
hentliche Geste ausführte. Auch ist zu betonen, daß meine
Gefühle in einem starken Widerspruch zueinander standen und
unbeständig waren. Einmal hatte ich das Gefühl, wir wären zwei
Klapperschlangen, die sich in den Nacken der anderen verbissen
hätten. Keiner wollte loslassen, denn nur so konnten wir unsere
gegenseitigen Haßgefühle am besten ausdrücken. Während der
ganzen Sitzung war ich mit meinen Gefühlen unzufrieden.«

Einige Monate früher hatte ich aufgeschrieben: »In der Sitzung
der Therapeutengruppe, die sich regelmäßig trifft, um informell
und so klar wie möglich die jeweils dringenden Probleme zu be-
sprechen, war heute meine Arbeit mit Carol Fleming das Haupt-
thema. Ich hatte diese selbst angeregt, weil ich mich wegen eines
bevorstehenden Besuches ihrer Eltern unter starkem Druck stehend fühlte. Während ich über meine Arbeit mit Carol berichtete, stellte ich nach und nach immer mehr Anzeichen einer starken unterdrückten Wut in mir fest, die ich wegen des Gefühls,
in der Arbeit mit ihr zu scheitern, hatte. Es war, als trüge ich in
mir einen großen schweren Stein, . . . unverkennbar handelte es
sich um eine Depression, die mit viel Wut verbunden war. Während des Berichtes fiel mir auf, daß mir sogar meine positiven
zärtlichen Gefühle ihr gegenüber lästig waren, ebenso wie mir
früher meine starken grausamen und sadistischen Gefühle lästig
gewesen waren. Diese positiven Gefühle waren meinem Gefühl
nach mir auch deshalb so unbequem, weil ich mich nicht frei
fühlte, sie ihr gegenüber zu äußern. Ich wagte es z. B. nicht, ihren
Kopf zu berühren, wenn ich es eigentlich gern getan hätte. Die
ganze Zeit über hatte ich geglaubt, daß der Ausdruck solcher
zärtlichen Gefühle eine Art Mißbrauch meiner Stellung als Therapeut war. Ich meinte, es würde die Patientin erschrecken und
nur meine eigenen Abhängigkeitsgefühle befriedigen, wenn ich
sie als Mutterfigur für mich gebrauchte. Im Verlauf des Tages begriff ich, daß meine Wut auf Carol Fleming die wichtigste Ange-
legenheit in meinem Leben in Chestnut Lodge[1] war. Diese Ein-

---

[1] Ich fühlte mich nicht wohl dabei, daß ich diesen Zusatz »in Chestnut Lodge«
schreiben mußte: Ich konnte die Beziehung zu dieser Patientin einfach nicht als
die wichtigste Sache in meinem gesamten Leben begreifen. Ich betrachte dies als
einen Beweis für meinen damals unbewußten Widerstand, die Wichtigkeit, die
diese Patientin für mich hatte, voll anzuerkennen – das heißt, die Entwicklung
einer vollständig gefühlten präambivalenten symbiotischen Beziehung mit ihr.

sicht war in der Tat erstaunlich; erst später fiel mir ein, daß diese Wut ein Maßstab für die Wichtigkeit meiner Beziehung zu dieser Patientin sein könnte.«

Die überaus verschiedenen klinischen Erscheinungen, die ich hier auf einen Begriff bringen will, lassen sich nicht durch ein oder zwei Beispiele hinreichend charakterisieren. Diese Patientin war viel stärker in ihrem jahrelangen Autismus gefangen gewesen und hatte viel weniger Energie in ambivalent symbiotische Beziehungen, die klar faßbar gewesen wären, investiert, als die meisten Patienten, an die ich denken kann.

Diese Patienten, die eher Schizophrene mit einer Borderline-Struktur waren oder passagere Schizophrene, waren leichter zugänglich als die Patientin, die ich gerade erwähnt habe. Bei diesen Patienten war es auch außerordentlich günstig, daß beide Teilnehmer fast permanent wechselseitig auf den anderen reagierten, entweder verbal oder deutlich nonverbal mit schnell wechselnden Gefühlen, die den ganzen Bereich von Wut über Zärtlichkeit zu Hohn und Verachtung, oft in ungewöhnlichen Zusammensetzungen, erfaßten.

Über diese Art von Beziehungen habe ich in den letzten Monaten viel durch meine Arbeit mit einem hebephrenen Mann erfahren, den ich elf Jahre lang in Behandlung hatte und der allmählich die Fähigkeit erworben hatte, eine solche Beziehung mit einer anderen Person einzugehen. Damals wußten wir beide, daß ich in absehbarer Zeit das Krankenhaus, in dem er untergebracht war, verlassen würde. Auch habe ich viele Erfahrungen mit Hunderten von Patienten mit Borderline-Syndrom und passagerer Schizophrenie sammeln können, mit denen ich im Rahmen meiner Tätigkeit als Berater oder Lehrer einmalige Interviews durchführte. Sowohl die Situation der baldigen Beendigung der Therapie wie auch diese einmaligen Interviews regten mich an, mehr über die beiderseitige Trennungsangst von Analytiker und Patient zu erfahren. Meine langjährigen Beobachtungen haben mir gezeigt, daß die Trennungsangst, um die es hier geht, weniger mit der bevorstehenden physischen Trennung als mit der Bedrohung zu tun hat, die bestehende lebendige symbiotische Beziehung könne jederzeit und unvoraussehbar außer Kontrolle geraten und in Autismus oder Individuation umschlagen. Beide Möglichkeiten schienen weder für den Patienten, so wie er die Situation erlebte, noch für mich besonders ausgeprägt zu sein.

Das Bevorstehen beider Möglichkeiten stellte für beide die gleiche subjektive Bedrohung dar, daß man plötzlich auseinandergerissen werden könnte.

Die symbiotische Unbeständigkeit der Ich-Grenzen macht es unmöglich zu wissen, ob es der »eigene« Ärger, die eigene Depression sind, die man plötzlich fühlt; oder ob man nicht empathisch ein dem Patienten »eigenes« Gefühl erlebt, dessen Erfahrung er selbst unbewußt erfolgreich abwehrt (z. B. durch Projektion). Bei verbalen Kommunikationen des Patienten ist dies oft kaum auszumachen, man hat aber das Gefühl, daß man unbedingt feststellen müßte, woher diese Kommunikationen kommen und wohin sie gehen.

Als Beispiel möchte ich über einen Patienten sprechen, der auf einer nonverbalen Ebene eine ambivalente symbiotische Beziehung mit mir eingegangen war, aber eine vergleichbare Stufe der verbalen Artikulation noch nicht erreicht hatte. Über viele Monate hinweg waren seine verbalen Mitteilungen auf stereotype Bemerkungen beschränkt. In einer Sitzung sagte er z. B. folgende stereotype Sätze, jeden zumindest einmal. »Nimm dir Zeit.« »Sei zufrieden mit dem, was du hast.« »Bleibe glücklich.« »Alles zu seiner Zeit und an seinem Ort.« »Unnötig, das zu sagen.« Das wirkte auf mich wie ein einseitiges Telefongespräch. Ich sagte ihm, daß ich überhaupt nicht wisse, ob diese Bemerkungen, die ich hier nacheinander aufreihe, 1. Antworten auf Gedanken seien, die er habe, oder 2. Antworten auf Stimmen, die er gerade höre, oder 3. Bemerkungen zu meinen Gedanken seien oder 4. die Vermittlung von Stimmen seien, die er gerade höre, oder 5. eine Mischung aus alledem. Er konnte darauf keine erhellende Antwort geben, was bei der Komplexität der Frage auch nicht überrascht. Ich nehme an, daß er zwischen diesen verschiedenen Möglichkeiten gar nicht unterscheiden konnte, denen ich jetzt noch eine sechste hinzufügen möchte. Er neigte nämlich dazu, dem durch sein Verhalten Ausdruck zu verleihen, was er als einen schweigenden halluzinatorischen Zustand meinerseits wahrnahm. In Wirklichkeit unterlag ich keinen Halluzinationen, obwohl diese Sitzungen oft sehr anstrengend waren. Von seinen Übertragungsreaktionen war jedoch die am klarsten, wenn er mich wie seinen Vater erlebte, der im Kriege einen »Nervenschock« erlitten hatte und längst verstorben war. Der Vater selbst hatte ein so fragmentiertes Ich, daß er, solange der Patient ein

Kind war, keinen nutzbringenden Beruf ausüben konnte. Möglicherweise litt er selbst unter Halluzinationen.

Wesentlich früher schon in der Behandlung war mir klar geworden, daß die Äußerungen des Patienten von ihm aus gesehen ebenso gut Gefühle und Haltungen betrafen, die er bei mir vermutete, wie auch seine eigenen Gefühle und Einstellungen. Sagte er zum Beispiel mitten in einem längeren Schweigen vorwurfsvoll: »Eigentlich wollen Sie mir überhaupt nichts sagen«, konnte dies Verschiedenes bedeuten: entweder bezog sich der Satz darauf, wie er mich wahrnahm, oder darauf, wie er sich selbst betrachtete, oder auf die Annahme, daß ich ihn so erleben würde. Als ich einmal zur regelmäßigen Sitzung mit ihm in das Gebäude ging, in dem er untergebracht worden war, fand ich ihn in der Nähe des Zimmers der Krankenschwestern. Er machte jedoch keine Anstalten, mir zu folgen. Einige Minuten blieb ich in seinem Zimmer sitzen bei geöffneter Tür und wartete auf ihn. Dann holte ich mir eine Zeitung aus der Nähe des Zimmers der Krankenschwestern und tat so, als sehe ich ihn nicht, als ich bei ihm vorbeiging. Kurze Zeit danach betrat er den Raum und sagte: »Wer zum Teufel braucht dich denn schon, du schleimiger Hurensohn?« Das konnte ebenso gut seine Meinung über sich selbst sein, wie auch ein Urteil über meine Haltung ihm gegenüber, als ich mir die Zeitung holte. Bei solchen Zustandsbildern ist es wichtig, daß der Analytiker die Ich-Grenzen des Patienten bestimmt, weil starke unintegrierte und daher unkontrollierbare Feindseligkeit in der therapeutischen Beziehung zu erkennen ist. Zum Beispiel erinnerte ich mich noch sehr gut daran, wie dieser Patient plötzlich eine Stimme hörte, die offensichtlich von mir her kam und ihn beleidigte. Er reagierte auf diese Halluzination mit einem explosiven Wutausbruch, bei dem ich Angst bekam und das Geschehen in ihm nicht mehr steuern konnte.

### *Die Rolle der Eifersucht im fragmentierten Ich*[1]

In meiner Arbeit mit dem oben erwähnten Patienten, wie auch in der Arbeit mit einem Patienten zuvor und vielen danach, habe

---

[1] Ich möchte auf die ausgezeichnete Arbeit von PAO (1969) »*Pathological Jealousy*« verweisen, die den psychodynamischen Hintergrund für diese Begriffe aufrollt, obwohl sie nicht meine hier vorgestellten Konzepte enthält. Die Arbeit gibt auch eine wertvolle Literaturübersicht zum Problem der Eifersucht.

ich beobachtet, daß die ambivalente symbiotische Beziehung zunächst auf nicht faßbare Weise wie eine Gruppenbeziehung erscheint, in der Eifersucht ein sehr wichtiger und schwieriger Faktor ist. Allgemein wird angenommen, daß Eifersucht im Kontext von drei Personen entsteht (FARBER, 1961). Bei diesen Patienten jedoch (ich möchte noch einmal betonen, daß ich nicht nur von hebephrenen Patienten spreche, deren Ich sehr stark fragmentiert ist, sondern auch von den Patienten, bei denen sich schizoide Anteile im Lauf einer Analyse zeigen, was meiner Meinung nach alle Patienten zu irgendeinem Zeitpunkt erleben) haben die pathogenen Introjekte einen personhaften subjektiven Identitätswert und beeinflussen interpersonelle Beziehungen. Wenn der Analytiker für den Patienten persönlich gleichbedeutend mit dem fraglichen Introjekt geworden ist, ist er für den Patienten so wichtig wie dessen eigenes »Selbst«. In eine eifersüchtige Dreierkonkurrenz geraten nun das Introjekt, der Rest der Identität des Patienten (d. h. der Teil, der nicht introjiziert worden ist) und die Gefühle des Analytikers.

Zum Beispiel pflegte der hebephrene Kranke, den ich bereits erwähnt habe, sich während der Sitzungen halluzinierten Stimmen zuzuwenden, denen gegenüber ich mich völlig bedeutungslos fühlte. Versuchte ich, sein Zwiegespräch mit einer halluzinierten Gestalt zu unterbrechen, schrie er mich wütend an: »Halt das Maul, ich habe Besuch!« Aber erst, als meine Gefühle sich für ihn gesteigert hatten, nahm ich meine Eifersucht wahr, wenn er sich einer phantasierten Person zuwendete. Ich hatte dann jedesmal das Gefühl, daß eine Gruppe anwesend war. Dieses Gefühl hatte ich auch oft mit einer Patientin, deren Ich ähnlich zersplittert war und mit der ich mehrere Jahre lang therapeutisch arbeitete. Später wurde ich meiner Bedeutung in meiner Beziehung zu dem hebephrenen Kranken so sicher, daß ich mir bewußt war, daß diese halluzinatorischen Vorgänge sekundär zu denen waren, die zwischen uns beiden bestanden. Von da an fühlte ich mich solchen Eifersuchtsempfindungen nicht mehr länger ausgesetzt.

Es kann auch vorkommen, daß der Patient auf sich selbst eifersüchtig wird. Dies geschieht, wenn ein Teil von ihm sich ausgeschlossen fühlt, wenn der Analytiker sich einem anderen Teil von ihm zuwendet. Dieses Gefühl kann zu einem starken Widerstand in der Behandlung werden. Ein Teil von den vielen Teilen, die in ihrer Gesamtheit das Selbst des Patienten ausmachen, kann mit dem Analytiker ein Arbeitsbündnis eingehen, während ein anderer Teil sich im Stich gelassen fühlt und mit starker Eifersucht und Rache auf das, was die beiden zusammengearbeitet und geleistet haben, reagiert. Das Selbst solcher Patienten besteht meistens aus einer Ansammlung schlecht integrierter Introjekte. Ich vermute, daß die Eifersucht teilweise auf frühe Ereignisse zurückgeführt werden kann, in denen Eifersucht, wenn zwei andere Personen nahe zusammen waren, nicht ausgehalten werden konnte, z. B. die Nähe der Eltern, oder die Nähe der Mutter und eines der Geschwister. Der Patient konnte diese Eifersuchtsgefühle nicht verarbeiten, sondern wehrte sie unbewußt ab durch die Introjektion der beiden, einander emotional nahen Personen. Ich vermute aber auch und halte es für wichtiger, daß diese Eifersucht einen Gegenspieler in der Mutter (oder in anderen mutterähnlichen Personen) hatte. Um sich anzupassen, versuchte das Kind damals durch Introjektion die Mutter, deren Ich fragmentiert und mit intrapsychischer Eifersucht beladen war, zu unterstützen.

Im Verlauf der Behandlung kann diese Eifersucht am besten als unbewußte Abwehr gegen jene therapeutisch notwendige, zunächst als beängstigend für den Patienten wie auch für den Analytiker erlebte Verschmelzung bearbeitet werden, die Teil der präambivalenten Symbiose ist. Mir erscheint, daß die bedrohlichsten Momente für die Therapie, die im Ausagieren dieser Eifersucht liegen, sich bereits zeigen, ehe irgendeine starke präambivalente Übertragungsbeziehung sich herausgebildet hat. Hingegen können Eifersuchtsmanifestationen, die sich nach einer Individuation zeigen, vom ganzen Patienten und vom ganzen Analytiker behandelt werden, selbst wenn diese Individuation noch nicht beträchtlich ist. Bewältigt wird die Eifersucht bei der Untersuchung der Bedeutung einer Beziehung zu einer dritten Person außerhalb der therapeutischen Situation.

Ich möchte nun etwas aus meiner Arbeit mit einem schizoiden Patienten berichten, dessen Krankheitsgrad nicht ungewöhnlich schwer für eine ambulante Praxis war. Einige Jahre lang stellte ich bei diesem Mann eine Selbstzufriedenheit fest, die mich wütend machte. Aber eines Tages merkte ich mit Erstaunen, daß ich jetzt auf ihn eifersüchtig war. Bisher hatte er sein Selbst mir gegenüber so eindeutig favorisiert, daß ich mich mit Bitterkeit von der wechselseitigen Wertschätzung und von der traulichen Beziehung der beiden »Personen« ausgeschlossen fühlte. (Ich möchte betonen, daß ich dies nach einer jahrelangen Arbeit mit ihm feststellte.) Ich sah im Nachhinein, daß ich ihm gegenüber bisher weder eine ausreichende noch eine persönliche Bedeutung gewonnen hatte (oder in den Begriffen der klassischen Psychoanalyse ausgedrückt: er hatte mich als ein Objekt in eigenem Recht nicht libidinös besetzt), so daß ich jetzt erst die beiden »Personen« in ihm erkennen konnte und ich mich erst jetzt fähig dazu fühlte, wie auch den Wunsch hatte, in dieser Dreiecksbeziehung, die voll von Eifersuchts- und Konkurrenzgefühlen war, eine Rolle zu spielen. Ich habe den Eindruck, daß der Analytiker und der Patient die Therapie oft vor Erreichung dieser lebendigen und für beide beunruhigenden Stufe aufgeben, weil solche schizoiden Patienten sich der Psychoanalyse gegenüber oft so entmutigend unzugänglich zeigen. Auf dieser Stufe wird die Ich-Fragmentierung des Patienten bloßgelegt, und die Übertragung nimmt den Charakter einer mörderisch eifersüchtigen Dreierkonkurrenz an.

## Die Technik beim Übergang vom Autismus zur therapeutischen Symbiose

Die autistische Phase, die oft sehr lange dauert und scheinbar statisch ist, ist nicht nur als die Zeit vor Beginn erkennbarer aktiver therapeutischer Prozesse der therapeutisch-symbiotischen Phase zu kennzeichnen. In ihr bereitet sich der Aufbau einer festen Struktur vor, in der sich später Veränderungen abspielen können. MILNERS (1969) *positive* Betonung dessen, was ich Autismus nenne, wird dadurch bestärkt. MILNER sagt über frühreife Ich-Entwicklung und gesundes Wachstum, daß es notwendig sei, den Rückzug in Geistesabwesenheit (d. h. in Autismus) wiederholt antreten zu können. Sie meint, »daß hinter den Zustandsbildern, die in der Sprache der Analytiker als autoerotisch und narzißtisch bezeichnet werden (d. h. autistisch), der Versuch stecken kann, sich in gutem Sinne narzißtisch zu betätigen, nämlich sich primär an sich selbst zu erfreuen . . .« Richtig verstanden bedeutet das nicht eine Ablehnung der äußeren Welt, sondern eine erneuerte

und wiederbelebte Kathexis dieser Welt. Sie zitiert auch HEI-
MANN (1962), die die Bedeutung des narzißtischen Rückzugs
für den kreativen Prozeß untersucht hat und es für notwendig
hält, die Veränderungen des Narzißmus von seinen primitiven
Manifestationen bis hin zu seiner Vereinbarkeit mit Ich-Kreati-
vität und Objektbeziehungen zu untersuchen.

In der autistischen Phase liegen meiner Meinung nach auch
die Grundlagen für die »durchschnittlich zu erwartende Umwelt« (HARTMANN, 1939), für die »Umwelt, die trägt und versorgt« (WINNICOTT, 1941) und für die Rolle der Mutter als eines
schützenden Schildes (KHAN, 1963, 1964).

In der autistischen Phase entwickeln sich in starkem Maße die
Grundlagen für Zuverlässigkeit. Diese Zuverlässigkeit, mag sie
sich nun in Pünktlichkeit, einer festgelegten Sitzordnung oder in
sonstigen Äußerlichkeiten der Behandlungssituation zeigen,
muß mit der sich entwickelnden Sicherheit beider Beteiligter
darüber, was die Situation erlaubt und was nicht, verbunden sein.
Um den unmittelbaren Erfordernissen der Behandlungssituation
gerecht zu werden, muß der Analytiker vor allem sein individuelles Selbst wahrhaftig darstellen. Manchmal ist dazu unendliche
Geduld nötig, die den Ausdruck von unentschuldbarer Nachläs-
sigkeit haben kann, oder aber auch mörderisch ungeduldige
Härte.

In meiner Arbeit mit einer chronisch kranken schizophrenen
Frau entwickelte ich eine Technik, die ich mit Verlegenheit meinen Kollegen in Chestnut Lodge als die chinesische Wassertortur
vorstellte, weil sie oberflächlich gesehen sehr sadistisch zu sein
scheint. Jedoch ist diese Technik aus der Notwendigkeit der Situation entstanden und hat sich als brauchbar erwiesen. Es war
einfach die rigorose Anwendung einer Technik, die ROGERS
(1942), viele Jahre zuvor, bereits beschrieben hatte. Ich wiederholte einfach alles, was die Patientin gesagt hatte und zeigte ihr
gleichzeitig, daß ich gern mehr hören möchte. Dabei ging ich
aber keinen Schritt weiter als sie selbst. Ihr Identitätsgefühl war
außerordentlich schwach, und deshalb hatte sie große Angst vor
eigenen Schritten. Für sie waren Individualität und hoffnungslo-
ser Wahnsinn identisch. Viele Male zuvor hatte ich es gewagt, ihr
etwas vorauszugehen, und jedes Mal hatte sie entfremdet mit
Schrecken und Verdammung auf mich reagiert. Mit dem furcht-
samen Ausruf: »Sie sind verrückt, Dr. Searles!«, hatte sie mich

jedes Mal von ihr wieder abgetrennt. Auf harte Weise hatte ich
begriffen, daß ich bei ihr sein mußte, wenn sie auch nur einen
Schritt versuchsweise wagte. Ich wiederholte jede ihrer ver-
suchshaften Bemerkungen, die oft nur der Anfang eines begon-
nenen Satzes waren, den sie ohne Hilfe nicht zuende bringen
konnte. In keinem Fall durfte ich weiter sein als sie.

Ich war erfreut, als einer meiner Kollegen, den meine Darstellung einer der typischen Sitzungen mit dieser Patientin sehr gestört hatte, ärgerlich protestierend sagte: ».. . in dieser Sitzung
haben Sie jedes Wort, das die Patientin sagte, aufgegriffen und
es ihr wiederholt. Danach haben Sie sie um weitere Auskunft gebeten, als ob Sie alles, was sie tat, kontrollieren mußten. Das ist
schrecklich und rigide strukturiert. Ich würde gern wissen, was
die Patientin über ihre eigenen Aggressionen denkt – warum dies
so gemacht werden muß. Wenn jemand mit mir so umgehen
würde, würde ich auch meinen, ich werde verrückt und müßte
mir meine Haare ausraufen oder etwas dergleichen tun.«

Sein Einwurf hat mich deshalb so gefreut, weil es eine genaue
Beschreibung dessen war, wie ich mit der Patientin umging, und
weil seine emotionale Reaktion so verwandt mit der der Patientin
war. Bei ihr war diese Reaktion therapeutisch gesehen günstig.
Meine Beziehung zu ihr machte anschließend eine Phase der ambivalenten symbiotischen Beziehung durch, in der wir beide viele
stürmische Sitzungen erlebten. Dann folgte später eine klar ab-
hebbare und lange Phase der präambivalenten therapeutischen
Symbiose, die für unser beider Wachstum von großem Wert war.
Die Patientin wurde dadurch befähigt, eine größere Individuation zu erreichen, als es anderen meiner chronisch kranken Patienten bisher je geglückt ist. Ich bin davon überzeugt, daß diese
spätere Entwicklung unmöglich gewesen wäre, wenn ich nicht in
der autistischen Phase für sie als eine Art Außenskelett fungiert
hätte.

In meiner Arbeit über das neutrale Verhalten des Therapeuten
(1963) beschrieb ich in Einzelheiten einige klinische Beispiele aus
der Behandlung eines chronisch kranken schizophrenen Patienten. Dieser Patient lag monatelang in den analytischen Sitzungen
stumm und bewegungslos da und schwebte offensichtlich am
Rande von Leben und Tod. Meine Funktion in dieser Zeit war
es, mich ihm gegenüber wie ein stummes, bewegungsloses, leb-
loses Opfer zu verhalten, das ihm schließlich half, nachdem alle

»aktiveren« Maßnahmen versagt hatten, in echtem Sinne lebendig und funktionsfähiger zu werden.

Aus alledem kann man den Schluß ziehen, daß der Analytiker die autistische Starre des Patienten personifizieren muß, damit diese Starre in zunehmend differenziertere und bewußt zu gebrauchende Ich-Stärke übersetzt werden kann. Das geschieht teilweise durch die Identifikation des Patienten mit dem Verhalten des Analytikers, der zur rechten Zeit lebendig wird und es wagt, die starre und »unbelebte« Übertragungshaltung, die für jeden Patienten zeitweilig so notwendig ist, konstruktiv auf verschiedene Weise aufzugeben. In der alltäglichen ambulanten Praxis haben gerade die Patienten (und das sind nicht nur vorübergehend schizophren reagierende und Patienten mit einer Borderline-Struktur, sondern auch Neurotiker), die sich am meisten über den fernen und unveränderlichen Analytiker beklagen, diese Haltung für die Auflösung und Integration ihrer autistischen Anteile besonders nötig.

Meiner Meinung nach muß der Analytiker, damit der Autismus des Patienten aufgelöst werden kann, nicht nur ein verläßlicherer mütterlicher Schutzschild als die Mutter des Patienten sein, wie KHAN es beschrieben hat. Zunächst muß der Analytiker es akzeptieren, daß der Patient für ihn selbst als mütterlicher Schild funktioniert. Dies muß meiner Meinung nach so weit gehen, daß der Analytiker sich bequem und frei fühlt, in die autistische Welt des Patienten als Teil seiner eigenen Welt einzusteigen. Erst dann kann der Patient ihn als ein Identifikationsmodell für die Annahme sehr primitiver Abhängigkeitswünsche betrachten und nach und nach seine autistische Welt gegen die Welt eintauschen, die der Analytiker repräsentiert und die durch ihn personifiziert wird. In Wirklichkeit besteht dieser Prozeß nicht aus voneinander abhebbaren einmaligen Schritten nach vorn, sondern aus vermischten, ständig oszillierenden Prozessen. Zum Beispiel liefert in einem Augenblick der Analytiker das Außenskelett, in einem anderen der Patient, zunehmend aber im Laufe der Zeit beide gleichzeitig und gemeinsam.

Was ich hier beschreibe, erfordert eine weitere Bewertung der Orientierung des Patienten auf den Analytiker hin. Während der Übertragungsentwicklung stellt der Analytiker immer mehr fest, daß die autistischen Mechanismen des Patienten ihm als mütterlicher Schutz in seiner eigenen Ich-Funktionstätigkeit dienen.

Der Patient geht auf ihn ähnlich wie auf die Ich-fragmentierte Mutter ein, die zu ihrem eigenen Funktionieren den Patienten auf der autistischen Ebene festhalten mußte, um in ihm eine Grundlage für ihre gefährdete Existenz zu erhalten. Anders als die Mutter jedoch verfügt der Analytiker über ein ausreichend integriertes Ich und kann zugeben, wie unentbehrlich und wichtig ihm dieser Patient ist. Denn der autistisch reagierende Patient kann eine bedeutsame Beziehung zu ihm herstellen, indem er als mütterlicher Schutz für die am wenigsten integrierten Ich-Anteile des Analytikers dient, worauf die Übertragung des Patienten auf den Analytiker als Ich-fragmentierte Mutter basiert.

Mit anderen Worten, der Analytiker muß sich eingestehen können, daß auf dieser primitiven Stufe der Patient als sein mütterlicher Therapeut funktioniert und funktioniert hat. Je mehr er sich dessen bewußt ist, desto weniger explizit braucht er es dem Patienten gegenüber einzugestehen. Es besteht eine gegenseitige stillschweigende Übereinkunft darüber, daß der Patient ihm dabei geholfen hat, sich mit Bereichen in ihm selbst auseinanderzusetzen, die ihm vorher zum größten Teil unbekannt waren. Je mehr diese Bereiche in die bewußte Ich-Tätigkeit des Analytikers integriert werden, desto eher kann er die starke Mutter sein, die der Patient braucht. Da der Patient sich ihm gegenüber erfolgreich als Mutter verhalten konnte, indem er in ihm sein Kind oder seinen Fötus pflegen konnte, bedeutet es für den Patienten keine Erniedrigung, sich zunehmend sein infantiles Bedürfnis einzugestehen, im Analytiker eine Mutter zu sehen.

In einer neueren Arbeit (1972) über meine langjährige und noch nicht abgeschlossene Arbeit mit einer wahnhaften Patientin, die ein sehr fragmentiertes Ich besitzt, habe ich beschrieben, wie ich nach und nach entdeckte, bis zu welchem furchtbaren Ausmaß ihre wahnhafte Welt in Wirklichkeit aus Reaktionen auf verschiedene wirklich vorhandene, aber hauptsächlich unbewußte Anteile meiner Person bestand. Bemerkenswert war, wie sehr ich vorher davor zurückgescheut hatte, mir meine Wichtigkeit für sie einzugestehen. Dabei hatte ich ihr gegenüber die Rolle des Schöpfergottes und der frühen Mutter gehabt. Für mich aber war es persönlich leichter gewesen, die Patientin als gottähnlich anzusehen, als mich so verehrt durch sie zu fühlen.

In meinen neueren Arbeiten (1970, 1971) über den Autismus habe ich dargestellt, wie der Analytiker in seiner Reaktion auf den autistischen Patienten auf seine eigenen autistischen Prozesse zurückgeworfen wird. Mit wiederholtem und vertieftem Staunen stellt der Analytiker immer wieder fest – muß sich diese Tatsache bewußt machen und anerkennen –, daß seine Welt und die des Patienten, die anscheinend so weit voneinander getrennt sind, nur verschiedene Ergebnisse von Prozessen sind, die aber einen unbewußten Untergrund gemeinsam haben. Diese Erkenntnis fördert die Auflösung des autistischen Verhaltens in bezug auf andere Personen. Eine häufige Manifestation dieses Prinzips ist die Annahme des Analytikers, daß die Assoziationen, die er für sich hat, während ein langweiliger schizoider Patient sich in einer Schweigephase befindet, nur etwas mit seiner eigenen Person zu tun haben. Dabei stellt es sich aber heraus, daß diese »freien« Assoziationen, die er als seine Privatangelegenheit betrachtet hat, neue und aufschlußreiche Hinweise über das Geschehen im Patienten und zwischen dem Patienten und ihm selbst geben, denn die »private« oder »autistische« innere Welt des Analytikers ist gar nicht so weit vom Patienten entfernt, wie der Analytiker es annehmen möchte.

# Schizophrenie

*Von Gaetano Benedetti*

I. Die Auffassung der Zürcher Schule, aus der ich stamme, gründet in der These M. BLEULERS, daß die Ursache der Schizophrenie (oder der meisten Schizophrenien) aus einem Zusammenspiel vererbter Dispositionen zur Krankheit und gefährlicher Lebenserfahrungen besteht; oder wie M. BLEULER (a) auch sagt, daß sie nicht im Körperlichen zu suchen, sondern psychisch sei.

»Psychisch« heißt freilich nicht extrabiologisch. »Vererbung ist immer an die Materie gebunden, und die Lebenserfahrung ist immer an den Körper, das Hirn, gebunden« (M. BLEULER). Psychisch ist ein biologisches Geschehen zweiter oder höherer Ordnung, ist der Ausdruck der Tätigkeit von Nervenstrukturen, welche Beziehungsvorgänge von einem Individuum zum anderen steuern, und durch das Fehlen von adaequaten (physiologischen) Steuerungsmöglichkeiten in einem deformierten Kommunikationsraum (etwa in einer pathogenen Familiendynamik) funktionsuntüchtig werden.

In einer noch unveröffentlichten, auf Jahrzehnte zurückgehenden katamnestischen Nachuntersuchung von mehreren Hundert Schizophrenen kommt M. BLEULER (a) zum Schluß, daß zerrissene Familienverhältnisse in der elterlichen Familie späterer schizophrener Frauen in einem statistisch signifikanten Grade häufiger sind als in der Durchschnittsbevölkerung.

Pathogene Störungen der Milieus werden heute bei Tieren experimentell untersucht (HARLOW, 1959). Es fehlt nicht an der Möglichkeit, schwere psychogenetische Störungen von einem psychotischen Ausmaß experimentell hervorzurufen: akut und vorübergehend bei Menschen, wie in der sensory deprivation von Scott und Heron, chronisch bei Tieren, wie durch die postnatale Isolierung (HARLOW, NISSEN, CHOW, MELZAK, THOMPSON, 1956).

Nun gibt es aber in der Pathogenese der Schizophrenie eine

zweite Faktorengruppe: Nicht allein die objektive Milieustörung, sondern auch die konstitutionelle Unfähigkeit, Milieustörungen zu bewältigen, läßt diese zu pathogenetischen Faktoren werden.

Zwar läßt sich die Schizophrenie nicht auf ein oder zwei mutierte Gene zurückführen; eine Erbkrankheit, für welche die einfachen Mendelschen Regeln gelten würden, läßt sich nicht nachweisen (M. BLEULER); es ist aber unbestreitbar, daß die Schizophrenien familiär stark gehäuft auftreten.

Man ist heute ganz allgemein der Ansicht, daß die vererbungsmäßige Voraussetzung zur Schizophrenie nicht an ein einziges pathologisches Gen gebunden ist – sonst könnte man nicht verstehen, warum die Erkrankungswahrscheinlichkeit an Schizophrenie in der allgemeinen Bevölkerung etwa 1% beträgt, obschon die Fertilität der Schizophrenen viel geringer ist als jene der Durchschnittsbevölkerung. »Falls die Schizophrenien vererbt wären«, schreibt M. BLEULER (a), »müßte die Erbmasse, die an der Entstehung schizophrener Psychosen maßgebend ist, immer neu entstehen«. Die pathologische Konstitution beruht nach M. BLEULER vielmehr auf einer Vielzahl von vererbten Anlagen. Da mutierte Gene, soweit bisher bekannt, zu Schwachsinn oder zu Epilepsie führen, dürfte eher »mangelnde Vereinbarkeit, eine mangelnde Harmonie der vererbten psychischen Entwicklungsbereitschaften« die Schizophrenie bedingen. Insofern die Einheit der Person nie von vornherein gegeben ist, sondern in der Lebensgeschichte sich entwickelt, werden bei schizophrenen Kranken vielfache und tiefgreifende Gegensätzlichkeiten nicht mehr überwunden.

M. BLEULER faßt so zusammen: »Ohne die Annahme einer vererbten Disposition kommt keine psychogenetische Schizophrenietheorie aus. Es gibt aber auch keine Vererbungstheorie der Schizophrenien, die ohne die Annahme lebensgeschichtlicher Ursachen oder Mitursachen auskäme« (a).

Die Art des Zusammenspiels zwischen vererbten Dispositionen zur Krankheit und gefährlichen Lebenserfahrungen wird besonders an Zwillingspaaren erforscht.

Von den jüngsten europäischen Erbforschungen möchte ich hier kurz diejenige des norwegischen Psychiaters KRINGLEN (1966, 1967, 1966) erwähnen. KRINGLEN (1966) berichtet in dieser Arbeit über seine Befunde an total 342 Zwillingspaaren. Davon waren 71 monozygot, 133 gleichgeschlechtlich dizygot und 126 gegengeschlechtlich dizygot. Beim Rest war die Eiigkeit nicht genau bekannt. Von den monozygoten Paaren handelt es sich in 50 Fällen um Schizophrenien, wovon 28% konkordant waren. Von den gleichgeschlechtlichen dizygoten Paaren betragen 94 Schizophrenien, wovon 6% konkordant waren, von den 81 schizophrenen dizygoten gegengeschlechtlichen Paaren waren 7% konkordant. Berechnete er Konkordanz nur für die Schizophrenien im strengen, das heißt LANGFELDT'schen Sinne des Wortes, so fand er 30% konkordant bei 40 monozygoten Zwillingspaaren.

In den Schlußfolgerungen sagt er, daß auf Grund einer unausgelesenen Untersuchungsserie von 432 Zwillingspaaren im Alter von 35-64 Jahren, von denen mindestens der eine Zwilling wenigstens ein Mal psychiatrisch wegen einer funktionellen Psychose hospitalisiert war, die Konkordanzziffer für Schizophrenie 28-28% bei monozygoten und 5-14% bei dizygoten betrug.

Eine weitere Arbeit ist eine gründliche Fallstudie von Zwillingspaaren, von denen ein Partner als sicher schizophren diagnostiziert wurde. Acht davon waren monozygot, wovon wiederum sechs diskordant für Schizophrenie. Wie vor ihm der Finne TIENARI (1963), widerspricht also KRINGLEN den älteren großen Zwillingsuntersuchungen (SLATER, 1950; KALLMANN, 1947), die eine Konkordanzrate für eineiige Zwillinge von rund 70% bis 90% ergeben hatten.

Anderseits zeigt KRINGLEN, daß die an Schizophrenie erkrankten Zwillinge eine mehr oder weniger unbefriedigende Kindheitssituation hatten. Zwischen den schizophren gewordenen und den nicht schizophrenen eineiigen Zwillingen bestanden charakteristische Unterschiede bereits während der Kindheit. Mit Ausnahme eines Falles zeigten schizophren Gewordene neurotische Symptome in der Kindheit, wie Phobie, Stottern, Einnässen, usw. Sowohl unter monozygoten als auch unter dizygoten Zwillingspaaren waren die schizophren Erkrankten signifikant häufiger unterwürfig, zurückgezogen, einsam, empfindlich, abhängig und zwanghaft. Sie hatten signifikant weniger Freude, ein sexuell passives Verhalten, einen niedrigen sozialen Status und waren seltener verheiratet als die gesunden, nicht schizophrenen Zwillinge.

Man könnte freilich diese Charaktermerkmale als präschizophrene Symptome einer bereits latent vorhandenen Krankheit deuten; aber der Punkt ist der, daß solche Verhaltenssymptome eben Kanäle von mitmenschlichen Informationen sind, die schließlich in das schizophrene Weltbild einmünden; sie sind also nicht nur »Ergebnisse« einer bereits präkonstituierten Krankheit, sondern sie formen und bedingen diese.

Aus der Feststellung, daß weder der Schizophrenietypus in den konkordanten Paaren übereinstimmt, noch eine eindeutige Beziehung zu bestimmten anderen psychischen Erkrankungen oder Persönlichkeitsabnormitäten, etwa zum schizoiden Charakter, besteht, schließt KRINGLEN, daß nur eine unspezifische Disposition zur Schizophrenie vererbbar sei. Erst durch das Hinzukommen spezifischer Milieufaktoren, die in der Interaktion der künftigen Patienten mit ihrem Milieu zu suchen seien, könne es zu der Entwicklung einer Schizophrenie kommen (1964).

Ob wir nun mit MARGARETH SINGER, LYMAN WYNNE (1963) und anderen betonen, daß unklare, widersprüchliche Denk- und Ausdrucksweisen den Eltern Schizophrener eigen sind; oder, mit LIDZ (1949, 1968), ALANEN und anderen, daß in den Familien, aus denen Schizophrene stammen, die Geschlechtsrollen und die Rollen der Generationen unklar und zweideutig zum Ausdruck kommen; oder, mit M. BLEULER (1941, 1954), daß widersprüchliche Erlebnisse außerordentlichen Maßes in der Vorgeschichte Schizophrener gehäuft vorkommen und daß die Schizophrenen selber ihre Gespaltenheit als die notwendige Folge widersprüchlicher, unbewältigter Lebenserfahrungen angeben: In jedem Falle konkretisiert sich mehr und mehr der alte psychiatrische Eindruck, daß sich das Wesen des Kranken und seine Lebenserfahrung eng verbunden entwickeln.

Ist es aber, aus genetischen Gründen einerseits und aus ungünstigen Lebenserfahrungen andererseits, zu einem dysharmonischen Ich gekommen, so werden mehr und mehr seine Beziehungen zu anderen Menschen nicht nur von äußeren Umständen, sondern auch von ihm selbst geformt. Hier finden wir eine Brücke zu der These jener Neurophysiologen, welche, wie PENFIELD (1966) oder MORUZZI (1966), betonen, daß das Gehirn das einzige Lebensorgan sei, das sich selber durch Lebenserfahrungen plastisch, ja morphologisch forme.

II. Die widersprüchliche Selbst-, Welt- und Lebenserfahrung findet ihren natürlichen Niederschlag in der Psychopathologie. Schizophrenie heißt wörtlich Fragmentierung der Psyche und kann tatsächlich phänomenologisch als eine Destrukturierung des Ichs geschildert werden, welche bekanntlich an frühere Stadien der Kleinkindentwicklung erinnert: Das Nebeneinander von kindlicher »Allmacht« im magischen Denken und Wünschen, und gleichzeitiger infantiler Hilflosigkeit im Erleben der Auslieferung der eigenen Intimität an eine übermächtige Umwelt, welche die Gedanken des Patienten errät und kontrolliert; die ständige Verwechslung von Ich und Außenwelt, wo eigene Wünsche und Befürchtungen als Umweltereignisse behandelt werden; die Zunahme der inneren Ambivalenz, wo das Ich keine Entscheidungen inmitten widersprüchlicher Wünsche treffen kann und sich als passiven Zuschauer autonomer Ich-Kerne erlebt. Ist nicht auch eine Parallele zwischen dem »magischen« Denken schizophrener Patienten und dem Verhalten von Kleinkindern nach PIAGET (1933) und SPITZ (1956), welche die Objekte in ihrem Eigenrecht nicht wahrnehmen, sondern nur im Zusammenhang mit ihren gegenwärtigen Wahrnehmungen und Wünschen?

Wenn wir dabei versuchen, neurophysiologisch zu denken, so können wir vermuten, daß die Synthese der Erlebnisse in einem verneinenden und kontinuierlichen Ich-Kern, die Verarbeitung der Symbole, die Kommunikation mit den Mitmenschen, über das Funktionieren spezifischer Strukturen geschieht, welche einerseits, wie alles Körperliche, genetisch beeinflußbar sind, andererseits durch das Erlebnismaterial, das sie verarbeiten, auch verändert und gestaltet werden.

Die moderne Neurophysiologie bietet uns ja Modelle von Neuronensystemen, die sowohl psychisch als auch körperlich aktiviert werden. Was hindert uns, hypothetisch anzunehmen, daß interpersonale Kommunikationsvorgänge entwickelt werden, die in einer doppelten Weise verletzlich sind: Auf der einen Seite können bestimmte (und im Grunde unbekannte) genetische Insuffizienzen, vermutlich auf biochemischem Wege das Versagen komplexer »Kommunikationsstrukturen« in Stress-Situationen bedingen; auf der anderen Seite können entstellte Erfahrungen wohl vorübergehende oder auch dauernde Entwicklungshemmungen und elektrophysiologische Störungen bedingen.

Die Art, wie das Versagen dieser »Kommunikationsstrukturen« sich auswirkt, muß zwar – angesichts der zunehmenden Rolle der Individualität in der biologischen Skala – individuell sehr verschieden sein; es lassen sich aber jene Grundzüge erfassen, die heute in der Schizophrenie besser als durch die alte Unterscheidung in primäre und sekundäre Symptome, vielmehr in der gesamten Symptomatik sichtbar werden.

Kommunikationsstörungen müssen gleichzeitig intrapsychisch und interpersonal sein, da die intrapsychische Selbstidentität sich in einem interpersonalen Vorgang bildet. Sie müssen sowohl die Imago der Welt betreffen, welche wahnhaft und delusional wird, wie auch das eigene Verhalten, die Motorik, das Innenweltgefühl stören. Sie verändern einen Grundcharakter unserer Psyche, das Angelegtsein auf die anderen, also das Denken, die Sprache, die Identifikationen und somit auch das Selbst. Wir differenzieren:

1. Eine bald manifeste, bald versteckte, aber immer große Zunahme der Angst vor der Umwelt. Das schizophrene Ich erlebt sich ausgeliefert an eine gigantische, vergewaltigende Umwelt, an die manipulierenden Gedanken, die magischen Einflüsse, die scheinbar zufälligen Zusammenhänge der Menschen und Dinge;

2. eine entsprechende Zunahme der Schutz- und Hemmungsmechanismen – die in den verschiedensten Phänomenen der Abspaltung, des Autismus, des Negativismus, des Mutismus, usw. sichtbar wird;

3. eine damit zusammenhängende Einengung des Erlebens auf die eigene innenweltliche oder leibliche Erfahrung, die ohne Kommunikation immer ärmer und immer deformierter wird: Also Verlust der Interessen, der Antriebe, der sprachlichen und denkerischen Verständigungsmittel, der Anpassungsfähigkeiten und Sozialisierungsprozesse. Weiter: Athymie, Regression auf körperliche Bedürfnisse, Hyperthrophie und Deformation der Körpergefühle, Verwechslung von Innerem und Äußerem usw.

III. Die Verflechtung von Anlage und Milieu, von Disposition und Erlebnis, von neuropsychologischen und psychodynamischen Vorgängen kommt auch darin zum Ausdruck, daß es möglich ist, diese schizophrene Psychopathologie sowohl als Ausdruck einer (die Psychodynamik begründenden) Ichschwäche, als auch als eine in Ohnmacht mündende Psychodynamik zu verstehen. Beide Betrachtungsweisen und beide Vorgänge sind nicht widersprüchlich, sobald wir auf die Feststellung der »letzten Ursache« verzichten und das sehr große, ihr folgende und selber kausal operierende Vorfeld der ständigen Wechselwirkungen im Auge behalten. Im folgenden versuche ich zu zeigen, wie man in dem einen oder anderen Sinne deuten kann.

1. Psychische Kräfte sind immer objektbezogen – die Objektrepräsentanz, das Ausgerichtetsein auf Dinge (welche wahrgenommen, erfühlt, erstrebt, gehandhabt, vorgestellt usw. werden) gehört zum Vektorcharakter der psychischen Kräfte.

Warum fühlen wir uns mit dem Wahrgenommenen nicht eins? Warum können wir uns als die Wahrnehmenden vom Wahrgenommenen unterscheiden? Warum fallen wir nie mit den Objekten unserer Intentionen zusammen? Das Erleben des eigenen Ichs als ein Gegenüber der Welt, das Erleben der polaren Struktur des Seins, gründet in einem Widerstandscharakter unseres Ichs. Dieses wird ständig durch die Reize, denen es ausgesetzt ist und die es verarbeitet, affiziert, verwandelt, geformt. (Ein Ich ohne Umweltreize wäre ein Ich ohne Inhalte, ohne Ausrichtung auf eine Welt, ohne psychische Struktur.) Aber unser Ich wird nicht nur affiziert: Es verwandelt gleichsam, was ihm zustößt, ist ein Transformationsprozeß, leistet einen Widerstand.

Das Bewußtsein des Widerstandes, dieser Invarianz im Fluß der Informationen, dieses »sich selber in der Wandlung ähnlich bleiben« gehört in einem ganz entscheidenden Maße zum grundlegenden Charakter der Existenzerfahrung, zur Wahrnehmung der polaren Struktur der Existenz, zur Selbstwahrnehmung, zur Ichidentität.

Das Ich leistet diesen Widerstand, indem es:

a) sich vom Wahrgenommenen (Intendierten usw.) scharf unterscheidet, sich immer in der Ausrichtung auf die Dinge und doch stets jenseits der Dinge erlebt;

b) indem es die vielen Situationen (Wahrnehmungen, Intentionen usw.), die es prägen, zusammenfaßt, in ein anderes, umgreifendes Dasein verwandelt, das mehr ist als jede einzelne Situation und dem Ich die Freiheit verleiht, über jeder einzelnen Situation zu stehen.

c) in der Zeit-Raum-Invarianz. Diese Invarianz gestattet dem Ich, von der konkreten Wahrnehmung und der konkreten Intention Abstand zu nehmen, sich vorzustellen und zu denken.

Man hat lange versucht, in der Schizophrenie zwischen »primären« und »sekundären« Symptomen zu unterscheiden. Man hat lange versucht, die Erscheinungsform und die Natur der primären Symptome zu erfassen.

Ich möchte nun auf Grund meiner Erfahrungen mit Schizophrenen versuchen zu sagen, was mir als das sich immer Wiederholende, Primäre, Fundamentale im Erleben von vielen Patienten erscheint.

Das schizophrene Ich kann nicht Distanz und Stellung zum Wahrgenommenen nehmen. Es kann ihm keinen Widerstand leisten, sich nicht als eine Invarianz dem gegenüber erleben, was in seinem Erlebensfeld geschieht. Es wird affiziert, festgestellt, überwältigt von dem Wahrgenommenen. Dieses Gefühl drückt sich in der Aussage aus, daß der Patient im Zentrum der allgemeinen Aufmerksamkeit stehe. Der Patient sieht zum Beispiel zu, wie ein Polizist zufällig aus einem Wagen aussteigt und hat nun das Gefühl, daß dieses Geschehnis »ihn meint«. Er sieht eine Frau auf der Straße und erlebt plötzlich, daß das schwarze Kleid der Frau für ihn etwas zu bedeuten habe. Ich vermute, daß der schizophrene Patient oft nur sekundär (infolge seines Kausalitätsbedürfnisses) versucht, bestimmte, geheime Intentionen der anderen zu konstruieren. Sein ursprüngliches Erleben ist wahrscheinlich in Gesunden nicht reproduzierbar und vom Gesunden nicht ganz beschreibbar. Am ehesten dürften wir uns diesem krankhaften Erleben durch die Aussage nähern, daß der Patient festgelegt, gebannt, geprägt wird von dem, was ihm gegenüber steht, diesem Gegenüber keinen Widerstand leisten kann, von ihm aufgesaugt wird. Sein Ich wird identisch mit dem Gegenüber oder gerät in seinen Bann. »Ich bekomme das Gesicht eines jeden Menschen, der mir begegnet.« Die Hilflosigkeit der Ichstruktur, die nicht mehr nach einem eigenen zusammenfassenden Muster die Welteindrücke verarbeiten kann, äußert sich im Erleben des Patienten, von der Welt vergewaltigt zu werden: Die Grenzen zwischen dem Ich und den anderen werden »leck«, der Patient sei »nicht mehr dicht«, er werde von außen ständig geleitet und manipuliert, man lese, man kenne, man lenke seine Gedanken usw. Der Abstand zwischen dem Ich und dem Ding nimmt ab, das Ich verfällt den Dingen.

Die Zusammenfassung will also nicht mehr gelingen. Das Ich hat das Gefühl, keine Überzeugung, keine Hauptlinie, keine eigene Stellungnahme behalten zu können. Gegensätze überfallen ihn, ohne daß er eine Mitte finden kann. So beginnt das Erleben, kein einheitliches Ich, sondern mehrere zu sein. Die Zeit-Raum-Invarianz wird aufgehoben. Die Unfreiheit, von der Wahrnehmung Distanz in Raum und Zeit zu gewinnen, zeigt sich in der Halluzination. Das Ich wird von seinen Welt- und Eigenkörperwahrnehmungen so in Beschlag genommen, daß diese sich ihm aufdrängen. Der normal Wahrnehmende ist immer aktiv, erlebt den Vorgang der Wahrnehmung als Aktivität, die er jederzeit unterbrechen kann. Der Halluzinierende ist passiv, wird vom halluzinierten Inhalt überwältigt. Dieselbe Unfreiheit im Denken äußert sich als Wahnidee.

Das Affiziertwerden von unzähligen Weltreizen, die sonst normalerweise einer Selektion unterliegen und so erledigt werden, zeigt sich im Wuchern der »Bedeutungen«. Klang- und Wortassoziationen, Blick und Gebärde des Mitmenschen, zufällige Verknüpfungen der äußeren Realität werden nicht mehr in ihrem Eigenrecht erlebt, sondern immer als Zeichen, die an das Ich adressiert werden. Man sagt dem Patienten ein Wort, das in seinen Ohren auch eine zweite, auf ihn gemünzte Bedeutung hat; ein Unfall geschieht in der nächsten Umgebung des Patienten, aber »absichtlich«, weil er eine besondere, nicht nur raum-zeitliche Beziehung zum Patienten habe.

Dieses Erleben ist meistens ein quälendes. Alles wird mit allem verknüpft, wohl den psychodynamischen Strukturen folgend, aus denen das Leben des Patienten besteht. Der Umstand, ob sich der Patient in einer chronischen oder in einer akuten Psychose befindet, hängt von der Rolle der sekundären Prozesse ab. Solange diese noch intervenieren und die aus den primären Prozessen sich ergebenden Erlebnisse im Sinne der Logik rechtfertigen können, haben wir den wachen, gestörten Schizophrenen, der Realität und Wahnsystem in Einklang bringt. Wenn die sekundären Prozesse zusammenfallen, haben wir:

a) Reines psychotisches Erleben nur mit Fragmenten des Normalen;

b) sekundäre Angst, die aus der Selbstwahrnehmung des Zusammenbruchs der sekundären Prozesse (Weltuntergang) resultiert;

c) Motorische Unruhe als Zeichen der Ausrichtung des Ichs auf Objektrepräsentanzen, die mit der realen Welt nicht übereinstimmen – sinnlose Gesten, Aufhorchen usw.

d) Neurovegetatives Syndrom als Ausdruck der Ichwelt-Desintegration.

Ich vermute, daß dieser Verlust der normalen Ausgerichtetheit des Ichs auf die Welt auch ein neuropsychologischer, und nicht nur ein psychodynamischer Vorgang ist. Ich stelle aber fest, daß Erschwerungen der Ich-Synthese und deren Fundierung im psychodynamischen Leben der Familie die Mobilisierung der krankhaften neuropsychologischen Prozesse fördert und mobilisiert.

Versuchen wir nun, dieses Geschehen vom Standpunkt schizophrener Motivation aus zu sehen. Hier ist das Feld der Forschung bereits so groß, daß nur einige Beispiele zur Unterbauung der vorigen These gegeben werden können. Gehen wir zunächst von einem »banalen« Symptom aus: der für viele Schizophrene so häufigen Wortspielerei: Man kann die schizophrenen Bedeutungsverknüpfungen sowohl im formalen als auch im psychodynamischen Sinne sehen. Im formalen Sinne fällt es auf, daß neue Denkgesetzmäßigkeiten als die normalen den Gedankengang strukturieren; etwa die Gleichheit der Subjekte auf Grund der Gleichheit der Prädikate. (Dr. X., Pate der Patientin; aber Dr. X war einst auch Assistent der psychiatrischen Klinik: Also muß eine Identität zwischen Patientin und Psychiatrie vorhanden sein. – Oder auch: Die Therapeutin heißt Diethelm; ein schützendes Ding ist ein Helm; also ist die Therapeutin ein schützendes Ding.)

Man kann aber freilich in diesem Auftauchen von Denkverknüpfungen, welche an die von FREUD in der Traumsymbolik studierten »primären Prozesse« erinnern (letztere im Gegensatz zu den unsere wache Logik steuernden »sekundären Prozessen«) nicht nur einen hypothetischen neuropsychologischen Prozeß vermuten (und ein solcher muß übrigens auch vorhanden sein, denn alles Psychische ist körpergebunden), sondern auch eine krankhafte Motivation, welche eben jenen neuropsychologischen, sich aus der Ichschwäche ergebenden Prozeß aktiviert. Namentlich ist das Auffallende all' dieser Spielereien eine narzistisch-allmächtige Rolle des Patienten: Er manipuliert die Wörter, die Ereignisse und die Zusammenhänge der Realität; dieses unheimliche, schwer zu erfassende, zu bewältigende, zu erkennende »Gegenüber« wird nun zur Bühne der unendlichen Manipulationen des Patienten. So wehrt er die Welt ab. In diesen Rahmen passen die Bedeutungsergebnisse. Durch ein harmloses Wort, eine Geste, eine zufällige Koinzidenz, ein Lächeln, eine milde Kritik, aber auch durch irgendwelche Gebärde, die objektiv keinen Bezug auf den Patienten nimmt, wird dieser unterrichtet über die Absichten, die Gefühle, die Impulse der anderen. Man kann hier psychodynamisch eine Kompensation der tiefen Unsicherheit im Umgang mit den Mitmenschen vermuten. Hier findet nicht nur eine Kompensation der inneren Ohnmacht statt, sondern auch eine Weigerung der eigenen Verantwortung bei einer Einsicht, die sich aufdrängt. Der Patient meint im Grunde, daß alle Menschen ihm unerbittlich (täglich, stündlich, auf allen möglichen Wegen) zeigen wollen, was er im Grunde von sich selber hält. Man haßt, man verachtet, man lehnt ihn ab, man findet ihn ungeschickt, die Geliebte macht sich über ihn lustig, usw. Währenddem der neurotische Patient noch zweifelt, um sich ringt und vor allem gewisse ungünstige Seiten gelegentlich verdrängt, stößt das Ich-Bewußtsein des schizophrenen Kranken ständig an sie an. Dies ist unerträglich. Durch den Beziehungswahn wird diese selbständige Selbstentwertung auf die Machenschaft der anderen abgeschoben: Dies ist die Abwehr.

Hier knüpft eine weitere Form der schizophrenen Abwehr an: Der Inhalt kann nicht mehr vom Bewußtsein ferngehalten werden, aber die Ich-Zugehörigkeit der Inhalte wird im Depersonalisationserleben vernichtet. Durch Sinnestäuschungen, Wahnideen, Beziehungsgefühle usw. erlebt der Patient eine magische Welt, die im Grunde Spiegelbild seiner Innenwelt ist, aber nicht mehr ichzugehörig erlebt wird. Magische Mächte, Ferneinflüsse, Fernhypnose, Andeutungen, geheime Absichten gehören hierher. Wie das alles nun mit ungünstigen Erlebnissen der Kindheit zusammenhängt, ist ein weiteres psychodynamisches Feld, das wir anderswo untersucht haben. Es genügt uns hier, das Ineinander von Motivationen und Grundlagenstörungen aufgezeigt zu haben, auf dem sich das schizophrene Erleben entwickelt.

IV. Die Annahme einer sich sehr früh zeigenden »Ich-Schwäche« (die sich später durch eine Reihe von charakterologischen,
allerdings nicht spezifischen Merkmalen äußert), sowie die Einsicht in eine Wechselwirkung von Anlage und Beziehung bei
psychodynamischer Desintegration der Weltverhältnisse im frühen Kindheitsalter, scheint also genetisch bedeutsam.

Nachdem wir solche Wechselwirkung von Anlage und Lebensschicksal als den wichtigsten pathogenetischen Faktor geschildert haben, stellt sich die Frage nach dem Wesen dieser Anlage. Sie ist freilich nicht so durchsichtig wie das Lebensschicksal.
Zweier Geleise hat sich die Anlageforschung im Bereich psychischer Störungen bedient: Die psychiatrische Erbforschung und
die psychoanalytische Libidotheorie.

Die psychiatrische Anlageforschung hat uns bis jetzt, mangels
entsprechender biochemischer Untersuchungen, über die allgemeinen Annahmen von Krankheitsdispositionen freilich nicht
hinausführen können. Die Lage wird sich hier möglicherweise
mit der Entwicklung der Molekulargenetik in Zukunft ändern.
Nichts weist aber vorläufig in diese Richtung hin, die vielleicht
noch viele Jahrzehnte der Forschung beanspruchen wird.

Die Psychoanalyse hat ihrerseits lange versucht, dem Anlage-
problem durch die psychopathologische Beobachtung spezifischer Fixierungen in der Entwicklung der Libido näher zu kommen. Aber die Libido selber ist eine Hypostasierung von
Verhaltensbeobachtungen. Diese sind nicht eindeutig: Zwar hat
man im Laufe der letzten 20 Jahre wiederholt versucht, früheste
Libidostörungen in der frühoralen oder intentionalen Phase der
kindlichen Weltzuwendung zu erblicken (siehe etwa SCHULTZ-
HENCKE, 1962), aber stichhaltige, unwiderlegbare Beobachtungen, die sich eines allgemeineren Consensus erfreuen würden,
waren nicht möglich.

Ein allgemeines Merkmal der psychoanalytischen Anlageforschung (sowohl auf dem Gebiet der Schizophrenie wie auch
sonst) ist nun ihre klassische Verknüpfung mit der Trieblehre gewesen; diese Theorie hat sich also vor allem auf die Schicksale der
»Libido« bezogen.

Eine moderne Erweiterung der Forschung untersucht aber
auch die Struktur der kognitiven Prozesse, statt diese von der
Triebdynamik her zu verstehen (Arieti, 1967). Die Hypothese
scheint hier an Boden zu gewinnen, daß die charakteristischen,

schon von Eugen Bleuler (1911) als zentral erachteten Denkstörungen der Schizophrenen (welche an die von Freud mit
Hilfe der Traumforschung erfaßten »primären Prozesse« der Pa-
leopsyche erinnern) keine bloße Folge der sich in der interpersonalen Beziehung gestaltenden Triebstörungen seien, sondern als
eine autonome Manifestation aufzufassen seien. Wiederum wird
diese autonome Manifestation der Anlage nicht unabhängig von
der interpersonalen Beziehung verstanden: sie belastet sekundär
die Beziehung, wird aber simultan von dieser geformt, insofern
auch die kognitive Ichstruktur primär auf die Umwelt angelegt
ist.

Mit anderen Worten: Psychoanalytiker und Psychotherapeuten versuchen heute stellenweise (ich nenne hier Arieti als den
eigentlichen Vertreter dieser Richtung) nicht mehr eine Reduzie-
rung des Formalen auf die Erlebensinhalte; sie wollen bestimmte
Formen der Psychopathologie im Bereiche des Denkens als etwas Primäres auffassen; oder, mit den Worten Arietis, als eine
Störung des »intrapsychischen Selbst[1]«.

Die psychoanalytische Anlageforschung geht, wie die psychiatrische, über Verhaltensbeobachtungen nicht hinaus. Sie vermittelt keine Einsicht in vermutete neuropsychologische Mechanismen. Aber die Parallelität psychiatrischer und psychoanalytischer Entwicklungstendenzen (beide ohne ein Wissen voneinander) scheint mir von Interesse: Beide erweitern den Begriff der
Anlage (auf eine Dysharmonie verschiedener genetischer Teilan-
lagen, bzw. auf die Ausdehnung in die Trieb- und in die kognitive
Sphäre); beide sehen deutlich die große Bedeutung, aber auch die

---

[1] So schildert uns Arieti zusammenfassend die schizophrene Störung kognitiver
Prozesse

»Primary process cognition is not characterized only by the mechanism of dis-
placement and condensation, as Freud described, but by several others. Part perception tends to replace whole perception. Often only the salient parts of stimuli
are perceived and the background is ignored. Similarity is confused with identity.
Generalizations follow what I have called primary class formation. For instance,
certain characteristics of the mother are generalized to all women. Verbal thinking is relatively undeveloped. Most cognitive processes are mediated by images,
predominants visual. Mostly unpleasant images and paleosymbols remain as du-
rable inner objects . . . Images become associated with others and spread an unpleasant affective tonality to all inner objects. Parents are experienced as clusters
of disagreable images, later paleologically transformed into terrifying fantasy fi-
gures.«

Unspezifität der angeborenen Disposition und verstehen deren pathogene Penetranz erst im Zusammenspiel mit den Störungen der interpersonalen Beziehung – ohne zu versuchen, das Ganze auf den einen oder den anderen Pol zurückzuführen.

# Die Beziehung der Psychose
## zum neurotischen Prozeß[1]

### Von *Lawrence S. Kubie*

## I. Einleitung

Diese Arbeit hat mehrere miteinander in Beziehung stehende
Aufgaben:

A. Sie soll den neurotischen Prozeß als eine sich fortschreitend
entfaltende Kette von Beziehungen beschreiben, die aufeinander
rückwirken. Diese Kette nimmt gewöhnlich ihren Anfang in
Wechselwirkung zu unbewußten Konflikten und wird weiterhin
beeinflußt durch die Einwirkung zentraler Affektpotentiale, die
sich gleichzeitig oder schon früher darüber gelagert haben.

Aus solchen Prozessen heraus entstehen Symptome und Störungen des Lebensablaufes, die jeweils symbolische Bedeutung
haben. Diese Störungen führen zu neuen Verbiegungen der weiteren Entwicklung, was wiederum neue Konflikte auf allen Ebenen (der bewußten, der vorbewußten und der unbewußten) entstehen läßt.

Diese Konflikte rufen nun eine dritte Reihe von Symptomen
(Symbolgehalt) hervor, aus denen sich eine dritte Reihe von stö-
renden Konsequenzen ergibt, die ihrerseits zu einer weiteren
Reihe von Konflikten und Symptomen Anlaß geben usw.

Dies alles wird vermittelt durch einen Prozeß innerer Erfahrung, der das ganze Leben hindurch unaufhörlich im Gange ist
und zwar auf einer vorbewußten Ebene. Dieser vorbewußte
Strom steht unter dem konkurrierenden Einfluß von Mechanismen der Auswahl, der Ordnung, der Steuerung und der Kontrolle, die auf der bewußten, der vorbewußten und der unbewußten Ebene wirksam sind. Hierbei sind von besonderer

[1] Vorgetragen auf der Tagung der Amerikanischen Psychoanalytischen Vereinigung in New York City am 3. Dezember 1965. Die englische Originalfassung
dieser Arbeit erschien in dem *Journal of the American Psychoanalytic Association* No. 3, Juli 1967 und wird hier mit der freundlichen Genehmigung des
Hauptherausgebers dieser Zeitschrift, Dr. John Frosch, veröffentlicht.

Bedeutung jene Prozesse, in denen der vorbewußte Strom in modellhaften Mustern festgehalten wird und in denen diese Muster wiederum in Form von Symbolen dargestellt werden. Dieses Zusammenfassen des vorbewußten Stromes in Einheiten, die dann in Form bewußter Symbole zur Anschauung kommen, stellt bei ungestörtem Ablauf das dar, was man den»Bewußtseinsprozeß« nennt. Wenn jedoch diese Auswahl von Mustern und die Darstellung ihrer Symbole unter den Einfluß von Konflikten und Affekten geraten, wird diese lebenswichtige Beziehung zwischen Symbolen und den ihnen zugrunde liegenden Bezugsgrößen anfällig für Störungen und Unterbrechungen. Jede Störung dieser wichtigen Beziehung zwischen einem Symbol und seinen Wurzeln verdeckt oder bringt die Identität der zugrunde liegenden Bezugsgröße ganz zum Verschwinden. In der Sprache der Psychoanalyse wird dies das »Unbewußte« genannt, und es hat bedenkliche Folgen. Ist die zugrunde liegende Bezugsgröße ein Konfliktbereich, wird – wenn die Verbindung zwischen dem Konflikt und seiner symbolischen Repräsentanz gerissen ist – dieser Konflikt für eine introspektive Beurteilung, für eine Korrektur oder Kontrolle unzulänglich. Logik, Gefühle, die Erfahrung von Lohn und Strafe, von Erfolg und Mißerfolg erreichen ihn nicht mehr. Auf diese Weise wird der neurotische Prozeß in seiner Starrheit, Unersättlichkeit und Unveränderlichkeit verfestigt.

B. Diese teilweise Neuformulierung der ursprünglichen dynamischen Konzeption FREUDS widerspricht durchaus nicht seiner Hypothese, daß unbewußte Konflikte die Hauptursache der Neurose sind. Sie beinhaltet lediglich einige bedeutsame Ergänzungen seiner Konzeption. Sie lehnt jedoch ausdrücklich sein späteres Strukturmodell ab. Dieses Strukturmodell wird ersetzt durch die Vorstellung, daß Konflikte nicht zwischen organisierten anthropomorphen Fragmenten der Persönlichkeit, sondern direkt zwischen Paaren oder Gruppen von nicht zu vereinbarenden und oft auch nicht zu befriedigenden Trieben entstehen. In diesem Zusammenhang muß man die Tatsache im Auge behalten, daß sich Konflikte gleichzeitig auf der bewußten, der unbewußten und der vorbewußten Ebene ereignen können, daß aber das Wechselspiel zwischen all diesen Konflikten im Vorbewußten vor sich geht, dort wie alles andere in modellhaften Mustern festgehalten und dann durch symbolhafte Einheiten dargestellt wird.

Solche Konflikte verursachen auf allen Ebenen Verwirrungen, Unentschlossenheit und Leiden. Sie führen aber nur dann zur Neurose, wenn unbewußte Komponenten die Hauptrolle spielen. Im Zusammenhang damit vermute ich, daß viele, wenn nicht alle Triebe in Gegensatzpaaren auftreten.

C. Ich muß noch eine weitere Überlegung anführen: ähnliche Konflikte können auch zwischen Paaren und Gruppen von nicht zu vereinbarenden Symptomen (z. B. einer Agoraphobie und einer Klaustrophobie beim selben Patienten) auftreten. Da aber Symptombildungen selbst deformierte Symbole sind, führen Konflikte zwischen Symptomen eine weitere Störung der Symbolfunktionen herbei. Hierin liegt ein Schlüssel zum Verständnis der besonderen Rolle, die den gestörten Prozessen der Konzept- und Symbolbildung in der Psychose zukommt.

Dieses Grundkonzept des neurotischen Prozesses als eine sich endlos entwickelnde Kette von fortschreitenden Deformationen mit ständiger Rückwirkung macht es möglich, die Beziehungen des neurotischen Prozesses zur Psychose klarer zu formulieren. Die Grundhypothese lautet: Eine Neurose entsteht, wenn jemand gefangen ist von nicht zu vereinbarenden, miteinander in Konflikt liegenden und nicht zu befriedigenden Trieben, von denen einer oder mehrere unbewußt sind. Diese Hypothese geht noch einen Schritt weiter: Wenn Symptome, die sich gegenseitig widersprechen und unvereinbar sind, von unlösbaren Konflikten zwischen den zugrunde liegenden Trieben überlagert werden, wird der Patient anfällig für die Psychose. Das soll nicht heißen, daß dies der einzige Weg ist, auf dem sich die Psychose aus dem neurotischen Prozeß heraus entwickeln kann; ein möglicher Weg ist es sicherlich. Er ist bisher so gründlich übersehen worden, daß man heute noch nicht sagen kann, wie allgemeingültig er ist.

Es werden weitere Beobachtungen von vielen Klinikern aus verschiedenen Blickwinkeln angestellt werden müssen, um die allgemeine Gültigkeit dieser Hypothesen zu beweisen. Im positiven Fall werden sie uns erlauben, die gegenwärtig noch geläufige Konzeption aufzugeben, nach der die neurotogenen Konflikte sich zwischen strukturierten Teilbereichen der Persönlichkeit (z. B. dem Es und dem Ich oder dem Es und dem Über-Ich) abspielen. Die Psychoanalyse wird an Einfachheit und Klarheit gewinnen, wenn das beschreibende Strukturmodell aus unserem Wortschatz gestrichen werden kann, weil einerseits das Strukturmodell statische Vorstellungen impliziert und andererseits im Sinne des Anthropomorphismus zu Scheinerklärungen mißbraucht werden kann.

Ich will einige Beispiele von Neurosen und von Fällen anführen, in denen Verwicklungen im Laufe des neurotischen Prozesses zu psychotischen Entgleisungen geführt haben.

## II.

Zunächst will ich kurz einige Beispiele dafür geben, wie sich der neurotische Prozeß als eine rückwirkende Kettenreaktion entwickelt und in eine ausweglose Situation mündet, aus der heraus sich die Psychose entwickelt. Ich will hier nichts verallgemeinern und auch keine allgemeingültigen Gesetze aufstellen.

*Fall 1:* Eine Frau war in ihren frühen Kindheitsjahren von ihren Eltern völlig zurückgewiesen und dadurch in einen Zustand von Angst, Zorn und Depression versetzt worden (diese Tatsache wurde von dritter Seite mit Nachdruck bestätigt). Sie entwickelte ein Gefühl sexueller, physischer und geschlechtlicher Minderwertigkeit gegenüber ihrem großen, blonden Bruder, der sichtlich vorgezogen wurde und um dessen Besitz ihre Eltern erbittert gerungen hatten. Sie lebte durchaus in privilegierten Verhältnissen; dennoch verglich ein verständnisvoller und mitfühlender älterer Freund der Familie ihre frühe Kindheit mit der eines vernachlässigten Slum-Kindes. Ihre einzigen Geborgenheits- und Gefühlsbindungen bestanden zu Fremden und Bediensteten. Nachdem sie sich in ihrer Kindheit und frühen Jugend durch eine lange Reihe von vorübergehenden Zwängen und von Phobien hindurchgekämpft hatte, errang sie zwar gegen Ende ihrer Jugend einige Erfolge, hatte aber auch mit Schwierigkeiten und Enttäuschungen zu kämpfen. Bei hoher Begabung hinderten sie ihre Zwangssituationen und Phobien an der vollen Nutzung ihrer vielfältigen Talente, etwa in der Musik, im literarischen Schaffen, in der Erziehung und im Sport. Viele Jahre später wurde es in ihrer Analyse klar, daß sie während jener Jahre zwischen mehreren widerstreitenden unbewußten Triebregungen hin- und hergerissen worden war: ihren Bruder zu besitzen, ihn zu töten und ihn aus der Liebe ihrer Eltern zu verdrängen, indem sie ein großer, blonder Junge wurde wie er.

Gleichzeitig gab sie weibliche Ziele und Identifikationen nie vollständig auf, sondern versuchte, die Liebe ihres Vaters zu erhalten oder wiederzugewinnen, indem sie seine kleine Tochter blieb. Folglich kämpfte sie mit sich selbst, ob sie nun älter oder jünger werden, ein Junge oder ein Mädchen oder gar beides sein sollte. Dieser Kampf wurde mit jedem Geburtstag heftiger, und entsprechend schwerer wurde auch ihre Depression. In ihren späteren Jungmädchenjahren war sie aus sicherer Entfernung einem jungen Mann zugeneigt, der etwa 10 Jahre älter war als sie. Als er eine andere heiratete, versuchte sie sich zu trösten – ohne sich darüber klar zu sein, was sie tat – indem sie als Ersatz einen engen Freund ihres heimlichen Idols heiratete. Es gab noch andere Dinge, die für diese Wahl ausschlaggebend waren. Der Vater ihres Mannes war ein Freund ihres Vaters und seine Mutter eine Freundin der ihrigen. Daher war diese Heirat auch ein Versuch, die Liebe der eigenen Eltern zu gewinnen; außerdem hatten ihr die Eltern ihres zukünftigen Ehemannes in der Anfangszeit seiner Werbung mehr Aufmerksamkeit entgegengebracht, als ihre eigenen Eltern es je getan hatten. Unglücklicherweise wandten sich ihre Schwiegereltern sofort nach der Heirat von ihr ab und gaben ihr so zu verstehen, daß die Aufmerksamkeiten während der Verlobungszeit tatsächlich nur ihrem Wunsch entsprungen waren, den Sohn nicht zu verlieren. Diese Abwendung wiederholte das Leid, das ihr in der Kindheit aus der offensichtlichen Bevorzugung des Bruders durch die Eltern erwachsen war. In ihrem Unglück begann sie verwirrt und impulsiv zu werden. Bald nach der Hochzeit machte ihr Mann eine anscheinend gefährliche Krankheit durch. Obwohl sie es damals nicht wahrhaben wollte, schien sie sich dadurch eine Befreiung aus ihrem Gefängnis zu versprechen. Folglich war seine völlige Genesung für sie eine psychologische Katastrophe. Sie war wieder gefangen; ihre unbewußten Todeswünsche gegen den Bruder sowie ihr Wunsch, ihn in der Liebe des Vaters zu ersetzen, wurden reaktiviert. Zu ihren früheren phobischen Zügen kamen neue Phobien hinzu. Nachdem sie vorher in jeder Weise frei und aktiv gewesen war, verfiel sie nun in Angstzustände und Agoraphobie. Sie brachte es kaum fertig, sich weiter als ein paar Straßen von ihrem Zuhause zu entfernen (in der Behandlung viele Jahre später wurden Prostitutionsphantasien deutlich). In den folgenden Jahren fesselten sie schwere Erlebnisse im Zusammenhang mit ihrer Schwangerschaft noch stärker an ein Zuhause, das ihr längst zum Gefängnis geworden war. Gleichzeitig verschlechterte sich ihre Ehe zusehends, zum Teil weil sich ihr Mann vollständig zurückzog. Daraufhin wurde eine bis dahin nur latente bzw. klinisch nicht faßbare Klaustrophobie manifest, die sie in einer ausweglosen Lage nicht nur zwischen alten unvereinbaren Triebpaaren, sondern auch zwischen zwei Symptomen entgegengesetzter Tendenz, nämlich einer Agora- und Klaustrophobie, festhielt. Manchmal stand sie buchstäblich stundenlang auf der Schwelle ihres Hauses, gleichermaßen unfähig hinein- oder hinauszugehen, sich unter Leute zu begeben oder allein zu bleiben, sich zu bewegen oder reglos zu verharren, zu sprechen oder zu schweigen. Sie wußte nicht, wohin sie sich wenden sollte, um dem Schrecken ein Ende zu machen. Dieses Nebeneinander unvereinbarer Triebe und darauf gelagerter widerstreitender Abwehrmaßnahmen (in Form von Symptomen) drohte eine schwere psychotische Zerrüttung herbeizuführen. Glücklicherweise wirkte ihr Verhalten zu diesem Zeitpunkt so schwer gestört, daß der heftige Widerstand ihres beratenden Arztes und ihrer eigenen Familie gegen eine psychiatrische Behandlung, die sie selbst gewünscht hatte, überwunden werden konnte. Sie kam gerade noch rechtzeitig in Behandlung. Die Entstehungsgeschichte dieser Krankheit und ihre Entwicklung bis an den Rand einer psychotischen Entgleisung wurde erst im Laufe einer jahrelangen, zähflüssigen und mühsamen Analyse, zunächst bei einer Analytikerin, später bei einem Analytiker, deutlich.

*Fall 2:* Ein weiteres Beispiel ist ein junger Ingenieur, der sich in seiner frühen Kindheit unter großen Anstrengungen bemühte, vielfältige, familiär bedingte Behinderungen zu überwinden. Zunächst gab es in der Familie eine Schwester, die schön, überaus intelligent und eine glänzende Sportlerin war. Ein älterer Bruder war eifersüchtig auf diese ältere Schwester und hielt sich schadlos, indem er den Patienten tyrannisierte, der der Jüngste unter den drei Geschwistern war. Sein Vater war schwach, furchtsam und konnte keinen Schutz bieten; seine Mutter war eine feindselig dominierende, männerhassende, pseudomütterliche Person. In seiner frühen Kindheit hatte der Patient in Angst und Schrecken gelebt. Der bewußte Inhalt dieser Angst war, daß er zu klein und zu jung sei. Aber er fürchtete sich auch, erwachsen zu werden, weil ihn dies neuen Gefahren aussetzen würde. Die Folge davon war, daß er im Sport, im Studium und gesellschaftlich erfolglos blieb, obwohl er auf allen diesen Gebieten von Natur aus sehr begabt war. Zu einem kritischen Zeitpunkt wurde er wegen eines Krankheitsfalles in der Familie nach außerhalb in die Schule geschickt. Dieses zufällige Glück rettete ihn für eine Weile; denn nachdem er einmal den zerstörerischen Kräften zu Hause entgangen war, erwies er sich als hervorragender Student und Sportler. Auch auf der Universität zeichnete er sich aus und war während dieser Zeit frei von manifesten neurotischen Symptomen. Spätere Ereignisse zeigten, daß er nicht frei war von bestimmten, zwar verdeckten, aber stark belastenden Rückständen seiner früheren Kämpfe. Sexuelle Ängste wurden beispielsweise in Form von hohen moralischen Grundsätzen getarnt. Sein ambivalenter Kampf zwischen Neid, Haß und erotischer Bindung an seine Schwester ging weiter, versteckte sich aber hinter einer »gesund aussehenden« Maske. Sie blieb für ihn der Inbegriff der begehrenswerten Frau, ihr Lächeln und ihre Mißbilligung bedeuten ihm Erfolg oder Mißerfolg in einem solchen Maße, daß er andere Mädchen lange Zeit überhaupt nicht beachtete, bis er sich schließlich in die beste Freundin seiner Schwester, eine ansprechende, aber maskuline Version von ihr, verliebte und sie heiratete. Die darin enthaltenen blutschänderischen Elemente, die verborgene Identifizierung mit seiner Schwester und die damit gegebene invertierte Geschlechtsrolle waren ihm völlig unbewußt. Dennoch schien es eine Zeitlang, als habe er eine brauchbare Lösung gefunden, bis der plötzliche Tod seiner Schwester eine Reihe katastrophaler Ereignisse auslöste. Die unbewußten Beweggründe, die die Beziehungen zu seiner jungen Frau aufrechterhalten hatten, entfielen. Er sah sich plötzlich in einer Ehe mit einer maskulinen Ersatzgefährtin gefangen. Gefangen fühlte er sich weiterhin durch seine beiden Kinder, zu denen er eine komplexe und fast mütterliche Beziehung hatte, sowie durch seine Berufstätigkeit, die eng mit der seines Schwiegervaters verknüpft war. Schließlich belastete ihn auch noch seine eigene zwiespältige Geschlechtsidentität. Er war sich undeutlich bewußt, daß er mit seiner Frau nicht mehr glücklich sein konnte; doch war er unfähig, sie zu verlassen. In dieser ausweglosen Situation verfiel er allmählich wieder in die von der Kindheit her bekannten Zustände von gespannter Angst, von Depression und von selbstzweiflerischem Neid. Eines Abends brach bei ihm, während er sich auf der Terrasse des Appartements seiner Schwiegereltern aufhielt, ganz plötzlich eine schwere Höhenangst aus, und er wurde ohnmächtig. Diese Phobie hielt jahrelang an und war eines der Symptome, deren destruktive Folgen ihn in analytische Behandlung brachten. Viel später, im Laufe der Behandlung, erinnerte er sich, daß ihn im Augenblick vor dem Ausbruch der Höhenangst der Gedanke durchzuckt hatte, seine Frau über die Brüstung zu werfen; die Frau, die seinen unbewußten Bedürfnissen nicht mehr genügte, jetzt, da seine Schwester, ihre beste Freundin, tot war. Diese blitzartige Phantasievorstellung, die er sofort wieder verdrängt hatte, war ihm in diesem verzweifelten Augenblick als einziger Ausweg aus seinem Gefängnis erschienen. Sie hatte frühe Wurzeln in seinem Kindheitskonflikt zwischen Haß, Neid und Liebe zu seiner verstorbenen Schwester. Dieser neubelebte Konflikt brach mehr und mehr in seine Ehe ein. Die entsprechenden sexuellen Ängste seiner Jünglingsjahre wurden wachgerufen, so daß er impotent wurde. Dies wiederum stürzte ihn in eine agitierte Depression von fast psychotischer Intensität mit schweren Angstzuständen und einer Vielzahl psychosomatischer Störungen.

Der Destruktionsprozeß war an diesem Punkt noch nicht zu Ende. Seine Höhenangst machte es ihm schwer, Verabredungen (etwa mit Ingenieurfirmen, Kunden oder sogar Freunden) zu treffen, wenn er nicht das Stockwerk des Büros oder Appartements wußte, das er aufsuchen mußte. Wegen der Phobie konnte er nur unter großen Ängsten über eine hohe Brücke fahren, wenn er seine Familie auf dem Lande besuchte oder wenn er seine Kinder zu einem Wochenendausflug aufs Land mitnahm. Tag für Tag erwachte er mit unsäglicher Angst. Später konnte er erkennen, daß er sich unausgesprochen fragte: »Welche hochgelegenen Orte muß ich heute aufsuchen? Welchen erniedrigenden Ängsten werde ich heute ausgesetzt sein?« Er begann, diesen kritischen Situationen auszu-

weichen, indem er körperliches Unbehagen verschiedener Art entwik-
kelte, Ausflüchte erfand und indem er die Spannung durch Trinken zu
mindern suchte. Seine Karriere und sein Leben in der Gesellschaft litten
darunter. Er wurde in steigendem Maße depressiv und fühlte sich gede-
mütigt. Er konnte aus Angst in rasende Wut ausbrechen und fühlte sich
von dem Argwohn verfolgt, daß andere Leute davon wußten. Seine
Beziehungen zur Umwelt waren auf eine pseudoparanoide Art gestört.
Eine nächtliche Episode von panischer Angst mit kurzen, aber ausgeprägten Wahnvorstellungen brachte ihn schließlich in Behandlung.

Jeder Psychiater, der ihn in dieser Phase seiner Krankheit gesehen
hätte, würde ihn für den klassischen Fall einer akut agitierten paranoiden
Involutionsdepression gehalten haben, die aus irgendeinem Grunde aty-
pisch Mitte Dreißig auftrat. Tatsächlich war er verschiedentlich so diagnostiziert worden. Erst nach längerer Erforschung und wiederholten
Rekonstruktionen seines ganzen Lebensweges wurde die langsame Entwicklung seiner präpsychotischen Neurose bis an den Rand der
psychotischen Entgleisung deutlich.

Diese Lebensgeschichte zeigt mit der Klarheit eines Laborversuches
die tragische Kettenreaktion von Triebkonflikten, die Bildung von primären Abwehrmechanismen mit Symptomcharakter, die daraus resultierenden sekundären Störungen, die weiteren Auswirkungen der unlösbaren Triebkonflikte, die daraus entstehenden neuen Symptome und
Störungen, weiterhin die noch destruktiveren Folgen der unlösbaren
Konflikte zwischen den Symptomen selbst und endlich die Aufhebung
der Symbolfunktionen, die jene hervorrufen. So schreitet der neurotische
Prozeß bis an den Rand der psychotischen Entgleisung fort.

*Fall 3:* Ein anderer junger Mann, das älteste von vier Kindern, hatte bei
einer überfürsorglichen Mutter ein zu beschütztes Leben geführt. Sie
schwankte zwischen Perioden verzögert einsetzender Depressionen und
Angst und Perioden offener einfühlsamer Wärme gegenüber ihren Kindern. In ihren »guten« Zeiten lockte ihn ihre glückliche uneingeschränkte
Zuneigung in ihren Bann. Wenn sie dann aber plötzlich in ihre schlechte
Stimmung verfiel, war er wieder für längere Zeit vereinsamt und ver-
nachlässigt. Ihr eigentümliches Verhalten hatte als verzögerte postnatale
Störung in seinem ersten Lebensjahr eingesetzt, sie behielt es über seine
Pubertät hinaus bei. In seiner Schlichtheit erschüttert, furchtsam und de-
pressiv, begann er seine Jugend, kaum fähig, irgendeine seiner vielen
Begabungen zu nutzen. Der Beruf des Vaters brachte es mit sich, daß die
Familie viel im Land umherzog, so daß das Kind kein Gefühl der Bestän-
digkeit hatte und nicht mit lebenden oder toten Objekten vertraut war.

Die flüchtige Gegenwart seines vielbeschäftigten Vaters gab ihm nicht
die nötige Sicherheit, die er gebraucht hätte, um den immer wieder erlebten Verlust der Mutter durch Krankheit zu ertragen. Bald nach der

Geburt einer Schwester mußte die Mutter wegen einer kurzen, aber stürmischen psychotischen Episode in eine Klinik. Während dieser Monate versuchte der ängstliche Vater, dem Kind über den Verlust hinwegzuhelfen, indem er zur Vaterrolle auch die der Mutter übernahm. Das Kind veränderte sich sichtlich; es klammerte sich ängstlich an den Vater, blieb aber böse und stumm und hielt sich innerlich von ihm fern. Die Rivalität mit den anderen Geschwistern um die Zuneigung des Vaters wuchs; da der Vater die Erwartungen schwerlich dadurch befriedigen konnte, daß er die anderen beseitigte, erstreckten sich die frustrierten, ambivalenten Impulse des Patienten nicht nur auf seine Beziehungen zum Vater. Er schwankte hierbei zwischen abhängiger Bewunderung und stiller feindseliger Rebellion. Diese Haltung trübte seine Beziehungen zu Männern auf Jahre hinaus. In der Folgezeit führte eine schwere körperliche Erkrankung der Mutter zu einer weiteren längeren Trennung; darauf wurde die Beziehung zu seinem Zuhause noch ambivalenter. Er konnte weder bleiben noch weggehen; es war ein Ort, wo man sich verstecken konnte, aber auch ein Ort der Qual und Enttäuschung. Diese unglückselige Geschichte hatte auch seine Schulleistungen erheblich beeinträchtigt. Es war ihm von Anfang an schwergefallen, in die Schule zu gehen. Schon der erste Tag im Kindergarten hatte bei ihm eine typische stille, mit Verzögerung einsetzende Depression ausgelöst (9). Das wiederholte sich jeden Herbst bei Schulbeginn. Nur seine überaus hohe Intelligenz (Intelligenzquotient etwa 160) erlaubte ihm den Eintritt ins College. Dort konnte er sich nur mit Mühe behaupten. Seine Geschlechtsidentität wurde noch ambivalenter; er schwankte zwischen hetero- und homosexuellen Beziehungen hin und her, von denen er selbst jedoch durchaus nicht überzeugt war. Als die Entlassung ins Leben bevorstand, d. h. der Eintritt in die Zeit der Reife, die er fürchtete, geriet er in einen Zustand akuter Zerrüttung mit lebhaften Halluzinationen und Wahnvorstellungen.

*Fall 4:* Schließlich möchte ich von einem Mädchen berichten, das mir im Alter von fünf Jahren vorgestellt wurde und das dann zehn Jahre lang bei einem Kollegen in Behandlung war. Sie war das jüngere von zwei Kindern, ihr Bruder war mehrere Jahre älter als sie. Der Anfang dieses Falles wurde in einer Arbeit mit dem Titel: »Sag, daß es dir leid tut« beschrieben. In wenigen Wochen hatte das Mädchen folgende Stadien durchlaufen. Zuerst reagierte sie nicht auf Nennung ihres Namens. Dann beanspruchte sie den Namen eines kleinen Mädchens in der Straße als den ihrigen. Dann wollte sie den Namen eines Jungen aus der Nachbarschaft haben. Später hörte sie ganz auf zu sprechen. Schließlich aß sie nicht mehr, wollte nicht mehr in ihrem Bett bleiben oder ein hübsches neues Nachthemd oder einen Bademantel anziehen. Statt dessen rollte sie sich in einen Teppich und preßte ihr Gesicht auf den Boden. Dort blieb sie stumm und bewegungslos liegen, während sie sich mit Urin und Stuhl beschmutzte. Der Originalaufsatz schildert, wie es durch den fast zufälligen Gebrauch eines Schlüsselwortes zur Auflösung kam. Zufällig hatte man einmal das Kind flüsternd sagen hören: »Sag, daß es dir leid tut«. Die ernsten Worte des Untersuchers »es tut mir leid, es tut mir sehr leid« führten eine schnelle Auflösung der akuten psychotischen Episode herbei und machten eine jahrelange Behandlung der präpsychotischen Neurose möglich. Diese Behandlung erlaubte es, die Entwicklung der Episode psychotischer Zerrüttung aus der vorhergehenden Neurose zu rekonstruieren – einer Zerrüttung, die von Dauer gewesen wäre, wenn man sie nicht behandelt hätte. Aus diesem Fall will ich nur die Elemente auswählen, die zur Darstellung meiner These wesentlich sind.

Die spätere Therapie brachte viele Beschmutzungsängste und Vermeidungsrituale ans Licht, in deren Mittelpunkt die Person der Haushälterin stand, von der das Kind fast ausschließlich abhängig war. Sie war seine Beschützerin vor dem älteren Bruder und vor körperlichen Berührungen, die geeignet waren, Verschmutzungsängste auszulösen. Auch die Haushälterin war durch die phobischen Rituale des Kindes eingeengt.

Kurz vor der akuten Regression, die ich beschrieben habe, konnte der Vater infolge Verbesserung seiner finanziellen Lage eine größere Wohnung mieten. Das Kind erhielt ein eigenes Zimmer, das es von seiner versklavten Beschützerin trennte. Die Trennung löste Dunkelängste aus, es benahm sich aufsässig und wurde zum erstenmal in seinem Leben vom Vater geschlagen. (Bisher hatte sie nur die Mutter bestraft.) Die Haushälterin kündigte sofort, weil sie weder die nächtliche Trennung von dem Kind noch den allgemeinen Aufruhr ertragen konnte. Auf einer oberflächlichen (d. h. bewußten oder vorbewußten) Ebene war das Kind zwischen dem Verlangen nach seiner Familie und der Sehnsucht nach der verschwundenen Gefährtin gefangen. Andere und tiefere gegensätzliche Tendenzen bezogen sich auf Schmutz und Sauberkeit, Junge oder Mädchen. Schritt für Schritt gab sie ihre eigene Identität auf, indem sie ihren Namen änderte. Sie vertauschte ihr Geschlecht mit dem ihres Bruders (als Ausdruck eines heftigen Konfliktes um diesen Bruder). Dann bemühte sie sich in die Kleinkinderzeit zurückzukehren, um das Leben neu zu beginnen und auf einem ganz anderen Weg erwachsen werden zu können. Sie verlor die Fähigkeit zu sprechen, weil sie unsicher wurde, wer sie war, wem sie sich mitteilen sollte und was sie überhaupt mitteilen wollte. Als dann die alten Ängste vor Verschmutzung durch Berührung und die alten Zwangsrituale zur Vermeidung von Berührungen reaktiviert waren, konnte sie sich nicht mehr bewegen, sondern rollte sich in einen alten Teppich und lag stumm und regungslos in ihren eigenen Exkrementen. Dies illustriert erneut meine These.

## III. Weitere theoretische Erwägungen

Es ist nicht allzu schwierig, die verschiedenen aufeinanderfolgenden Ereignisse zu beschreiben, die im Laufe eines psychotischen Prozesses in Gang gesetzt werden, wenn dieser erst einmal begonnen hat. Es wäre jedoch falsch anzunehmen, daß diese Folge der Ereignisse notwendigerweise ethnologische Bedeutung hat. Der Ablauf läßt zwar eine ethnologische Beziehung denkbar erscheinen, beweist sie aber nicht. Dieselbe Vorsicht ist bei der Beurteilung von Phänomenen geboten, die im klinischen Bild der Psychose erfaßt werden können, sowie besonders bei allen Regressionsphänomenen, ob es sich nun um frühere Identifizierungen, Perioden triebhafter Bedürfnisse, affektive Einstellungen oder Verhaltensmuster handelt. Diese Regressionsphänomene sind mehr oder weniger konstante Bestandteile der psychotischen Verfassung, und ohne Zweifel aktivieren solche Regressionen komplexe Ketten, wichtige sekundäre und tertiäre Folgeerscheinungen auf allen Ebenen. Sie sind jedoch nicht in jedem Fall vorhanden, und es gibt keinen klaren Beweis, daß sie die Psychose einleiten. Sie stellen also ein verhältnismäßig konstantes, jedoch nicht unerläßliches Glied in der Kette rückwirkender psychopathologischer Ereignisse dar.

Zudem hat die Regression nicht immer die gleichen Folgen. Sie kann mit der unbewußten Annahme, daß man bei einem Rückgang zum Beginn wieder neu anfangen und noch einmal neu aufwachsen könne, zur Aufgabe des Erwachsenenlebens führen. Weil diese Entwicklung mit dem Tode enden kann, liegt ihre Fehldeutung als Ausdruck des Todestriebes nahe. Freuds Beschäftigung mit »Todestrieben« könnte sehr wohl damit zusammenhängen, daß er nicht erkannte, wie häufig Handlungen, die zum Tode oder in Todesgefahr führen, als Ausdruck eines verborgenen Wiederauferstehungstriebes zu verstehen sind: Das ist genau das Motiv von ›Tod und Verklärung‹ bei RICHARD STRAUSS.

Die Regression kann auch auf Schwierigkeiten im Zusammenhang mit der Geschlechtsidentität hinweisen, die in dem Wunsch gegeben sind, das Geschlecht zu wechseln, zum anderen Geschlecht zu gehören, zweigeschlechtlich oder geschlechtslos zu sein. Das ist einer der häufigen unbewußten Konflikte, aus denen der psychotische Prozeß plötzlich hervorbricht und die er oft in verschiedenen und durchsichtigen Formen zum Ausdruck bringt. Wenn wir uns nicht nur über die Regression, sondern auch über zahlreiche andere klinische Bestandteile im psychotischen Prozeß und Zustand klarwerden wollen, müssen wir folglich die Unterschiede zwischen auslösenden, erhaltenden und Rückkopplungsmechanismen im Auge behalten, d. h. zwischen den Mechanismen, die dem psychotischen Prozeß die Initialzündung geben und jenen, die, wenn dieser Prozeß erst einmal im Gange ist, in Bewegung gesetzt werden und die ihn sowohl unterhalten als auch komplizieren, indem sie komplexe, sekundäre Folgeerscheinungen auf das Gesamtbild rückwirken lassen.

Ich darf noch einmal wiederholen, daß wir einen Denkfehler machten, als wir annahmen, daß die Folge von Erscheinungen, die wir in der Psychose wirksam fanden, diese ausgelöst haben. Diese Annahme hat zu vielen unberechtigten Hypothesen geführt. Es ist wichtig, unter Beachtung dieser allgemeinen Vorstellungen systematisch Beispiele solcher Verläufe zu sammeln. Allerdings wird diese Arbeit viele Beobachter für viele Jahre in Anspruch nehmen. Darüber hinaus werden weitere Jahre nötig sein, um die Beziehung zwischen den Verläufen und dem jeweils wechselnden äußeren Gewand der Psychose zu klären; denn psychische Zustände, ob normal, neurotisch oder psychotisch, sind ebenso verschieden wie menschliche Gesichter. Tatsächlich ist dies einer der Gründe dafür, daß es noch immer kein befriedigendes Klassifizierungssystem von psychischen Störungen gibt. Wo es so viele variable Größen gibt wie hier, gibt es entweder eine alles einschließende Kategorie, z. B. »das Gesicht« (bestehend aus zwei Augen, einer Nase, einem Mund usw.) oder aber jedes individuelle Gesicht bildet eine von allen übrigen getrennt erkennbare Ganzheit. Wenn wir herausfinden wollen, mit welcher Folgerichtigkeit die Psychose aus einem ausweglosen Engpaß zwischen unvereinbaren und nicht zu befriedigenden Trieben und Symptomen hervorgeht, benötigen wir weitere Angaben über die Natur der schädlichen Ereignisse, die eine akute Veränderung mit sich bringen, und über die Art der Einwirkungen, die eher schrittweise zur Psychose führen.

Manchmal entsteht der Engpaß langsam, etwa durch die unvermeidbaren Begleitumstände des Alterns. Mitunter steht der Patient plötzlich vor einer ausweglosen Situation, beispielsweise wenn er sein Zuhause oder die Universität verlassen muß, aus dem Krankenhaus oder von seinem Arbeitsplatz entlassen wird, wenn ihm eine Beförderung bevorsteht oder ein Verlust droht. Eine ausweglose Situation kann auch durch den Tod oder durch das unvorhergesehene Überleben eines Kindes oder Elternteiles entstehen. Schwangerschaft oder deren Ende können dieselbe Wirkung haben.

Weiterhin wird es darauf ankommen, daß man solche Verläufe korreliert mit den Wirkungen der Psychopharmaka auf das zentrale Nervensystem, soweit sie Rückkoppelungsvorgänge ermöglichen und zur Organisation oder Steuerung von Symbolisierungsprozessen in Wach- oder Schlafzeit beitragen. In diesem Zusammenhang haben die Psychopharmaka, die wir testen, verwirrende und widersprüchliche Wirkungen. Manchmal scheinen sie die psychotische Störung des Symbolisierungsprozesses zu beenden und die präpsychotische Neurose wieder herzustellen. Bei anderen Patienten haben die gleichen Pharmaka eine entgegengesetzte Wirkung. Es kommt aber auch vor, daß bei einem Patienten, der bei einer bestimmten Dosierung die Psychose überwunden hat, diese bei Senkung der Dosis wieder zum Vorschein kommt. Während dieser Übergangsphasen können manche Patienten mit subjektiven Eindrücken diese Veränderung beschreiben. Man könnte Vergleiche anstellen mit dem Wechsel von normalen Denkvorgängen im Wachzustand zu Denkvorgängen während des Schlafes.

Als der Wechsel vor sich ging, sagte der Patient z. B.: »Ich kann sehen, wie es auf mich zukommt«, »Ich beginne, anders zu denken«, »Ich bin wach, doch ich denke so, als ob ich schlafen würde«. Für den Psychopharmakologen ist dies eine wichtige Selbsterfahrung, unter anderem auch wegen ihrer paradoxen Folgen. Warum kann eine Droge, die unter bestimmten Bedingungen und bei bestimmter Dosierung Schlaf bewirkt, bestimmte psychotische Patienten in die Lage versetzen, das Muster traumähnlicher Denkvorgänge aufzugeben und wie eine wache Person zu denken? Warum verursacht die Entziehung eben dieses Medikaments, statt den Patienten noch weiter wach zu machen und somit seine Denkvorgänge zu ordnen, während der Übergangsperiode zum Wachzustand eine Störung seiner Denkprozesse in Richtung auf schlafähnliche vorbewußte Denkmuster? Das Studium vieler minutiöser Beobachtungen solcher Übergangsperioden ist entscheidend für ihre Aufklärung.

Ich will hier lediglich die Annahme aussprechen, daß diese Störungen des Denkens, der Konzeptionsbildung sowie der symbolischen Darstellung im Grunde mit einer Veränderung der Beziehungen zwischen den drei Systemen des symbolischen Prozesses, nämlich des bewußten, des vorbewußten und unbewußten, zusammenhängen. Die Erforschung dieses Gebietes wird die Psychiatrie noch viele Jahre lang beschäftigen.

## IV. Zusammenfassung

Der neurotische Prozeß ist eine Kette von Deformationen der psychischen Entwicklung, die einen zweifachen Ursprung in unbewußten Konflikten und in der frühen Einwirkung zentraler Affekteinstellungen haben. Die psychosomatischen Ausdrucksformen dieser Konflikte und des zentralen Affektpotentials rufen sekundäre Konflikte hervor, die ihrerseits Anlaß geben zu neuen Störungen und einer zweiten Reihe von Deformationen, die wiederum eine dritte Reihe von Konflikten verursachen usw. Diese Kettenreaktion tritt als neurotischer Prozeß in Erscheinung.

Die grundlegenden Konflikte entstehen zwischen Paaren unvereinbarer und häufig nicht zu erfüllender Triebregungen. Sie sind auf allen Ebenen gleichzeitig wirksam und werden nur dann pathogen, wenn die unbewußten Komponenten in dieser Mischung gegenseitig aufeinander einwirkender Prozesse vorherrschen.

Es kommt häufig vor, daß zusätzliche Konflikte zwischen antagonistischen Symptomen entstehen können, eine Erkenntnis, die bisher im großen und ganzen übersehen wurde. Wenn nun diese Konflikte auf die grundlegenden neurotogenen Konflikte aufgelagert werden, kommt es zur Psychose. Die Annahme, daß sogenannte »strukturbedingte« Konflikte zwischen Teilbereichen der Persönlichkeit entstehen können, erübrigt sich dadurch.

# Merkmale erfolgreicher Behandlung von Borderline-Patienten

*Von Donald A. Shaskan*

Gibt es Anzeichen dafür, daß sich die Prognose mancher Borderline-Fälle verbessern läßt? Warum machen Borderline-Patienten in der Gruppentherapie größere Fortschritte? Das sind zwei der bislang unbeantworteten Fragen, die durch Patienten aufgeworfen werden, denen es nicht gelingt, Selbstbild und Objektbild zusammenzuschließen, und die sich in einem Übergangsstadium zwischen »Lust- und Real-Ich« befinden. Während wir auf die nicht bloß finanzielle Förderung genauerer Untersuchungen der verschiedenartigen Aspekte dieses Gegenstands hoffen, halten wir es für angebracht, über den Erfolg unserer Bemühungen um die unter prägenitaler Aggression leidenden Patienten zu berichten.

Die Merkmale der Borderline-Patienten, deren wesentlicher Behandlungsaspekt lange Hospitalisierungszeiten sind, können in dieser Untersuchung als Ausgangspunkt dienen, ja vielleicht sogar zu einer Art Durchbruch führen. Diese Merkmale sind folgende:

1) Äußerst schwache Motivation zur Behandlung;
2) ausgeprägte Ich-Schwäche, die sich manifestiert
   a) in einem Mangel an Angsttoleranz und
   b) im Verlust der Impulskontrolle;
3) dürftige Objektbeziehungen.

Ein hervorragendes Beispiel für ein derartiges potentielles und schließlich manifestes Scheitern ist einer unserer »Behandlungsveteranen«, der mit zweiundzwanzig Jahren das erste Mal zu uns kam und der damals eine etwas verbesserte Anpassung zeigte. Sechs Wochen nachdem er zur Marine eingezogen worden war, hatte man ihn in die Klinik eingeliefert. Man hatte ihn als »unbeliebten Jungen« charakterisiert. Seine Motivation zur Therapie war dürftig, so daß er nur hin und wieder zur Gruppentherapie erschien. In den letzten zwanzig Jahren, in denen er medikamentös behandelt wurde und etwas stützende Therapie erhielt, hat sich sein Zustand fast gar nicht verändert. Seine Entwicklung steht im Gegensatz zur Lebensgeschichte der Patienten, denen die Therapie hilft, ihre Arbeitsstelle zu behaupten und finanziell zurechtzukommen.

Es ist ungemein wichtig zu lernen, den eigenen Zorn in Worte zu fassen. Dadurch und durch die Erkennung des eigenen und des bei anderen ausgelösten Zorns (der dem Bordeline-Patienten als »Zorn des Schicksals«, als verhexter Mechanismus usw. erscheint) wird dieser darin unterstützt, sich an die in seinen Augen extrem frustrierende Umwelt anzupassen. Die Gruppe dient dabei als Halt und Stütze.

Die Sitzungen unserer Borderline-Gruppe werden von siebenundzwanzig »Veteranen« besucht. Diese Patienten kommen zwei Mal pro Woche mit einer Sozialarbeiterin und mir selbst zusammen. Viele besuchen jede Sitzung, andere kommen nur zu jeder zweiten Sitzung und einige tauchen nur gelegentlich auf. Bei einer durchschnittlichen Gruppenzugehörigkeit von sieben Jahren kommen einige Personen bereits seit zehn und mehr Jahren zur Therapie, während andere erst kürzlich zur Gruppe gestoßen sind.

KERNBERG hat darauf hingewiesen, daß der Intensität und dem Typus der neurotischen Symptomatologie zwar keine entscheidende prognostische Bedeutung zukommt, daß jedoch die deskriptive Diagnose äußerst wichtig ist.

Die meisten Gruppenmitglieder (es waren sechs) gehörten zur depressiv-masochistischen Kategorie; zwangsneurotisch waren fünf; weitere fünf erwiesen sich als hypomanisch; und ebenfalls fünf waren paranoid. Je zwei gehörten dem schizoiden Bereich an, waren Alkoholiker bzw. litten unter einem narzißtischen Defizit.

Diese Art der Charakterpathologie hält sich an KERNBERGS deskriptive Charakterdiagnose, in der dieser einen entscheidenden prognostischen Faktor erblickte. Anders liegt der Fall bei der neurotischen Symptomatologie, da neurotische Symptome auf allen psychopathologischen Ebenen auftreten und sich nicht als Maßstab für die Schwere der Krankheit eignen. Trotzdem ist auch KERNBERG der Ansicht, daß die Prognose für Borderline-Patienten ohne neurotische Symptome ungünstiger ausfällt.

Asoziale Persönlichkeiten, für die KERNBERG in allen psychologischen Behandlungsbereichen eine ungünstige Prognose annimmt, schließen wir in diesem Fall nicht ein. Später werde ich
meine Borderline-Gruppe einer Acting-out-Gruppe gegenüberstellen. Wie wir sehen, haben wir keine Patienten aus der chaotisch-impulsiven Kategorie, genauso wenig wie wir Patienten mit
sexuellen Abweichungen und Patienten »infantiler« Prägung haben.

KERNBERG hat aufgezeigt, daß die depressiv-masochistischen
Persönlichkeiten (sechs Patienten dieser Gruppe), die dem Bor-
derline-Bereich angehören, ungeachtet einiger Einschränkungen
eine relativ günstige Prognose aufweisen. Trotzdem liefert die
sadomasochistische Untergruppe eine ungünstigere Prognose als
die depressiven Persönlichkeiten.

Auch hat KERNBERG auf die günstige Prognose der zwangsneurotischen Persönlichkeiten (es waren fünf) hingewiesen, obgleich er warnend feststellte, man müsse diese Patienten von den
narzißtischen und den schizophren reagierenden Patienten (es
waren zwei) unterscheiden. KERNBERG meint, die hypomanischen Persönlichkeiten (es waren fünf) zeichneten sich durch
eine ungünstige Prognose aus, was auf ihren Mangel an Depres-
sionstoleranz zurückzuführen sei.

Paranoide Persönlichkeiten, die auf der Borderline-Ebene
funktionieren (fünf in dieser Gruppe), weisen eine günstigere
Prognose auf, wenn die Behandlung so strukturiert ist, daß ihr
Bedürfnis nach omnipotenter Kontrolle die therapeutische Beziehung nicht verzerrt. Vielleicht erklärt das, wieso sie in Gruppen Erfolg haben, sowie sie – sicher ein vorteilhafter Faktor – die
Gruppe einmal akzeptieren. Eine Prognose für die schizoide
Persönlichkeit (wir hatten zwei Fälle) erfordert größere Vorsicht. Wir geben zu, daß diese Patienten den Therapeuten unter
maximalen Stress setzen, obwohl uns natürlich bekannt ist, daß
jeder Borderline-Patient den Therapeuten schwer belastet – vielleicht ist das auf die Gespaltenheit und die daraus resultierende
Oberflächlichkeit zurückzuführen, die, wenn sie sich über lange
Behandlungszeiträume hinziehen, die Patient-Therapeut-Bezie-
hung auf fast unerträgliche Weise belasten können.

KERNBERG ist der Meinung, daß narzißtische Persönlichkeiten
(von denen wir zwei hatten) mit Borderline-Merkmalen eine
lange Anlaufzeit brauchen, die ein rein stützendes Vorgehen er-

fordert, und daß die Prognose umso ungünstiger ausfällt, je pathologischer die narzißtischen Strukturen der Persönlichkeit sind. Stützende Maßnahmen auf lange Sicht werden mit einer nachdrücklichen Analyse gekoppelt und bilden einen Teil der Gruppentherapie.

Einer unserer beiden Alkoholiker mußte häufig hospitalisiert werden, während der andere über genügend Impulskontrolle verfügte, so daß seine Symptome die Behandlung nicht beeinträchtigten. Einige unserer Patienten nahmen Zuflucht zum Alkohol, um ihre manifeste Angst zu mildern.

Zum Vergleich wollen wir unsere Borderline-Gruppe (sie umfaßte siebenundzwanzig Personen) unserer Acting out-Gruppe gegenüberstellen. Während die depressiv-masochistische Kategorie stark vertreten blieb (vier Patienten), erhöhte sich die Zahl der Alkoholiker und Drogensüchtigen ebenfalls auf vier.

Bei der Gegenüberstellung entdeckt man, daß sich der Alkoholismus von zwei auf vier Fälle verdoppelte. Die schizoide Kategorie blieb unverändert (zwei Fälle). Zwei Fälle gehörten zur chaotisch-impulsiven und zwei weitere Fälle zur obsessiv-impulsiven und zur paranoiden Kategorie.

Die Acting out-Gruppe besteht aus »Unruhestiftern«, das heißt aus Personen, denen nur auf therapeutische oder administrative Weise beizukommen ist und die voneinander Trost und Unterstützung erhalten. Diese Gruppe setzt sich aus heftigen (exhibitionistischen) »Veteranen« zusammen, die ausgeprägte Probleme der Impulskontrolle erkennen lassen.

ERIC BERNE, der an einer ihrer Sitzungen teilnahm, bezeichnete sie als »Gruppe von Männern«. Sie treffen sich im Durchschnitt seit ungefähr drei Jahren, obwohl ein Mitglied bereits seit fünfundzwanzig Jahren und ein anderes Mitglied bereits seit fünfzehn Jahren zur Gruppe gehören. Die Tatsache, daß sie sich alle der Gruppe anschlossen, hatte sie entschieden entlastet und bewirkte, daß sie nun auch außerhalb der Klinik weiterfunktioniert.

## Zusammenfassung

Die Prognose der Borderline-Behandlung mit Hilfe der Gruppentherapie fällt wahrscheinlich anders aus als die Prognose der Einzeltherapie. Zwar halten sich beide an die Kriterien und an die deskriptive Charakterpathologie, die KERNBERG entwickelt hat, doch zeichnet sich die gruppentherapeutische Borderline-Behandlung durch folgende Merkmale aus:

1) besteht die Fähigkeit, an der Gruppentherapie über lange Zeiträume hinweg teilzunehmen;
2) blieb in den Borderline- oder Acting out-Gruppen nichts Infantiles zurück;
3) auch von der chaotisch-impulsiven und sexuell abweichenden Kategorie blieb nichts in der Borderline-Gruppe zurück;
4) und von der narzißtischen oder hypomanischen Kategorie blieb auch in der Acting out-Gruppe nichts zurück.

Nicht-spezifische Manifestationen von Ich-Schwäche (vor allem das Ausmaß an Impulskontrolle), Angsttoleranz und Sublimierungsfähigkeit können von Patientengruppen mit ähnlichen Problemen bearbeitet werden.

Fähigkeiten und Persönlichkeit des Therapeuten sind (obwohl von uns in dieser Studie nicht näher behandelt) bei der Arbeit mit solchen Patienten von entscheidender Bedeutung. Weitere Untersuchungen der Unterschiede zwischen verschiedenen Arten von Gruppen, zwischen verschiedenen Therapeuten und eingehendere Vergleiche zwischen Einzel- und Gruppentherapien sind zu empfehlen. Das immer breiter werdende Forschungsfeld läßt vermuten, daß die Entwicklung in diese Richtung zielt.

# Die systematische Diagnose
## des Schizophrenie-Syndroms[1]

*Von Leopold Bellak*

Das Problem der Diagnostik der Schizophrenie erweist sich sowohl für die Epidemiologie der Geisteskrankheiten als auch für klare Formulierungen zur Therapie und Prognose immer wieder als quälendes Hindernis. Es herrscht nicht nur keine Einmütigkeit in bezug auf eine denkbare Ätiologie der Schizophrenie; auch im Hinblick auf Begriffssystem und Diagnose bestehen Meinungsverschiedenheiten auf internationaler wie nationaler Ebene, ja sogar innerhalb derselben Kliniken.

Eine Diagnose ist stets eine Hypothese über die Ursache, den klinischen Verlauf und die optimalen Behandlungsmethoden einer Krankheit oder eines Syndroms. Der Wert einer diagnostischen Hypothese liegt deshalb – wie der Wert jeder wissenschaftlichen Hypothese – in ihrer Gültigkeit und Zuverlässigkeit.

Diese Abhandlung erläutert eine diagnostische Methode, die sich, da sie genau definiert ist, in ihrem Anwendungsbereich durch Zuverlässigkeit und Gültigkeit auszeichnen kann, eine Methode also, die sich einer breiteren Zustimmung als sonst erfreuen dürfte. Diese Methode kann in der ätiologischen Forschung, in der klinischen Praxis und in der Lehre angewandt werden. Sie stützt sich auf das von uns (1949) entwickelte multifaktorielle Ich-Psychologische Schizophreniekonzept, das besagt, daß die Schizophrenie das gemeinsame Endergebnis verschiedenartiger Krankheitsentwicklungen ist und daß sich ihre Diagnose am besten auf die Erfassung der Ich-Funktionsstörungen stützt, die diese Gesamtentwicklung beschreiben. So eignet sich die von uns ausgearbeitete Methode zu spezifischen Feststellungen über das Krankheitsbild des jeweiligen Patienten, das anhand eines Profils der Ich-Funktionen dargestellt wird. Diese Methode liefert eine rationale Basis zur Schizophreniedia-

---

[1]) Diese Studie wurde anläßlich des Workshop zur Schizophrenie der NIMH im Februar 1969 vorgetragen.

gnose, aus der für jeden einzelnen Patienten ein »maßgefertigter« Therapieplan, sowie eine prognostische Grundlage gewonnen werden kann.

Wir entwickelten unsere Methode aus einer Studie über »Ego Function Patterns in Schizophrenia«[1], die darauf abzielte, die Erkennung verschiedener ätiologischer und pathogener Faktoren zu verbessern, die für die typischen Manifestationen der Schizophrenie verantwortlich sind.

Im Verlauf unserer Forschungsarbeit entwickelten wir ein halbstrukturiertes Zwei-Stunden-Interview, das es uns erlaubte, zwölf verschiedene Ich-Funktionen der Patienten zu bewerten. Die Praxis hat gezeigt, daß die von verschiedenen Prüfern vorgenommenen Bewertungen in hohem Maße miteinander korrelieren und daß sich Gesunde, Neurotiker und Schizophrene durch ihre Ich-Funktionen klar voneinander trennen lassen. Auch haben die Befunde ergeben, daß der Prüfer zwischen einzelnen Ich-Funktionen differenzieren kann und daß diese Funktionen in »Faktoren« gruppiert werden können.

Den allgemeinen Hintergrund zum Thema Ich-Funktion bilden folgende Arbeiten des Autors: *Schizophrenia: a Review of the Syndrome* (1. Kapitel); einige Abhandlungen zum selben Thema aus den Jahren 1949, 1952 und 1955; das von Belak und Loeb (1965) herausgegebene Werk *The Schizophrenic Syndrome;* sowie eine Reihe danach entstandener Arbeiten, besonders die Monographie Bellak und Loeb (1965); Bellak und Small (1965); Bellak und Hurvich (1968, 1969); Bellak et al. (1969); Hurvich und Bellak (1968); Silvan et al. (1967). Eine Monographie, die das ganze Forschungsprojekt beschreibt und auch die Bewertung von Ich-Funktionen mittels psychologischer Tests und experi-

[1] Diese Studie wurde unterstützt durch den NIMH Grant Nr. 14260 und unterstand der Schirmherrschaft des Postdoctoral Program for Study and Research in Psychology, New York University – Dr. med. Leopold Bellak, Principal of Investigator. Den nachfolgenden Mitgliedern des Forschungsteams danken wir für ihren Beitrag zu der in diesem Aufsatz vorgestellten Untersuchung: Jacob Cohen, Ph. D., Morris Eagle, Ph. D., Nancy Edwards, Ph. D., Stanley Grand, Ph. D., Nancy Israel, Ph. D., Rose Kent, Ph. D., Mark Silvan, Ph. D., Lloyd Silverman, Ph. D., Stephen Silverman, Ph. D., Paul Wachtel, Ph. D., Paula Wieluns, M. S. Auch den Psychiatry Departments, dem Roosevelt Hospital (N.Y.C.), dem Gracie Square Hospital (N.Y.C.) und dem Lincoln Institute for Psychotherapy (N.Y.C.) sei an dieser Stelle dafür, daß sie uns bei unserem Projekt ihre klinischen Einrichtungen zur Verfügung stellten, herzlich gedankt.

menteller Laborverfahren umfaßt. Um anderen Forschern, die mit unserer Methode arbeiten wollen, zu helfen, werden wir ein Videoband zur Verfügung stellen, das die Bewertungsweise und das Interview des Ich-Funktionsschemas veranschaulichen soll.

Ein Teil der Untersuchung bestand in der Definition von zwölf Ich-Funktionen, von denen sich jede aus mehreren Faktoren zusammensetzt:

1) Realitätsprüfung
2) Urteilsvermögen
3) Realitätsgefühl
4) Regulierung und Kontrolle von Trieben, Affekten und Impulsen
5) Objektbeziehungen
6) Denkprozesse
7) Adaptive Regression im Dienste des Ichs
8) Abwehrfunktion
9) Reizschranke
10) Funktion der Autonomie
11) Synthetisch-integrative Funktion
12) Fähigkeit d. Bewältigung.

Wir wollen eine der Ich-Funktionen und die Funktionen, aus denen sie sich zusammensetzt, zeigen:

*Denkprozesse*

Einzelfaktoren:

a) die Angemessenheit von Prozessen, die das Denken adaptiv lenken und unterstützen (Aufmerksamkeit, Konzentration, Voraussicht, Begriffsbildung, Erinnerungsvermögen, Sprache).

b) der relative Primär/Sekundärprozeß beeinflußt das Denken (insoweit dieses unrealistisch, unlogisch und/oder ungenau ist).

Das dritte Beispiel veranschaulicht die dreizehn Punkte einer Adaptionsskala, deren wir uns zur Definition jeder Funktionsebene bedienen, wobei Punkt 1 ein Minimum und Punkt 13 ein Maximum an Adaption repräsentiert:

Skala (mit nur einigen Punkten):

1.

a. Starke Gestörtheit der Kontrollprozesse: Aufmerksamkeit wird maximal durch Belanglosigkeiten abgelenkt. Minimale Fähigkeit, Fragen zu beantworten, was auf einen völligen Verlust der Konzentrationsfähigkeit zurückzuführen ist. Starke Beeinträchtigung des Vermögens, sich an weit zurückliegende oder jüngste Dinge zu erinnern. Völliger Verlust der Abstraktionsfähigkeit – vermag nur mehr in äußerst konkreter oder absurd anmutender synkretistischer (over-inclusive) Weise zu denken. Minimale Fähigkeit zu verbaler Kommunikation, was sich in Mutismus, »Wortsalat« und Schwall aus kaum aufeinander bezogenen Tönen, Wörtern und Sätzen äußert; Wortspiele, darunter auch Neologismen, sowie Lautassoziationen.

b. Denken wird überwiegend von primärprozeßhaften Einflüssen beherrscht: Gedanken sind oft bizarr und wahnhaft, verbinden sich häufig mit flüchtigen Assoziationen, autistischer Logik, Fragmentierung, Symbolisierung, Verdichtung und Widersprüchlichkeit.

5.

a. Gelegentliches Scheitern der Kontrollprozesse: häufige, doch begrenzte Störung der Kommunikation aufgrund der abgelenkten Aufmerksamkeit und der Schwierigkeit, den Faden nicht zu verlieren. Erhebliche Beeinträchtigung des Vermögens, sich an weit zurückliegende Dinge zu erinnern, die sich entweder in der Unfähigkeit äußert, Informationen über Berufsentwicklung und Schulausbildung zu liefern, oder in groben Ungenauigkeiten oder Widersprüchen. Stützt sich in starkem Maße auf Konkretes, besitzt jedoch zum Teil die Fähigkeit, Beziehungen zwischen Vorgängen herzustellen. Kategorisierung kann übertrieben ausfallen, so daß wesentliche Unterschiede zwischen Vorgängen übersehen werden. Die Schwierigkeit zu nuancieren führt zum Schwarz-Weiß-Denken. Unfähig, mehr als eine Möglichkeit ins Auge zu fassen. Starre des Denkens.

b. Es können stark begrenzte Wahnvorstellungen auftreten, die von Zweifeln begleitet werden und auf rudimentäre Formen einer adaptiven, selbstkritischen Funktion des Denkens hin-

weisen. Andere Funktionsbereiche sind frei von Verzerrung.
Gedanken sind zuweilen diffus und schwer verständlich.
Fragwürdige Logik. Gewisse seltsame oder verschrobene
Ideen. Unduldsamkeit gegenüber Zwei- oder Mehrdeutig-
keiten.

9.

a. Geringfügiges Versagen der Kontrollprozesse unter Stress:
Bei Stress eine gewisse Zerstreutheit, doch ist die Person in
der Lage, sich zusammenzureißen und richtig zu reagieren.
Gelegentliche Unfähigkeit, den Faden nicht zu verlieren, da
der Druck eindringender Assoziationen zu stark ist (zum
Beispiel am Rande erwähnte, aber unbedeutende Gedanken
oder Vorgänge). Gewisse Evidenz für undeutliche Erinne-
rungen an weit Zurückliegendes oder gelegentliche unbedeutende Widersprüche, die jedoch korrigiert werden. Neigung
zu konkretem und allzu verallgemeinerndem Denken; doch
kann sich die Person korrigieren, wenn sie gebeten wird,
Vorstellungen auszuarbeiten oder einzugrenzen. Gelegentliche Verschwommenheit, Unklarheit oder zwanghaft über-
genaues Denken unter Stress.

b. Mögliche Verzerrung der Realität wird erkannt und wird
entweder als fragwürdig empfunden oder korrigiert. Gelegentliche seltsame Gedanken oder Äußerungen. Unter Stress
hin und wieder Verschwommenheit oder Unklarheit in einigen Bereichen. Eine gewisse Starre oder Unfähigkeit, über die
objektiven Fakten hinauszugehen.

13.

a. Optimales Funktionieren der Kontrollprozesse: Schärfste
Aufmerksamkeit und unbeeinträchtigte Konzentrationsfähigkeit (die jedoch nicht verwechselt werden darf mit dem
paranoiden und zwanghaften Interesse für Einzelheiten und
Fehler). Keine Störung unter dem Druck innerer Assoziationen, die sinnvoll in die Kommunikation integriert werden.
Scharfes und genaues Erinnerungsvermögen. Flexible und
angemessene Verwendung von funktionalen, abstrakten,
konkreten oder symbolischen Bezugssystemen. Ungewöhn-
liche Klarheit, Kohärenz und Flexibilität der Ausdrucksweise. Außerdem keinerlei Anzeichen einer Störung des Re-
deflusses.

b. Optimales Gleichgewicht zwischen Primär- und Sekundärvorgang: Das Denken ist erstaunlich durchorganisiert und durchwegs logisch, die intellektuelle Funktion überdurchschnittlich ausgeprägt. Die Ausdrucksweise ist in keiner Hinsicht absonderlich. Flexibilität, die sich darin äußert, daß das Individuum widersprüchliche Gedanken fassen und von einer Ebene des Gesprächs auf die andere wechseln kann.

Spezialisten, die einer »unsentimentalen« Diagnostik anhängen, dürften diesem Ich-Funktionsmodell aufgeschlossener gegenüberstehen, wenn sie sich vor Augen halten, daß es in vieler Hinsicht den klassischen Testverfahren für geistig-seelische Fähigkeiten ähnelt, wenn man davon absieht,

– daß es in die ganze komplexe Theorie der Psychoanalyse integriert ist;
– daß es systematischer ist;
– und daß seine Verläßlichkeit durch unabhängig voneinander arbeitende Prüfer belegt wurde.

So erzielten zum Beispiel Prüfer, die unabhängig voneinander dasselbe Interviewmaterial von 100 Personen, das zufallspaarweise bearbeitet wurde und sich mit elf Ich-Funktionen befaßte, Korrelationskoeffizienten Produkt-Moment-Korrelation, die von 0.88 bis 0.66 rangierten, wobei sich eine mittlere Korrelation von 0.80 ergab. Ein solcher Grad an Übereinstimmung ist für diese Art von Daten wesentlich. Die mittleren Ich-Funktionswerte, die Standardabweichungen und die Wahrscheinlichkeitswerte, die sich auf Varianzanalysen stützen, ersehen wir aus Tabelle I. Die Punktwerte für alle Ich-Funktionen liegen bei Schizophrenen am niedrigsten, bei Neurotikern höher und bei Normalen am höchsten; dabei sind die Unterschiede statistisch signifikant. (Einzelheiten über die Methoden, die beim Sammeln und Auswerten dieser Daten angewandt wurden, sind den Arbeiten *Bellak* und *Loeb*, 1965; *Bellak* und *Hurvich*, 1968; 1969 zu entnehmen.) Obgleich die Unterscheidung zwischen Gruppen gewiß wünschenswert, ja sogar notwendig ist, besteht der wirkliche Test der Gültigkeit des Modells in der Faktorenanalyse, aus der hervorgeht, welche Ich-Funktionsmuster sich abzeichnen. Diese Daten werden noch analysiert, doch besteht

Grund zu der Annahme, daß wir zu bedeutungsvollen Faktoren-mustern gelangen werden.

*Tabelle I*

*Mittelwerte und Standardabweichungen der Ich-Funktionen aus Interviewmaterial von schizophrenen, neurotischen und norma-len Untersuchungspersonen[1]*

*(100 Untersuchungspersonen)*

| Ich-Funktion | Schiz.(50) | | neur.(25) | | Norm.(25) | | F-Wert | p-Wert |
|---|---|---|---|---|---|---|---|---|
| | MW | SA | MW | SA | MW | SA | | |
| Realitäts-prüfung | 6.76 | 1.9 | 8.44 | 1.6 | 9.78 | 1.1 | 58.057 | <.0001 |
| Urteils-vermögen | 6.30 | 1.7 | 7.44 | 2.1 | 9.12 | 1.7 | 35.013 | <.0001 |
| Realitäts-gefühl | 5.60 | 1.7 | 7.00 | 1.1 | 9.40 | 1.2 | 88.291 | <.0001 |
| Regulierung u. Kontrolle | 5.72 | 1.4 | 6.68 | 1.3 | 8.30 | 1.3 | 47.665 | <.0001 |
| Objektbe-ziehungen | 5.08 | 1.5 | 6.75 | 1.4 | 8.76 | 1.4 | 71.138 | <.0001 |
| Denkprozesse | 6.20 | 2.0 | 8.26 | 1.7 | 9.78 | 0.9 | 41.870 | <.0001 |
| Adaptive Regression | 6.16 | 1.9 | 7.78 | 1.3 | 8.32 | 1.3 | 26.769 | <.0001 |
| Abwehr-funktion | 4.86 | 1.4 | 6.94 | 1.4 | 8.66 | 0.9 | 123.005 | <.0001 |
| Reiz-schranke | 6.70 | 1.9 | 7.82 | 1.5 | 9.12 | 1.4 | 28.229 | <.0001 |
| Funktion der Autonomie | 5.84 | 2.0 | 7.68 | 1.9 | 9.32 | 0.9 | 73.540 | <.0001 |
| Synthetische Funktion | 5.22 | 1.9 | 6.84 | 1.6 | 9.28 | 1.3 | 76.312 | <.0001 |

### Profile verschiedener Ich-Funktionen

Einige Profile von schizophrenen Patienten sollen die weiter oben angeführten Hauptpunkte veranschaulichen.

[1] Die in der Tabelle benutzten Abkürzungen MW und SA bedeuten Mittelwert bzw. Standardabweichung.

Bei Profil 1 (Nr. 101) handelte es sich um eine ungewöhnlich attraktive und begabte Frau, eine erfolgreiche Schriftstellerin An-

*Ich-Funktionsprofil 1*[1]

Subj. Code
Rater's Code
Group Code
Hollingshead
Data Source    INT

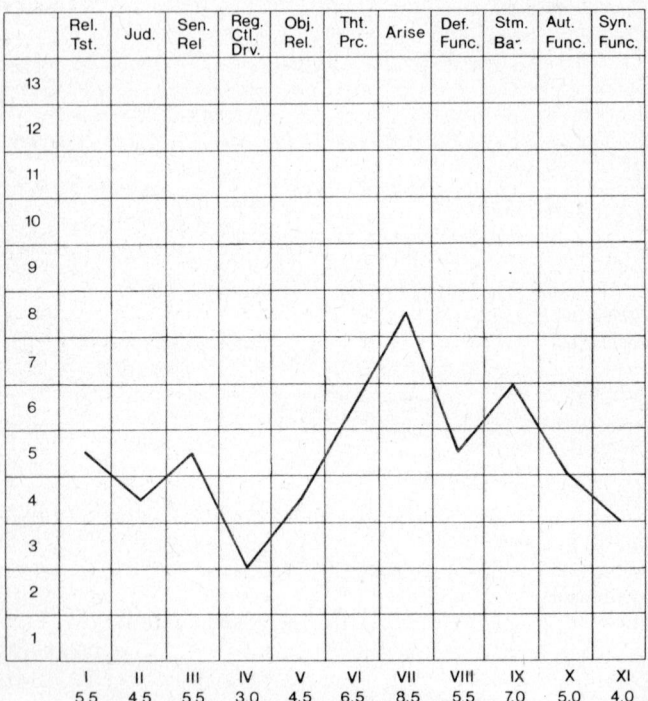

| | Rel. Tst. | Jud. | Sen. Rel | Reg. Ctl. Drv. | Obj. Rel. | Tht. Prc. | Arise | Def. Func. | Stm. Bar. | Aut. Func. | Syn. Func. |
|---|---|---|---|---|---|---|---|---|---|---|---|
| | I | II | III | IV | V | VI | VII | VIII | IX | X | XI |
| | 5,5 | 4,5 | 5,5 | 3,0 | 4,5 | 6,5 | 8,5 | 5,5 | 7,0 | 5,0 | 4,0 |

[1] Die Abkürzungen bedeuten in ihrer Reihenfolge folgendes: RP – Realitätsprüfung, UV – Urteilsvermögen, RG – Realitätsgefühl, RKT – Regulierung und Kontrolle von Trieben, Affekten und Impulsen, OB – Objektbeziehungen, DP – Denkprozesse, ARI – Adaptive Regression im Dienste des Ich, AF – Abwehrfunktion, RS – Reizschranke, FA – Funktion der Autonomie, SIF – Synthetisch-integrative Funktion.

fang Dreißig. Allerdings war ihr Sexualleben so konfliktreich, daß sie sich gelegentlich in eine Art Prostitution rettete, die man als generell promiskuös bezeichnen kann. Unser Profil dokumentiert ihre kreativen Fähigkeiten und ihre problematische Triebkontrolle. Den niedrigsten Punktewert liefert die Rubrik »Regulierung und Kontrolle von Trieben, Affekten und Impulsen«, während der höchste Punktewert in der Sparte »Adaptive Regression im Dienste des Ichs« liegt. Relativ niedrige Werte der »Funktion der Autonomie« und der »synthetisch-integrativen Funktion« veranlassen in diesem Kontext zu einer vorsichtigen Prognose hinsichtlich der weiteren langfristigen Entwicklung der Patientin. Auch die Funktionen »Realitätsprüfung«, »Urteilsvermögen« und »Realitätsgefühl« erweisen sich als Bereiche, die therapeutisch behandelt werden sollten: Die Patientin erklärte zum Beispiel, sie würde, wenn zugelassen, der erste weibliche Präsident der Vereinigten Staaten werden.

Profil 2 (Nr. 044) beschreibt eine junge Frau, die in unserer Stichprobe zu den Neurotikern gehörte und die als kaufmännische Angestellte und Stenotypistin arbeitete. Ihr niedrigster Punktewert liegt in der Rubrik »Objektbeziehungen«, eine Tatsache, die auf schizoiden Rückzug, heftige Reaktionen auf Objektverlust und überwiegend sado-masochistische Beziehungen zurückzuführen ist. Der niedrige Punktewert der Rubrik »Regulierung und Kontrolle von Trieben, Affekten und Impulsen« basiert in erster Linie auf der Überkontrolle von sexuellen wie aggressiven Impulsen und darüber hinaus auf einer gelegentlichen Unterkontrolle, die sich in körperlichen Auseinandersetzungen mit ihrer Zimmergefährtin und in Anfällen von Freßsucht manifestierte. Relativ hohe Punktewerte (9-9$^{1}/_{2}$) in den Bereichen »Realitätsprüfung«, »Urteilsvermögen«, »Denkprozesse« und »Funktion der Autonomie« erlauben eine relativ günstige Prognose bei dieser Patientin, die sich aufgrund ihrer Depressionen und ihrer Unentschlossenheit zur Psychotherapie entschloß.

Profil 3 (Nr. 042). Diese fünfundzwanzigjährige Ballettänzerin aus New York City wurde von der Polizei in die Klinik gebracht, nachdem sie sich im Central Park zu entkleiden begonnen hatte. Sie glaubte, die Polizisten würden sie festnehmen, weil sie sie nackt sehen wollten, und sie hörte sogar »Stimmen«, die sie für einen unzweideutigen Beweis für ihre Überzeugung hielt. Der Punktewert für »Realitätsprüfung« liegt entsprechend nied-

## Ich-Funktionsprofil 2

Subj. Code    044
Rater's Code  HeM
Group Code    2
Hollingshead
Data Source  INT

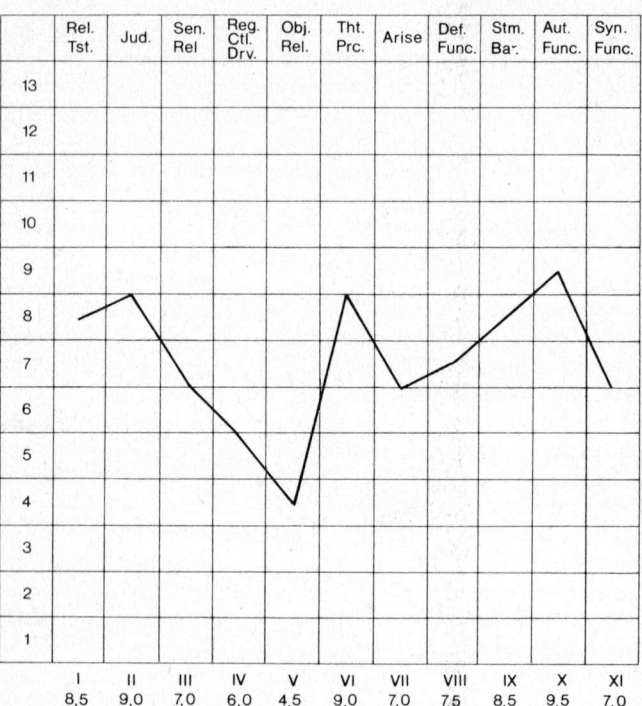

|  | Rel. Tst. | Jud. | Sen. Rel | Reg. Ctl. Drv. | Obj. Rel. | Tht. Prc. | Arise | Def. Func. | Stm. Bar. | Aut. Func. | Syn. Func. |
|---|---|---|---|---|---|---|---|---|---|---|---|
|  | I | II | III | IV | V | VI | VII | VIII | IX | X | XI |
|  | 8,5 | 9,0 | 7,0 | 6,0 | 4,5 | 9,0 | 7,0 | 7,5 | 8,5 | 9,5 | 7,0 |

rig. Im Gegensatz dazu ist ihre Funktion der Autonomie relativ intakt: Sie kann neben ihrer Arbeit als Tänzerin einem Job nachgehen, ohne daß ihre komplexen Fertigkeiten darunter litten.

*Ich-Funktionsprofil*

Subj. Code 042
Rater's Code
Group Code
Hollingshead
Data Source INT

| | Rel. Tst. | Jud. | Sen. Rel | Reg. Ctl. Drv. | Obj. Rel. | Tht. Prc. | Arise | Def. Func. | Stm. Ba. | Aut. Func. | Syn. Func. |
|---|---|---|---|---|---|---|---|---|---|---|---|
| 13 | | | | | | | | | | | |
| 12 | | | | | | | | | | | |
| 11 | | | | | | | | | | | |
| 10 | | | | | | | | | | | |
| 9 | | | | | | | | | | | |
| 8 | | | | | | | | | | | |
| 7 | | | | | | | | | | | |
| 6 | | | | | | | | | | | |
| 5 | | | | | | | | | | | |
| 4 | | | | | | | | | | | |
| 3 | | | | | | | | | | | |
| 2 | | | | | | | | | | | |
| 1 | | | | | | | | | | | |
| | I 3,5 | II 4,5 | III 5,0 | IV 5,0 | V 6,0 | VI 4,0 | VII 70 | VIII 3,5 | IX 8,0 | X 7,5 | XI 3,5 |

## Die Erstellung der Diagnose

Die Erstellung der Diagnose, das haben wir bereits 1949 erläutert, setzt eine heuristische Hypothese voraus. Der diagnostische Prozeß ist unzulänglich, wenn er lediglich darin besteht, daß einige Krankheitserscheinungen etikettiert und, nachdem sie aktenkundig geworden sind, fein säuberlich weggepackt werden.

Die diagnostische Etikettierung ist nur dann von Wert, wenn sie in einem nomothetischen Rahmen spezifische ideographische Informationen liefert, die sich auf Behandlung und Prognose erstrecken.

Da wir in unserer Arbeit von der Annahme ausgehen, daß Schizophrenie die Endstrecke ist, in der eine Vielzahl ätiologischer und pathogener Faktoren münden, erscheint uns, was die Praxis anlangt, die diagnostische Etikettierung Schizophreniesyndrom wesentlich angemessener. Dieser breit angelegte Terminus erlaubt bei jedem einzelnen Patienten eine vielschichtige Beurteilung. Das »Schizophreniesyndrom« läßt sich folgendermaßen charakterisieren:

a) Spezifisches Ich-Funktionsmuster.

b) Klinisch gesehen legt der Patient akute, subakute, chronische, katatone, paranoide, soziopathische, infantile oder andere Merkmale an den Tag.

c) Ätiologisch gesehen besitzen wir aufschlußreiche Beweise darüber, daß ein bestimmter Patient zum Beispiel einen wesentlichen neurogenen Faktor aufweist, erhärtet durch wiederholte EEG-Untersuchungen, durch die Geschichte eines lang anhaltenden, unerklärlich hohen Fiebers in der Kindheit, durch leichte Anzeichen eines minimalen Hirnsyndroms und durch eine niedrige Reizschranke.

Mit Hilfe einer derartigen Diagnose könnte man sicher eine Behandlungsstrategie entwerfen, die somatische, psychotherapeutische und andere Aspekte berücksichtigt. Allerdings darf eine diagnostische Etikettierung nicht bloß zur detaillierten Behandlungsstrategie führen, sondern muß auch prognostischen Wert besitzen. Damit sich eine Behandlungsvorhersage als maximal effektiv erweist, muß sie klar voneinander abgegrenzte Kurz- und Langzeitprognosen enthalten. Unser Ich-Funktionsmodell kann sich auch in dieser Hinsicht als besonders nützlich erweisen, da es, was die ersten vier Ich-Funktionen angeht, wahrscheinlich primär akute Störungen beschreibt, während die restlichen Funktionen vermutlich grundlegendere Störungen beinhalten.

Die diagnostische Bewertung schizophrener Pathologie anhand Ich-psychologischer Begriffe (zum Beispiel mangelhafte

Realitätsprüfung, schwache Impulskontrolle, Kommunikationsschwierigkeiten) ist von Nutzen, ganz gleich, wie die ätiologischen und pathogenen Faktoren des jeweiligen Falles auch ausfallen mögen, und sie steht in keinerlei Widerspruch zu anderen (zum Beispiel medikamentösen) Behandlungsmethoden. Entdeckt man andererseits, daß die wesentlichen pathogenen Faktoren in einem bestimmten Fall genogen oder neurogen sind, so kann eine entscheidende Besserung mittels psychotherapeutischer, medikamentöser oder rehabilitierender Methoden möglich sein. Sollte je erwiesen werden, daß chemisch bedingte Faktoren bei zumindest einigen Schizophrenen eine Rolle spielen, dürfte eine metabolische Therapie angemessen sein. Doch könnten sich psychotherapeutische und rehabilitierende Maßnahmen in Bezug auf Entwicklungsstörungen aus der Vergangenheit selbst dann noch als hilfreich erweisen, wenn die metabolische Therapie erfolgreich verliefe.

Unser Modell muß sicher noch verbessert werden. Wir sind dabei, unsere Techniken und ihre Anwendung auf einen größeren Patientenkreis zu verfeinern. Doch dürfen wir diese Ich-Funktionstechniken jetzt schon als nützlich empfehlen, sei es nun im Hinblick auf die Lehre, auf die Erzielung effektiver Diagnosen als Behandlungs- und Prognosebasis oder auf einen Bezugsrahmen für die so notwendige Forschung.

# Einleitung zum
# Schizophrenie-Denk-Index (WSDI)

*Von Leighton Whitaker*

Diese Arbeit stellt eine neue Testmethode vor, die der Verfasser entwickelt hat zur Messung von Denkabläufen und Denkstörungen bei schizophrenen Reaktionen. In zusammengefaßter Form sollen hier die Beweggründe für das Entwickeln eines solchen Tests, seine Beschaffenheit, Anwendungen und einige vorläufige Forschungsergebnisse diskutiert werden. Eine vollständigere und mehr technische Beschreibung des Tests wird in einem Buch »Das Messen schizophrenen Denkens« erfolgen.

Es gibt kein umstritteneres wichtiges Thema unter den Spezialisten der Geisteskrankheiten als die Schizophrenie. Selbst auf den Terminus »Schizophrenie« kann man sich international nicht einigen, wie ARIETI (1959) hervorhob. Nimmt man allein die Vereinigten Staaten, so findet man, daß der Ausschuß der American Psychiatric Association, der das jüngste diagnostische Handbuch der Vereinigung herausgab, nur eine höchst oberflächliche Resolution erreichte: »Selbst wenn der Versuch unternommen worden wäre, so hätte dieser Ausschuß keine Übereinstimmung hinsichtlich des Wesens dieser Störung erzielen können. Übereinstimmung herrschte lediglich hinsichtlich ihrer Bezeichnung.« (1968, S. IX)

Auf der einen Seite der Kontroverse befinden sich diejenigen, die auf dem Begriff der dementia praecox und seiner ursprünglichen Bedeutung beharren: einer Erbkrankheit, die zuerst in der Jugend auftritt, und deren definitiver Verlauf fortschreitende Demenz aufweist. Auf der anderen Seite befinden sich Autoren wie ARIETI (1959), der, nachdem er seine langjährigen Untersuchungen unter Voraussetzung einer organischen Ursache der Schizophrenie begann, nach sehr ausgedehnten und detaillierten Beobachtungen feststellte, daß die Schizophrenie vor allem durch ihren sehr variierenden Verlauf unterscheidbar ist. Es gibt sogar eine große Anzahl von Autoren, die behaupten, Schizophrenie als eine Ganzheit existiert nicht, und was gewöhnlich als Schizophrenie bezeichnet wird, sind in Wirklichkeit mehrere Störungen, die im wesentlichen voneinander unabhängig sind.

In dem Chaos der Kontroverse verbleibt jedoch ein ziemlich großer Bereich der Übereinstimmung: wie BLEUER (1911) feststellte, ist das, was allgemein mit Schizophrenie bezeichnet wird, hauptsächlich durch eine Art Denkbeeinträchtigung charakterisiert, die sich in ihrer milderen Form durch lose Assoziationen und Einfälle und in ihrer extremsten Form durch scheinbar vollständiges Fehlen von Zusammenhängen zwischen den Assoziationen manifestiert. In diesem Punkt findet man bemerkenswerte Übereinstimmung unter Autoren völlig verschiedener theoretischer Überzeugungen. Daher geschieht es häufig, daß ein Forscher, entschlossen, einen genetischen Grund für die Schizophrenie zu finden, seine schizophrenen Versuchspersonen im wesentlichen nach denselben Kriterien hat auswählen lassen wie sein Gegner in der Theorie, der davon überzeugt ist, das Schizophrenie ausschließlich durch eine psychologisch schädliche Kindheitsumgebung verursacht wird.

Abgesehen von der Tatsache, daß grobe diagnostische Übereinstimmung darüber besteht, daß die Schizophrenie durch eine bestimmte Art von Denkstörung gekennzeichnet ist, gibt es noch eine andere Tatsache, die nahelegt, sich vor allem auf die Beeinträchtigung der Denkfähigkeit zu konzentrieren. Der Denkprozeß oder die erkenntnismäßige Anordnung von Symbolen ist allgemein in jeglicher Art von durchdringender Persönlichkeitsstörung beeinträchtigt. Demzufolge kann man, wie es SHAPIRO (1965) getan hat, verschiedene Persönlichkeits-Dysfunktionen wie hysterische, zwangsneurotische, paranoide und ausagierende Reaktionen durch ihr deutliches Begrenzen und Verzerren kognitiver Stile charakterisieren. Das Denken einer Person mit Zwangsneurose, zum Beispiel, zeichnet sich durch eine gewisse Starre aus, die sie dogmatisch und eigensinnig macht.

Die Tatsache, daß eine gewisse Beeinträchtigung der Denkfähigkeit in durchdringenden Persönlichkeitsstörungen – Schizophrenie einbegriffen – vorliegt, leuchtet theoretisch ein, wenn man betrachtet, was über den Denkprozeß bekannt ist: er ist der komplizierteste, beeinflußbarste und heikelste aller kognitiven Vorgänge. Das Denken ist von grundlegenden, kognitiven Prozessen abhängig, wie zum Beispiel Aufmerksamkeit, Erinnerungsvermögen und Wahrnehmung, und zeigt daher nicht nur eine Schwächung, wenn das Denken an sich beeinträchtigt ist, sondern auch, wenn diese mehr fundamentalen, geistigen Vorgänge beeinträchtigt sind. Auch erfordert das Denken an sich eine konzentriertere und genauere Anstrengung als einfachere, kognitive Prozesse, daher ist es auch am ehesten gestört, und Denkfehler kommen leichter vor als Fehler in der Wahrnehmung. Eine klinische Beobachtung, die dieses Prinzip veranschaulicht, besteht darin, daß die Halluzinationen (Phänomene der Wahrnehmung) schizophrener Personen von Wahnideen (Phänomene des Denkens) begleitet werden, daß aber ein Schizophrener mit Wahnideen durchaus keine Halluzinationen zu haben braucht. Im wesentlichen dürfte die Auswertung der Denkabläufe eines Menschen die sensibelsten Hinweise auf die Arten der Persönlichkeits-Dysfunktion liefern, die in den sogenannten schizophrenen Reaktionen von Bedeutung sind.

### Definition und Meßbarkeit schizophrenen Denkens

In der umfangreichen Literatur über Schizophrenie gibt es ungezählte unterschiedliche Beschreibungen und Erklärungen schizophrenen Denkens. In all ihrer Unterschiedlichkeit jedoch gibt es drei charakteristische Züge schizophrenen Denkens, die eine gewisse Basis der Übereinstimmung hinsichtlich seiner Definition und Meßbarkeit darstellen.
Schizophrenes Denken ist:

1. *Äußerst unlogisch.* Einer schizophrenen Person gelingt es häufig nicht, logische Zusammenhänge im Denken herzustellen, und in ihren Bemühungen um derartige Zusammenhänge werden logische Erfordernisse in gröbster Weise vernachlässigt. In seiner unauffälligsten Form zeigt sich schizophrenes Denken durch jene Ströme von Assoziationen, die »locker« sind, dürftige logische Zusammenhänge haben, die den Anforderungen der Situation nicht entsprechen. In ihrer extremsten Form manifestiert sich die Unfähigkeit einer schizophrenen Person, logisch zu denken, durch das Phänomen des »Wortsalats«, d. h., der sinnlosen Aufeinanderfolge von Wörtern.
2. *In hohem Grade beeinträchtigt.* Wie schon oben diskutiert, ist

die Denkfähigkeit eines Menschen stets beeinträchtigt, wenn er an einer schweren Störung der Funktion der Gesamtpersönlichkeit leidet. Schizophrene sind besonders »dumm«, wenn es sich um ihre eigenen intellektuellen Fähigkeiten handelt. Dies Phänomen kann klinisch beobachtet werden in Fällen von Personen mit hervorragenden Intelligenz-Quotienten, die nichtsdestoweniger flagrante Denkstörungen aufweisen. Oder es kann aus dem Nachlassen der intellektuellen Fähigkeiten, das bei schizophrenen Reaktionen auftritt, gefolgert werden. Dieses Nachlassen ist abrupt in akuten und gradueller in chronischen Fällen.

3. *Stark der Situation unbewußt.* Der Schizophrene ist sich weder seines unlogischen Denkens bewußt, noch hat er Kontrolle darüber. Zum Beispiel sind viele seiner Bemerkungen wegen ihrer ungereimten Art »komisch«. Man könnte sie leicht für Witze halten, wenn man sich nicht darüber klar würde, daß es der Person, die diese Bemerkungen machte, ernst damit war, mit anderen Worten, daß sie annahm, diese Bemerkungen seien sinnvoll. Im Gegensatz dazu ist derjenige, der solch sinnloses Benehmen so zu regulieren weiß, daß es der Situation entspricht, nicht schizophren. Allen obigen Beschreibungen schizophrenen Denkens gemein ist die Bedeutung des Grades dieser Störung. Erstens, Denken, das nur ein wenig unlogisch, ein wenig beeinträchtigt ist oder nur geringfügig der Situation nicht bewußt ist, darf man nicht »schizophren« nennen. Für die Diagnose ist deshalb die Angabe des Grades der schizophrenen Symptome äußerst wichtig. Zweitens darf man nicht erwarten, daß die Denkfähigkeit einer jeden beliebigen Person unveränderlich adäquat ist. Zuzeiten mag ihr Denken ernstlich schizophren, zu anderen Zeiten nur leicht schizophren und zu wieder anderen Zeiten überhaupt nicht schizophren sein. Drittens, große Wachsamkeit hinsichtlich des Grades der Störung hilft eine gewisse statische und therapeutisch nihilistische Orientierung zu vermeiden, die Menschen einfach als »schizophren« oder »nicht-schizophren« klassifiziert und dann eine stereotype Diät verordnet, die den Patienten eventuell sogar schizophren bleiben läßt. Eine sensible und präzise Auswertung des Grades schizophrenen Denkens und seiner Fluktuationen in verschiedenen Situationen und über verschiedene Zeitabstände kann zu einem ausgezeichneten Ver-

ständnis des Schizophrenen führen. Dieses Verständnis wiederum kann eine bessere therapeutische Strategie einleiten.

Die besonderen Merkmale schizophrenen Denkens, wie das Phänomen des Denkens selbst, können nur gefolgert werden. Das einzige, das direkter Beobachtung offensteht, sind Manifestationen des Denkens, nicht das Denken selbst. Es ist daher unerläßlich, die Resultate des Denkens als solche zu erkennen und nicht mit dem Denken selbst zu verwechseln, das ein geistiger Prozeß ist, gefolgert aus diesen Produkten. Zum Beispiel ist es wichtig, den Gebrauch der Sprache nicht als den einzig legitimen Beweis für schizophrenes Denken anzusehen. Das zu tun würde bedeuten, einen bestimmten Gebrauch der Sprache mit schizophrenem Denken zu identifizieren und somit das Anliegen zu verwirren und das Studium des schizophrenen Denkens sehr willkürlich auf einen einzigen Bereich seiner Erscheinungen zu beschränken. Es soll damit selbstverständlich nicht gesagt sein, daß der Gebrauch der Sprache nicht sehr ertragreiches Material zur Erschließung schizophrenen Denkens geliefert habe. Es bedeutet vielmehr, daß ausschließliches Verlassen auf den Gebrauch der Sprache zu falschen Schlüssen führen kann, was im absurdesten Falle bedeuten würde zu schließen, daß stumme Patienten, wie katatonische Schizophrene, nicht schizophren seien.

Die üblichsten Methoden des Einschätzens oder Messens schizophrenen Denkens sind Interviews und projektive Tests. Während Interviews für sehr viele Zwecke wertvoll sind, steht ihre Nützlichkeit in diesem Falle hinter der der projektiven Tests, wie des Rorschach- oder Holtzmann-Tests, zurück. Die projektiven Tests haben den kombinierten Vorteil der mehrdeutigen Testaufgabe, die reichlich Raum für ungeeignete Antworten läßt, als auch der Standardisierung, die einen genau abgesteckten Rahmen für die Interpretation der Antworten liefert. Der Rorschach ist der am häufigsten benutzte Projektionstest für diesen Zweck und kann verläßlich zur Messung schizophrenen Denkens angewandt werden. Das gleiche gilt für den Holtzman-Test (Whitaker, 1965). Doch selbst der Rorschach kann sich in vielen Fällen als wertlos erweisen, wenn nämlich eine Testperson sich entscheiden sollte, nicht erschöpfend genug zu antworten, um dem Kliniker zu erlauben, seine Fähigkeit, logisch zu denken, durch das Medium der mehrdeutigen Testaufgabe zu messen. Den meisten Menschen fällt es nicht schwer, die Rorschach-Karten abzulehnen, die Antworten auf die oberflächlichsten Dinge zu beschränken oder sonstwie das Beweismaterial zur Auswertung durch den Untersucher in kritischer Weise einzuschränken. Und selbst wenn die Aussagen einer Testperson verläßlich gemessen wurden, besteht keine Garantie, daß diese Meßergebnisse auch gültig sind. Man mag, wie dieser Autor, zu dem Schluß kommen, daß ein anderes Mittel nötig ist, mit dem man damit rechnen kann, genügend Beweismaterial herauszuholen, und das außerdem die Vorteile der Test-Standardisierung beibehält.

### Struktur und Anwendung des WSDI

Die obenerwähnte Definition des schizophrenen Denkens ist nach und nach zu zwei Versionen eines Texts, des sogenannten Schizophrenie-Denk-Index oder WSDI, ausgearbeitet worden. Der WSDI wird momentan als ein Forschungsinstrument benutzt zur Entdeckung der Art der Umstände und Bedingungen eines Menschen und seiner Umgebung, die die Phänomene der Schizophrenie hervorbringen und beeinflussen. Der Sinn dieser Arbeit ist es, den WSDI und seine augenblicklichen und potentiellen Anwendungen vorzustellen.

Kurzgefaßt, es gibt 2 Versionen des WSDI. Jede Version ist ein Papier und Bleistift-Test mit mehrfacher Wahl, bestehend aus 25 Punkten mit je drei Sub-Tests. Gewöhnlich erfordert der Test 20 bis 25 Minuten, einschließlich der Frageperiode, während derer die Testperson ersucht wird, falsche Antworten zu korrigieren. Dem Test können sich alle unterziehen, deren intellektuelle Fähigkeiten zumindest gleichbedeutend mit den Erfordernissen des verbalen Teils des Wechsler-Tests sind, oder die einen Intelligenz-Quotienten von 80 haben und zumindest eine 8-jährige Schulausbildung vorweisen können (U. S. Standard).

Die WSDI Version A vereinigt Stimuli, denen Angst-produzierende Züge anhaften. Version B enthält Stimuli, die keine Angst hervorrufen. Ein Beispiel für Version A könnte folgender Punkt sein:

Wimmern
a) Baby
b) zertrümmern
c) tu mir weh
d) schlerpen
e) Tränen hervorbringen

Version B könnte zum Beispiel folgenden Punkt enthalten:

Wagen
a) Fragen
b) Automobil
c) schmickeln
d) Reifen
e) mein Transportmittel

In der Durchführung des WSDI Tests gibt der Untersucher der Testperson zunächst eine Kopie des Tests (Version A oder B) und einen Bleistift. Nachdem die Testperson die Anleitung gelesen hat und festgestellt wird, daß sie das gegebene Beispiel korrekt beantwortet hat, verläßt der Untersucher entweder den Raum, oder aber er beschäftigt sich derart, daß seine Gegenwart so wenig wie möglich von der Testperson empfunden wird.

Nachdem die Testperson den Test beendet hat, sieht der Untersucher ihn nach Fehlern durch. Findet er keine, so ist der Test abgeschlossen. Wenn jedoch falsche Antworten gegeben sind, so weist er die Testperson darauf hin und bittet sie um die richtigen Antworten. Wenn die Testperson wiederum einen Fehler macht, deutet der Untersucher an, daß die neue Antwort falsch ist und bittet, sie zu korrigieren. Dies dauert an, bis alle Fragen richtig beantwortet worden sind.

Diese Frageperiode ermöglicht es dem Untersucher festzustellen, ob die Testperson imstande ist, ihre falschen Antworten zu korrigieren. Häufig wird die Testperson entweder auf der ersten falschen Antwort bestehen oder aber eine andere falsche Antwort geben, womit sie bezeugt, daß dieser bestimmte Punkt besonders schwierig für sie ist. Derartige Äußerungen der Unfähigkeit zusammen mit den dynamischen Konnotationen der bestimmten, von der Testperson gegebenen falschen Antworten sind besonders wertvoll im Beleuchten des Wesens und der Determinanten der Denkstörung. Oft ist es ergiebig, von der Testperson Erklärungen oder Assoziationen zu ihren Fehlern zu erhalten, ebenso wie es der Fall ist für den Kliniker, der Erklärungen und Assoziationen im Hinblick auf Versprechen oder Verschreiben, oder Träume oder Antworten auf projektive Tests von seinem Patienten erhält.

Im Gegensatz zu Projektionstests wie zum Beispiel dem Rorschach hat sich durch mehrere hundert Anwendungen des WSDI herausgestellt, daß er praktisch niemals verweigert wird, weder der gesamte Test noch einzelne Teile, außer von Patienten, die sowieso auf keinerlei Interview oder Testsituation reagieren würden. Der WSDI hat außerdem den Vorteil, schnell und einfach in der Anwendung und Punktzählung zu sein. Der WSDI hilft, die drei wichtigsten Charakteristika schizophrenen Denkens zu erschließen. Wie bereits erwähnt, muß jedes Maßinstrument für schizophrenes Denken zeigen, daß das Denken in hohem Grade beeinträchtigt, unlogisch und der Situation unbewußt ist.

Die Unlogik schizophrenen Denkens tritt in falschen WSDI-Antworten klar hervor. Unter jedem der Punkte des WSDI befindet sich eine deutlich richtige Antwort in der Zahl der angeführten Möglichkeiten. Wenn eine Testperson an Stelle der richtigen Antwort eine andere, falsche wählt, so sagt sie damit nichts anderes, als daß sie sie für logischer als die richtige Antwort hält. Daher zeigt die Wahl einer falschen Antwort ihre Denkprozesse in diesem Falle als relativ unlogisch an. Aus der Abstufung der Antworten von leicht bis stark unlogisch kann man den Grad der Unlogik in den Denkprozessen einer Testperson folgern.

Das Messen des Grades der Beeinträchtigung wird dadurch ermöglicht, daß jeder, dessen Bildungsstand gleichbedeutend mit einer 8-jährigen Schulausbildung ist, oder einen WAIS verbalen Intelligenzquotienten von mindestens 80 hat, intellektuell in der Lage sein sollte, diesen Test richtig auszuführen. In der Tat hat das Testen von verhältnismäßig normalen Personen und solchen mit etwas langweiligem, aber normalen Intelligenzniveau gezeigt, daß sie den WSDI-Test schnell und richtig ausführen können und ihn nicht als eine schwierige intellektuelle Aufgabe ansehen. Demnach kann man folgern, daß Personen, deren verbaler

Intelligenzquotient und Bildungsstand zumindest normale, wenn auch etwas langweilige intellektuelle Fähigkeiten andeuten, den WSDI fehlerlos bewältigen können sollten, und wenn das nicht der Fall ist, ihr Versagen durch eine andere Variable als intellektuelle Fähigkeit erklärt werden muß. Mit anderen Worten gesagt, Fehler im WSDI zeigen eine Störung der Denkprozesse an, die nicht im Einklang steht oder zumindest eine Beeinträchtigung aufweist im Hinblick auf die intellektuellen Fähigkeiten, die diese Person bei anderen kognitiven Aufgaben aufweist. Daher sind Fehler im WSDI Zeichen relativer Beeinträchtigung oder Unvermögens in der intellektuellen Persönlichkeitsfunktion.

Das der Situation unbewußte Charakteristikum schizophrenen Denkens kann aus falschen WSDI-Antworten gefolgert werden, im Hinblick auf die Art der Testdurchführung und der gegebenen Anweisungen. Die zu bewältigende Aufgabe ist ganz klar eine nüchterne, intellektuelle Aufgabe, und die richtigen Antworten für jedes der drei Beispiele, die den drei Sub-Tests vorausgehen, sind ebenfalls gegeben. Außerdem wird der Testperson klargemacht, daß sie nicht aus Spaß oder sonst einem Grunde unlogische Antworten wählen darf.

Jeder der regulären 25 Punkte in beiden Versionen des WSDI weist fünf besondere Arten von Antworten auf, aus denen die Testperson die richtige Antwort wählen muß. Die falschen alternativen Antworten stellen (in zunehmendem Maße falsch oder unlogisch) eine lose Assoziation, eine Bezugsidee, eine Klang-Assoziation und eine Unsinns-Assoziation dar. Die verschiedenen Antworten erhalten die folgende Punktbewertung:

| | |
|---|---|
| richtige Antwort | 0 |
| lose Assoziation | 1 |
| Bezugsidee | 2 |
| Klang-Assoziation | 3 |
| Unsinns-Assoziation | 4 |

Auf klinische Erfahrung und Forschungsergebnisse gestützt, wird eine Gesamtpunktzahl von 8 als im Bereich des Schizophrenen befindlich betrachtet, mit der Erkenntnis, daß Schizophrenie wahrscheinlich am besten als eine Sache des Grades aufgefaßt werden sollte. Daher, während die Punktzahl 8 in etwa schizophrene von nicht-schizophrenen Personen unterschieden hat, verlangt eine adäquate Interpretation der Testergebnisse genaue Kenntnis des WSDI und der schizophrenen Störungen.

## Bestätigung des WSDI

Seit Beginn der Forschungsarbeit über den WSDI, im Jahre 1960, ist das Festlegen adäquater Kriterien der Schizophrenie und des schizophrenen Denkens eines der wesentlichsten und beharrlichsten Probleme gewesen. In späteren Versionen des WSDI ist der Versuch unternommen worden, auch die Kriterien selbst zu verbessern.

Das erste Kriterium, das zur Bestätigung des WSDI angewandt wurde, bestand aus Punktbewertungen des Rorschach-Holtzman-Tests (pathognomic verbalization), die für angemessener befunden wurden als Bewertungen, die sich auf Interviews stützten. Diese Bewertungen erwiesen sich als sehr verläßlich (WHITAKER, 1965), jedoch, wie bereits in dieser Arbeit besprochen, bringen die projektiven Testmethoden äußerst unterschiedliche Mengen an Beweismaterial unter den Patienten hervor. Mit Rücksicht auf diesen Nachteil wurde eine frühere Fassung der WSDI-Version A mit einer gleichermaßen ausgewogenen Kombination von Rorschach und Holtzman Punktbewertungen von 43 Patienten einer psychiatrischen Klinik mit einer großen Auswahl unterschiedlicher Störungen korreliert. Das Resultat war ein Pearson-$r$ von .59, mit statistischer Signifikanz von .05. Dieses Ergebnis gab Grund zu der Annahme, daß die Entwicklung des WSDI sich in die richtige Richtung bewegte.

Danach wurde eine zweite Untersuchung der Test-Validität unternommen, bei der eine revidierte Fassung der Version A mit Rorschach-Test-Punktbewertungen verglichen wurde. Diese Arbeit wurde durchgeführt, um den Wert des WSDI als Ausleseinstrument abzuschätzen. Testpersonen waren 45 psychiatrische Patienten einer Privatklinik, die im allgemeinen psychotische Grenzfälle darstellten. Unter Benutzung von Rorschach-Punktbewertungen als Kriterium zur einfachen Klassifizierung dieser Patienten als schizophren oder nicht-schizophren unterschied der WSDI mit 84%iger Genauigkeit.

Die nächste Stufe in der Untersuchung der Test-Validität des WSDI bestand darin, eine große Gruppe von Psychiatern und klinischen Psychologen dem WSDI-Test mit seinen bis dahin noch immer vorläufigen Fassungen der Versionen A und B in besonderer Weise zu unterziehen. Außer der Wahl der nach ihrer Meinung richtigen Antworten bewerteten diese Experten den Grad der Unlogik jeder Alternativ-Antwort. Auf Grund dieser Bewertungen wurden weitere Änderungen an dem Test vorgenommen. Sämtliche Antworten der neuen Fassungen wurden dann von einer weiteren Gruppe von Psychiatern und klinischen Psychologen bewertet. Der Grad der Übereinstimmung war in beiden Gruppen hoch, allerdings, wie erwartet, höher in der zweiten Gruppe. Ebenfalls wie erwartet stieg der Grad der Übereinstimmung zwischen den Experten und dem Bewertungssystem des Autoren von der ersten zur zweiten Gruppe. Schließlich wurde der WSDI nochmals revidiert, um dem Konsensus der zweiten Gruppe noch stärker zu entsprechen in einer Weise, die sich außerdem auch eng an die theoretische rationelle Grundlage des WSDI hielt. Auf diese Weise wurde eine Art Konsensusbestätigung des WSDI entwickelt im Einklang mit der obengegebenen Definition schizophrenen Denken.

Die endgültigen Versionen des WSDI, die während des eben beschriebenen Stadiums in der Untersuchung der Test-Validität entwickelt wurden, wurden dann 42 Patienten, die einen Querschnitt der chronisch schizophrenen Patienten des Colorado State Hospitals, einer Krankenanstalt für langfristige Behandlungen, darstellten, verabreicht. Diese Patienten waren sorgfältig ausgewählt, nach einem Verfahren, das anderweitig ausführlich beschrieben worden ist (SHEARN und WHITAKER, 1968).

Zusammengefaßt, der Auswahlprozeß begann damit, daß sämtliche Patienten von verschiedenen Krankenstationen, die schizophren sein konnten, auf einer Liste aufgeführt wurden. Danach wurden diejenigen von der Liste gestrichen, die nicht zwischen 18 und 65 Jahre alt waren, die nicht zumindest eine 8-jährige Schulausbildung hatten, oder die Anzeichen einer Störung des zentralen Nervensystems oder einen schweren sensorischen Defekt aufwiesen. Außerdem wurden Patienten ausgeschieden, die definitiv nicht testbar waren. Dann bewerteten unabhängig voneinander zwei hochqualifizierte Kliniker das Verhalten der verbliebenen Patienten auf ihren Stationen, nach

Angaben und Aufzeichnungen des Stationspersonals, um herauszufinden, wer aktiv schizophren, schizophren ohne Symptome und wer nicht schizophren sei. Es ergab sich eine 85%ige diagnostische Übereinstimmung unter den Experten, die diese diagnostischen Kategorien verwandten.

Die Prognosen waren, daß die WSDI-Punktzahlen dieser chronisch schizophrenen Patienten 1. im allgemeinen über 8 Punkten liegen würden, 2. höchst beständig von einer Version des Tests zur anderen und 3. höchst beständig mit Hinblick auf den Zeitablauf sein würden. Alle diese Voraussagen trafen ein. Die WSDI-Durchschnittspunktzahlen der 44 Patienten, die von einem oder beiden der Experten als chronisch schizophren bewertet wurden, betrugen 13 für Version A und 15 für Version B. Von diesen 44 Patienten wurden 41 von beiden Experten als schizophren bewertet. Ihre WSDI-Durchschnittspunktzahlen betrugen 14 für Version A und 16 für Version B. Ein Maßinstrument, um Beständigkeit über Zeitabschnitte festzustellen, bestand darin, jedem Patienten zunächst eine Version des WSDI zu verabreichen, Phase I, und die andere Version 3 Wochen später folgen zu lassen, Phase II. Die Hälfte der Patienten erhielt Version A in Phase I, und Version B in der Phase II. Für die andere Hälfte der Patienten galt die umgekehrte Reihenfolge, um möglichen Routine-Effekten entgegenzuwirken. Die Durchschnittspunktzahl für den WSDI-Test betrug 14 in Phase I und 14 in Phase II. Die Prognose der bemerkenswerten Beständigkeit der chronisch schizophrenen Patienten von einem Test zum anderen und über Zeitabstände hinweg stützte sich auf zwei miteinander verbundene Hypothesen: daß nämlich der Grad der Störungen dieser Patienten zeitlich gesehen sehr unveränderlich ist, und daß diese Unveränderlichkeit teilweise darauf beruht, daß die Patienten dem potentiell störenden Einfluß solcher Angst hervorrufender Reize, wie sie in Version A des WSDI enthalten sind, gegenüber ziemlich unzugänglich sind.

Der WSDI-Test mit seinen endgültigen Versionen ist auch an akut schizophrenen Patienten, an nicht-schizophrenen psychiatrischen Patienten und an normalen Personen durchgeführt worden. Die Patienten wurden im Colorado Psychiatric Hospital, einer Krankenanstalt für kurzfristige Behandlungen, durch einen ähnlichen Vorgang wie dem bei den chronisch schizophrenen angewandten, ausgesucht. Obwohl die Resultate dieser bewußten Untersuchungen nur erst vorläufig sind, werden sie hier angeführt, um dem Leser sowohl einen Überblick über die Untersuchungen der Test-Validität als auch eine Vorstellung davon zu geben, wie der WSDI angewandt wird, um Forschungshypothesen zu testen.

Es war vorausgesagt worden, daß die akut schizophrenen Patienten den chronischen Patienten nur darin gleichen würden, daß sie ebenfalls hohe Punktzahlen in beiden Versionen des WSDI während Testphase I erzielen würden. Diese Voraussage hat sich bis jetzt für ein Musterbeispiel von 15 akuten Patienten bewahrheitet, die innerhalb von 48 Stunden nach ihrer Einlieferung ins Krankenhaus getestet wurden (Phase I). Im Gegensatz zu den übrigen zwei Prognosen hinsichtlich der chronischen Patienten jedoch wurde vorausgesagt, daß die akuten Patienten höhere Punktzahlen in Version A als in Version B in Phase I erzielen würden, und daß die Punktzahlen der Phase II in beiden Versionen viel niedriger sein würden als die Punktzahlen der Phase I. Die Voraussage der starken Verminderung von Punktzahlen über Zeitabstände stützte sich auf die klinische Beobachtung, daß akute Patienten dazu neigen, über einen 2-3wöchigen Zeitabschnitt beträchtlich zu kompensieren. Die Vorhersage höherer Punktzahlen in Version A als in Version B während Phase I beruhte auf der Hypothese, daß akute Schizophrenie einen Zustand großer Empfänglichkeit für äußere Einflüsse darstellt, einschließlich des störenden Einflusses des angsthervorrufenden Testinhaltes von Version A. Bis jetzt haben sich auch diese Prognosen erfüllt. Die WSDI-Durchschnittspunktzahl der Version A in der Phase I betrug 21, verglichen mit der WSDI-Durchschnittspunktzahl der Version B in der Phase I von 14. Die Durchschnittspunktzahl von beiden Versionen in der Phase I betrug 18, verglichen mit der Punktzahl 7 für beide Versionen in der Phase II.

Die WSDI-Punktzahlen in beiden Versionen sowohl für nicht-schizophrene psychiatrische Patienten als auch für normale Testpersonen erwiesen sich als sehr niedrig, womit noch eine weitere Voraussage hinsichtlich der Test-Validität erfüllt wurde. Beide Gruppen erzielten WSDI-Durchschnittspunktzahlen von weniger als 5 in beiden Versionen und während beider Phasen.

Ein weiterer wichtiger Aspekt in der Untersuchung der Test-

Validität des WSDI ist die Auswertung der Beziehung zwischen WSDI-Punktzahlen und Intelligenz-Test-Punktzahlen. Es ist bekannt, daß Personen, die schizophren werden, eine Verminderung ihrer allgemeinen intellektuellen Fähigkeiten erleiden, und daß je schizophrener die Person, desto niedriger ihre intellektuellen Fähigkeiten zu sein scheinen. In Übereinstimmung mit dieser Erkenntnis hat man herausgefunden, daß Punktzahlen, die durch Messung schizophrenen Denkens mit Hilfe des WSDI, Rorschach- oder Holtzman-Tests erhalten wurden, negativ mit Punktzahlen des Wechsler-Intelligenz-Tests korrelieren. Mit andern Worten, je mehr schizophrenes Denken durch diese Tests zutage tritt, desto geringer sind im allgemeinen die intellektuellen Fähigkeiten des Betroffenen. Obwohl diese Beziehungen zwischen der Punktzahl des WSDI und denjenigen der anderen Tests bestehen sollten, so dürften jedoch, wenn man den WSDI als gültig anerkennen will, die WSDI-Punktzahlen nicht vollkommen negativ mit Intelligenz-Test-Punktzahlen korrelieren. Wäre das der Fall, so wäre der WSDI in keiner Weise besser zum Messen schizophrenen Denkens geeignet als ein Intelligenz-Test. Es ist jedoch ebenfalls nachgewiesen worden, daß dies nicht zutrifft. Schizophrene von selbst hoher Intelligenz erzielen hohe WSDI-Punktzahlen und beweisen damit, daß der WSDI nicht einfach ein Intelligenz-Test ist und daß er in gültiger Weise schizophrenes Denken an sich mißt.

*Forschung und klinische Anwendungsmöglichkeiten*

In den oben beschriebenen späteren Stadien der Untersuchung der Test-Validität gab es es einige Prognosen hinsichtlich der WSDI-Resultate, die sich auf wohlfundierte logische Untersätze stützten, während andere ziemlich spekulative Hypothesen darstellten. So kann zum Beispiel leicht vorausgesetzt werden, daß schizophrene Patienten höhere Gesamtpunktzahlen erreichen als nicht-schizophrene Patienten. Die Voraussage jedoch, daß akut schizophrene Patienten höhere Punktzahlen in Version A als in Version B erzielen würden, ist nicht so sehr ein wohlfundierter Untersatz als es ein interessantes Forschungsanliegen ist. Soweit die wohlbegründeten Annahmen von den WSDI-Resultaten bestätigt werden, ist es vertretbar, den WSDI als unabhängiges

Forschungsinstrument im Testen der mehr spekulativen Hypothesen zu verwenden. Im allgemeinen, während die Gültigkeit des WSDI an Substanz gewinnt, kann man es als sinnvoll betrachten, die WSDI-Versionen als unabhängige Meßinstrumente schizophrenen Denkens sowohl für Forschung als auch klinische Zwecke anzuwenden.

Gegenwärtige Anwendungen des WSDI in der Forschung schließen das Testen von systematischen Unterschieden in akut schizophrenen gegenüber chronisch schizophrenen Patienten ein, das Auswerten der Effekte, die Psychopharmaka auf schizophrenes Denken haben können, und das Vergleichen von der Anpassung des Verhaltens der chronisch schizophrenen Patienten auf der Krankenstation mit dem Grad ihres schizophrenen Denkens. Über letztere Arbeit berichteten Seley und Shearn (1968), während Berichte über die andere Studie sich in Vorbereitung befinden.

Bis jetzt hat sich regelmäßige klinische Anwendung des WSDI darauf beschränkt, die Versionen zusammen mit einer psychologischen Testbatterie, als Teil von psychodiagnostischen Auswertungen in verschiedenen Kliniken und Hospitälern zu verabreichen. In diesem Zusammenhang gesehen kann festgestellt werden, daß der WSDI sehr selten von testbaren Patienten verweigert wird. Man hat die Vorteile der schnellen, einfachen Testdurchführung und Punktbewertung erkannt. Unter normalen Umständen erfordert eine komplette Version 20 Minuten oder weniger. In der Verabreichung und Bewertung des Tests kann man kompetente klinische Assistenten schnell unterweisen. Die Interpretation sollte selbstverständlich von einem hochqualifizierten Fachmann mit detaillierter Kenntnis des WSDI und der schizophrenen Störungen vorgenommen werden. Letzterer Forderung sollte man peinlich genau nachkommen im Hinblick auf die Tatsache, daß die Diagnose Schizophrenie häufig sehr schädliche Folgen hat. Eine Person als schizophren abzustempeln, kann die Nebenbedeutung von Hoffnungslosigkeit, Verdammung und Hexenjagd haben. Eine ausgezeichnete Diskussion dieses Problems sowie eine aufschlußreiche Darstellung vieler anderer äußerst wichtiger Anliegen der psychiatrischen Diagnose findet der Leser in KARL MENNINGERS Buch, *The Vital Balance* (1963).

Der WSDI soll besonders helfen, Grenzfälle von schizophrenen Patienten auszuwerten. In der klinischen Praxis begegnet man häufig Patienten, die schizophren erscheinen, die aber gehirnkrank sind oder an einer anderen Psychose als der Schizophrenie oder an einer neurotischen Störung leiden. Andererseits gibt es häufig Fälle, in denen Personen als neurotisch bezeichnet werden, die sich als unfähig erweisen, auf exploratorische und aufdeckende psychotherapeutische Techniken zu reagieren, und denen es auch unmöglich ist, rationell genug zu denken, um mit Hilfe einer derartigen therapeutischen Strategie zur Besserung zu gelangen.

Eine weitere klinische Anwendungsmöglichkeit des WSDI könnte in Auslese-Verfahren liegen. Beispielsweise könnten Universitäten und andere Institutionen gezwungen sein, in einem sehr knapp bemessenen Zeitraum eine große Anzahl von Personen auszuwerten. In einem solchen Falle könnte eine schnelle, einfache Methode wie die Anwendung des WSDI nützlich sein, um herauszufinden, wer eine gründlichere Auswertung benötigt.

Diese einführende Darstellung soll nur dazu dienen, den Leser allgemein mit dem WSDI bekanntzumachen. Diejenigen Leser, die mehr über den WSDI und seine Anwendungsmöglichkeiten erfahren möchten, können vom Verfasser, durch verschiedene bereits erschienene oder in Vorbereitung befindliche Artikel und auch durch das in Kürze erscheinende Buch „Das Messen schizophrenen Denkens" weitere Auskünfte erhalten.

# Entwurf einer Psychosentherapie[1]

*Von José Luis Gonzáles und Gustavo Quevedo*

Der hier vorgestellte systematische Entwurf versucht einen knappen Abriß der Denkmodelle zu geben, die unser Verständnis der regressiven Phänomene erleichtern und uns helfen können, die Stufe der jeweiligen Regression festzustellen. Außerdem soll unsere Konzeption auf dem Gebiet der Analyse einem besseren Verständnis des Problems der Gegenkontrolle und der klinischen Beobachtung von Patienten dienen.

Um diesen Erklärungsversuch richtig zu verstehen, sollten wir uns zunächst mit dem psychoanalytischen Denken FREUDS auseinandersetzen – vor allem mit seinem Postulat eines erblichen Triebdualismus aus konstruktivem Lebenstrieb (Eros) und destruktivem Todestrieb. Außerdem müßen wir uns mit OTTO RANKS Trauma der Geburt befassen, der in dieser einschneidendsten Ablösung ein Ereignis erblickte, das das Schicksal des Individuums transzendiert. Darüberhinaus interessieren uns die Vorstellungen, die MELANIE KLEIN und andere im Hinblick auf die Hypothese des Psychismus des Fötus und im Hinblick auf die konzeptionelle Eingliederung der Mordphantasien des Sohnes entwickelten, wobei dieser Psychismus und diese Phantasien am Ende auch die Begegnung zwischen dem Säugling und seiner Mutter beeinflussen.

Die Vorstellung von der Regression spielt eine ganz entscheidende Rolle. Wie wir wissen, ist zwar auch das Ich des neurotischen Patienten einer Regression unterworfen, doch reicht die heftigste Regression bis in den ersten Lebensmonat des Kindes zurück. Aber die Regression kann sogar noch tiefer gehen. Sie kann manische Mechanismen, Mechanismen der Omnipotenz und magische Mechanismen eindeutig psychotischer Schattie-

[1] Referat, gehalten auf dem I. Int. Symp. Anal. Gruppenpsychotherap., Paestum/ Italien, 1.-7. 8. 1969.

rung reaktivieren, Mechanismen also, die den eigentlichen pränatalen Kern bilden.

Wir begegnen in FREUDS Werk immer wieder Hinweisen auf
den fötalen Psychismus. Im Gegensatz dazu erwähnt MELANIE
KLEIN den pränatalen Psychismus in ihrem Werk lediglich ein
oder zwei Mal, doch unterstreicht sie andererseits die früheste
mit dem Trauma der Geburt einsetzende Beziehung zwischen
Mutter und Kind. Die Wechselfälle dieses Entwicklungsab-
schnitts erklären die Entstehung der normalen oder pathologischen psychischen Beschaffenheit des Erwachsenen. Das KLEIN-
sche Konzept der »Position« ist auf alle Fälle nützlich. Dieses
Konzept ersetzt nicht die Vorstellung von der oralen Phase der
Libidoentwicklung, doch bereichert es diese Vorstellung. Wie
wir wissen, bedeutet »Position« sowohl einen bestimmten Erfahrungsmodus, eine echte *Gestalt*, die durch die Beziehung des
Ichs zu inneren oder äußeren Objekten bestimmt wird, als auch
eine spezifische Strukturierung von Ängsten und Abwehrmanö-
vern. MELANIE KLEIN beschreibt zwei »Positionen«: Die erste,
die paranoid-schizoide Position, schließt an die Geburt an und
erstreckt sich über die ersten vier Lebensmonate des Säuglings,
während die zweite, die depressive Position, die nächsten vier
Monate umfaßt. Wir müssen folgende Tatsachen unterstreichen:

1. Die beiden Positionen sind miteinander verquickt und nicht
   klar voneinander abzugrenzen.
2. Mit »Position« ist eine spezifische Technik des Umgangs mit
   inneren und äußeren Objekten gemeint, der wir im ganzen Leben des Erwachsenen begegnen, während Phase oder Stufe lediglich den Übergang von einem Entwicklungsabschnitt der
   Libido zum nächsten meint.
3. Der depressiven Position gelingt es nie, die paranoid-schizoide
   zu ersetzen.

Das Gegenteil (das ersehen wir aus Abbildung I) wäre die authentische Progression zur Genitalität, wobei konstruktive Formen der Todestriebe überwiegen; zusammen mit den Lebens-
trieben nehmen diese Formen sowohl an den ständig sich
wandelnden Erfahrungen als auch an den Erziehungs- und Lern-
prozessen teil.

Durch das Übergewicht des idealisierten Objekts (siehe linke
Seite von Abbildung I) werden die Raum-Zeit-Faktoren so rasch

wie möglich unterdrückt. Verinnerlichte Objekte verlieren ihre Vieldimensionalität und werden zweidimensional erfahren; daraus resultiert ein ökonomischer Gewinn. Es bedarf eines minimalen Energieaufwands, um in der Phantasie einen »halluzinatorischen Versuch der Befriedigung« auszulösen.

Die Beziehung zu den äußeren Objekten kennt viele Dimensionen und erfordert folglich maximale Besetzungsenergie; doch nur hier, in Verbindung mit dem äußeren Objekt, kann echte Befriedigung erzielt werden. Nimmt die Außenwelt drohende Züge an, so wenden wir uns mit Hilfe der abwehrenden Introversion der Innenwelt zu, dieser Welt, die wir kennen und mit der wir vertraut sind, die jedoch auch statisch ist und tot.

Aus dem bisher Gesagten schließen wir folgendes: Die erzielte Integration ist immer partiell oder relativ, und die Zunahme der Abwehrmanöver der depressiven Position vermehrt auch die paranoid-schizoiden Abwehrmaßnahmen, so daß es zu einer Art Oszillation zwischen beiden Erscheinungsformen kommt.

Unserer Meinung nach gibt es eine dritte Position, die der Geburt vorangeht und die wir als manisch oder fötal bezeichnen. Wie wir noch darlegen werden, verdient diese Position deshalb ihren Namen, weil wir es hier mit einem sehr spezifischen Typus der Auseinandersetzung mit dem inneren oder idealen Objekt zu tun haben. Diese manische oder fötale Position bleibt latent bestehen und wirkt, ebenso wie die anderen Positionen, das ganze Leben hindurch fort. Wir regredieren physiologisch auf diese Position, wenn wir schlafen und träumen, und pathologisch regredieren wir auf sie, wenn die Abwehrmechanismen der paranoid-schizoiden und der depressiven Position nicht mehr ausreichen, um dem äußeren Objekt, das als sehr bedrohlich erfahren wird, entgegenzutreten. In diesem Fall kommt es zur manischen Regression (zur Verleumdung oder Verleugnung des äußeren Objekts, zur Verwirrung darüber, wie die idealen und realen Objekte zu behandeln seien, wobei die Objekte beider Kategorien vom Ich mittels omnipotenter und magischer Strategien manipuliert und dadurch stets voneinander getrennt gehalten werden).

Ein weiterer Begriff, den wir benutzen werden, ist das Konzept der unbewußten Phantasie, dem wir die universale Tragweite zumessen, die SUSAN ISAACS im Auge hatte, als sie dieses Konzept als die psychische Repräsentation des Triebs erläuterte.

Abb. 1                    Hegemonie von:

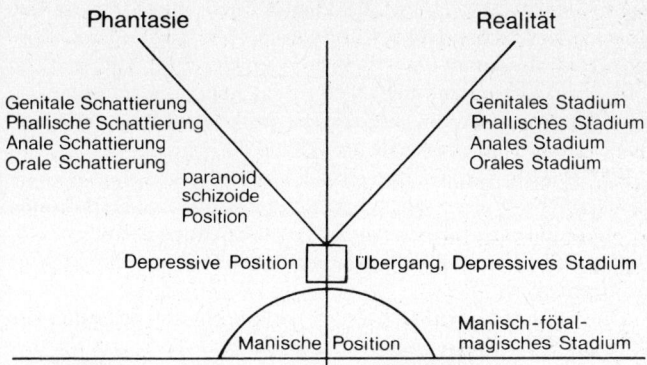

Phantasie                                Realität

Genitale Schattierung                    Genitales Stadium
Phallische Schattierung                  Phallisches Stadium
Anale Schattierung                       Anales Stadium
Orale Schattierung                       Orales Stadium
                    paranoid
                    schizoide
                    Position

Depressive Position  │  Übergang, Depressives Stadium

                                         Manisch-fötal-
                                         magisches Stadium
            Manische │ Position

| | |
|---|---|
| 1. Innenwelt. | 1. Außenwelt. |
| 2. Innere oder idealisierte Objektbeziehung. | 2. Äußere oder reale Objektbeziehung. |
| 3. Paranoia oder Verfolgungswahn anhand des projizierten oder nicht projizierten idealisierten Objekts | 3. Paranoia defensiv-persekutorischer Art angesichts des realen Objekts. |
| 4. Falsche Progression | 4. Progression. |
| 5. Vorherrschend ist der destruktive Aspekt des Todestriebes: a. Tendenz zur Wiederholung, Zwang, Obsession, Langeweile. b. Punkte der Fixierung, Regression der Libido, Symptome. | 5. Vorherrschend ist der konstruktive Aspekt des Todestriebes: Erfahrungen, Veränderungen, Erziehung, Lernen. |
| 6. Ausschaltung von Raum- und Zeitfaktoren, erhöhte Geschwindigkeit (zweidimensionale Phantasien). | 6. Vieldimensionalität. Abnahme der Geschwindigkeit. |
| 7. Ökonomie: Einsparen von Energie (Minimum an Befriedigung). | 7. Freisetzung von Leistung (Befriedigung). |
| 8. Vertraute Welt - bereits bekannt. | 8. Das Unbekannte, Seltsame, Fremdartige. |
| 9. Hegemonie der Notwendigkeit (man glaubt, man liebe das, was notwendig ist). | 9. Hegemonie der Liebe oder Kreativität. |
| 10. Verleugnung der Destruktion. | 10. Anerkennung, Wiedergutmachung, Dankbarkeit. |
| 11. Besitzergreifung. | 11. Entsagung. |

Abbildung I zeigt ein auf den Kopf gestelltes »Weinglas«; im »Kelch« selbst siedeln wir die manische oder fötale Position an.

Diese Position entspricht dem intrauterinen Entwicklungssta-
dium. Der Stiel des Pokals repräsentiert den Übergang der Geburt, die Loslösung. Die V-förmig nach oben strebenden Diago-
nalen repräsentieren zwei Beziehungen des Individuums. Die
Diagonale rechterhand steht für die Beziehung, die die Person zu
den Objekten ihrer Umwelt bzw. zu den realen Objekten unterhält, während die Diagonale linkerhand die grundlegende Beziehung der Person zu den inneren oder idealisierten Objekten veranschaulicht. Wie wir sehen, handelt es sich um eine Hegemonie,
da stets eine enge funktionale Wechselbeziehung zwischen dem
inneren Objekt und dem Umgang mit den äußeren Objekten zu
beobachten ist.

  Die trennende Senkrechte der Abbildung soll lediglich die
scharfen Kontraste herausstellen. In der rechten Sparte werden
die oralen, analen, phallischen und genitalen Stadien berücksichtigt, die die progressiven Stufen der psychosexuellen Entwicklung der Libido repräsentieren. Auf der linken Seite verweisen
wir auf die oralen, analen und auf andere Schattierungen der Beziehung und des Umgangs mit dem inneren oder idealisierten
Objekt, und wir zeigen, wie diese Schattierungen durch projektive Mechanismen die Beziehung zum äußeren oder realen Objekt färben, wodurch eine mehr oder weniger falsche Interaktion
zwischen dem Individuum und seiner Umwelt zustande kommt.
Wir beziehen auch die Positionen ein; die manische oder fötale
Position im »Kelch« unseres auf den Kopf gestellten »Weingla-
ses« haben wir bereits unterstrichen. In unserer Konzeption
schließt sich ihr die depressive Position, also die Ab- und Loslösung, im »Stiel des Glases« an, und schließlich, vom Zeitpunkt
der Geburt an, folgt die paranoid-schizoide Position, die mit den
Hypothesen von OTTO RANK und MELANIE KLEIN übereinstimmt.

  Wir beginnen mit der Lektüre in der linken Spalte, in der wir
der hegemonisch erfaßten psychischen Energie im Dienste der
Phantasie begegnen, und von dort wechseln wir zur rechten
Sparte hinüber, der hegemonischen Repräsentation der energeti-
schen Strebung nach den Objekten der Außenwelt. Dabei ent-
decken wir folgendes:

1) Die Innenwelt und die Existenz einer idealisierten Beziehung,
die deshalb paranoid ist, weil das idealisierte Objekt Opfer einer
projizierten oder nicht projizierten Persekution ist; und

2) Rechterhand die Außenwelt und ein Beziehungsmodus, der hauptsächlich realen Objekten gilt. Angesichts des heftigen Angriffs dieser Realität re-agiert das Individuum, immer wenn es realer Feindseligkeit des äußeren Objekts ausgesetzt ist, mit den paranoiden Modalitäten defensiv-persekutorischer Prägung.

Die linke Sparte repräsentiert die Schattierung von oralen, analen und anderen Stadien, das heißt die falsche Progression oder auch Regression, die der Patient im therapeutischen Prozeß, der einer zukünftigen echten Progression der Gesundung entgegenstrebt, erleidet. In dieser Situation kommt es zu einer Spaltung grundlegender Impulse, so daß die selbst- und heterodestruktiven Aspekte des Todestriebes vorherrschen. Daher begegnen wir einer konstanten Neigung zur Wiederholung, zu Zwängen, zu obsessiven Phänomenen und zur Langeweile. In der Regression werden Punkte der Fixierung mit der sich anschließenden Symptombildung reaktiviert. Die Bedürfnisse sind hier mit so starker Triebenergie besetzt, daß wir, wenn wir irgend etwas brauchen, »meinen, wir liebten es«. Ist das Bedürfnis jedoch gestillt, so hat auch die Illusion ihr Ende, allerdings nur so lange, bis das Begehren wieder einsetzt. Immer kommt es dabei zu einer Verleugnung der Destruktion des »benutzten« Objekts. Gleichzeitig aber nimmt der Wunsch, eine größere Anzahl befriedigender Objekte zu besitzen, zu (Kollektionismus).

Die Außenwelt repräsentiert das Unbekannte, das Merkwürdige oder Fremdartige, aber auch, darauf haben wir bereits hingewiesen, das wahrhaft Befriedigende. Ist die Entwicklung wirklich progressiv, so führt die zusammenschließende und kreative Hegemonie der Libido paradoxerweise zur Entsagung, zum Verzicht auf das Objekt und nicht zur selbstsüchtigen Besitzergreifung. Nicht selbstsüchtige Liebe impliziert Anerkennung des befriedigenden Objekts, Wiedergutmachung und Dankbarkeit, impliziert die genitalen Aspekte der äußeren Objektbeziehung. Abbildung II ist transaktional gemeint; wir haben wieder das »Weinglas« vor uns. Der Sockel dieses »Glases« repräsentiert die manische, fötale oder psychotische Position des unbewußten Prozesses oder Primärvorgangs; ontogenetisch gesehen entspricht das der pränatalen Situation. Die rechte Seite unseres »Glases« steht für die Energie, die kanalisiert zur Außenwelt abströmt. Wir haben es hier mit dem Trieb oder der Energie zum Überleben zu tun, der sich mit Mechanismen verbindet, die di-

Abb. II

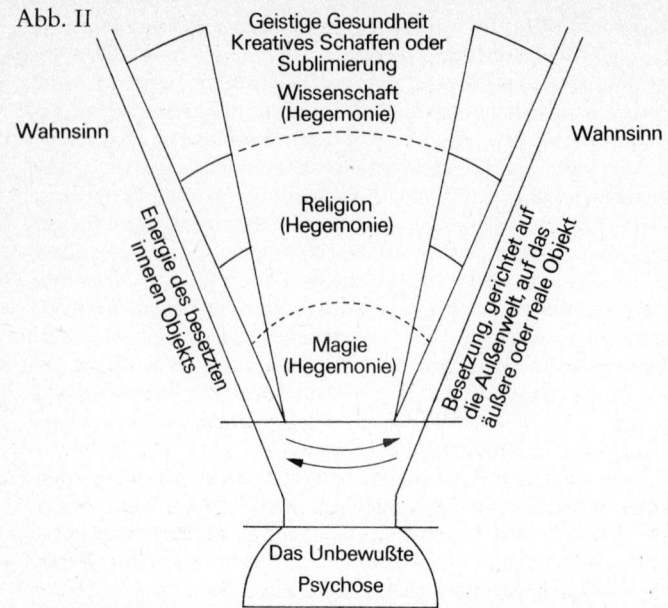

| | | |
|---|---|---|
| Lustenergie oder -streben, gekoppelt mit einem manischen Mechanismus, die darauf abzielen, angesichts einer Frustration durch das reale Objekt vom inneren Objekt Besitz zu ergreifen. (Heftiges Bedürfnis nach der Brust als Lustquelle). | Der ontogenetische Prozeß wiederholt den phylogenetischen. In der Progression des Sublimierungsprozesses entwickelt sich magisches Denken zu Religion und Wissenschaft. | Überlebensenergie oder -instinkt, gekoppelt mit Mechanismen, die direkten Bezug zum genitalen Verhalten haben. (Heftiges Bedürfnis nach Genitalität als Überlebensmöglichkeit. Hunger - Fortpflanzung). |

rekt auf den »genitalen Charakter« bezogen sind. Die Dominanz dieses Triebes impliziert die zwingende Notwendigkeit der Genitalität als einer Technik des Überlebens (Hunger – Fortpflanzung). Die uneingeschränkte Äußerung von Impulsen ohne entsprechende Sublimierung bedeutet Krankheit. – Die linke Seite repräsentiert die Energie, die im Hinblick auf das innere Objekt und auf die Phantasiebildung aufgewandt wird. Angesichts einer Frustration durch das reale Objekt wird diese Energie zur Sache nach dem idealisierten Objekt benutzt. Der vorherrschende Mechanismus ist manisch gefärbt. Ein Beispiel ist das überwältigende Bedürfnis nach der Mutterbrust als Lustobjekt. Solche Dominanz führt ebenfalls zum Wahnsinn. Doch speisen diese verschiedenen Energieströmungen mit einem größeren oder geringeren Anteil ihrer Kraft den zentralen Bereich, der durch den auf den Kopf gestellten Kegelschnitt dargestellt ist; dieser Bereich steht für die Sublimierung, bei der es sich, wie wir wissen, um einen grundlegend unbewußten Prozeß handelt. Auch hier gilt die Regel, daß sich in der ontogenetischen Geschichte die phylogenetische Entwicklung wiederholt. Auf der untersten Stufe herrschen omnipotentes oder magisches Denken vor. Dieses magische Denken wird als Psychose oder Wahnsinn eingestuft, da sich seine Mechanismen aus Bildern und Affekten zusammensetzen, die sich dem logischen Denken entziehen und daher von der Außenwelt nicht akzeptiert werden. Der entsprechende Affekt dieser Repräsentationen besteht so lange unverändert fort, bis die mit genitaler, libidinöser Energie besetzten Bilder sich durch den Ich-Prozeß (Sekundärvorgang) allmählich sozialisieren und schließlich das religiöse Denken konstituieren. Die Synthese lautet nun: Genitalisierung bedeutet Sozialisierung primitiver Impulse, mit dem Ziel, die Außenwelt diese Impulse billigen zu lassen. Das entsprechende Gefühl bei der Sublimierung ist der Glaube, dessen höchste Form die innere Gewißheit ist. All das kann schließlich in reduzierter Form als Wissen um die phänomenologische Essenz auftreten, wobei dieses Wissen das wissenschaftliche Denken, diesen breitesten Teil unseres Spektrums, konstituiert und – so weit es um »Äußerung« geht – zwar dominiert, ohne jedoch die vorausgegangenen religiösen und magischen Stufen zu übertreffen.

Wir kommen nun zur dritten und letzten Abbildung, auf der wir noch einmal unserem »Weinglas« begegnen, das dieses Mal allerdings in die Horizontale gekippt ist, da auf diese Weise die ontogenetische Entwicklung leichter einsehbar ist. Links befindet sich der Bereich des fötalen Lebens oder der manischen Position, gekennzeichnet durch primären Narzißmus. Das Denken wird uneingeschränkt von Urphantasien beherrscht, die sich archaischer Objekte und des entsprechenden Verlusts von Raum-Zeit-Faktoren bedienen. Diese Position ist aufgrund der Dominanz des Primärvorgangs, der Omnipotenz und der Magie als psychotisch zu begreifen. Durch den »Stiel des Glases« passieren wir nun die ontogenetische Ablösung oder den Übergang zur Geburt; hier siedeln wir das Modell der depressiven Position an und hier findet schließlich die eigentliche Geburt statt, kommt das Individuum in Berührung mit der Außenwelt, der Realität.

Die erste äußere Realität, der sich das Neugeborene von Anfang an konfrontiert sieht, ist die Mutter, während es im fötalen Leben das Ich der Mutter mit seinen phylogenetisch vererbten Objekten war. Die Mutter berichtigt oder nicht, sie hilft oder weist zurück, sie gibt oder nimmt, und sie ist unerläßliche Hilfe, wenn das unreife Ich, konfrontiert mit seiner Umwelt, richtig funktionieren soll.

Abb. III   *Psychosenmodell und allgemeine Klassifizierung in Verbindung mit der jeweiligen Entwicklungsstufe.*

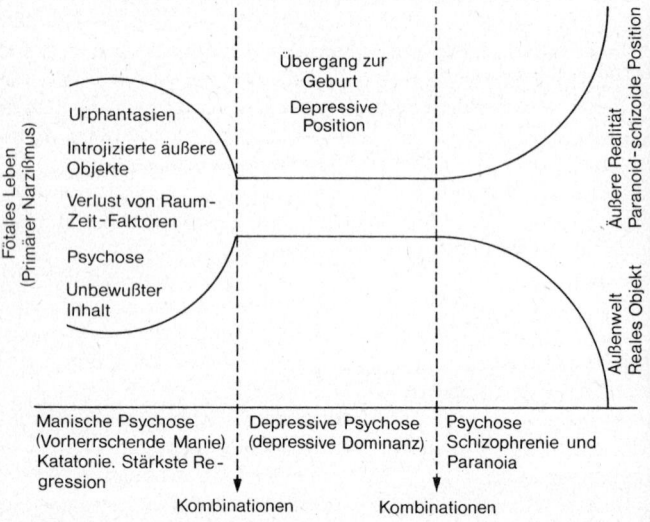

Eine Regression auf ein so frühes Stadium wie die Geburt wird klinisch als Schizophrenie und paranoide Psychose bezeichnet.

Die Unfähigkeit, das persekutorische äußere Objekt mit Hilfe dieser Techniken zu handhaben, zwingt das Ich zu einer weitreichenden Regression, bei der die Depression vorherrscht und die sich hegemonisch als depressive Psychose äußert. Da diese Abwehrmechanismen nicht ausreichen, wird eine noch weitreichendere Regression erzwungen, bei der die manische Position reaktiviert wird und die sich als manische Psychose manifestiert. Die manisch-depressive Kombination und die depressiv gefärbte Schizophrenie werden leichter verständlich durch die Reihenfolge der bereits erläuterten Positionen, die folgendermaßen geartet sind:

1) manisch oder fötal;
2) depressiv (Loslösung im »Stiel des Glases«);
3) schizo-paranoid (Geburt).

Die heftigste und am tiefsten reichende Regression ist die Katatonie, die in unserem genetischen Entwicklungsmodell dem ungeborenen Kinde gleicht, das als echtes Fossil für immer und ewig im Schloß der Mutter festgehalten wird.

Dieses Modell hat den Vorteil, daß es nicht nur zum Verständnis der psychotischen Regression beiträgt, sondern auch zum Verständnis der therapeutischen Regression im Heilungsprozeß, zu diesem progressiven Aus-sich-Herausgehen, das zur echten Genitalität und zur authentischen Sublimierung fürt.

# Die duale Erlebniseinheit
# in der analytischen Situation

*Von Gustav Hans Graber*

> »Der Grieche kannte und empfand die
> Schrecken und Entsetzlichkeiten des Daseins:
> Um überhaupt leben zu können, mußte er vor
> sie hin die glänzende Traumgeburt der Olym-
> pischen stellen«. *F. Nietzsche:* »Geburt der
> Tragödie«

I. Analytiker und Patient[1] befinden sich als Partner in der analytischen Situation a priori in der Beziehung vom tiefsten Unbewußten (Ubw.) des einen zu jenem des anderen. Es ist jenes
Ubw., von dem Caruso als dem absoluten, Freud dem Es oder
phylogenetischen, Jung dem kollektiven, Szondi dem familären
und ich dem intrauterinen sprechen. Die Aspekte sind zwar
grundverschieden, aber erfassen doch alle ein Elementarpsychi-
sches, das dem persönlichen, ichbezogenen Ubw. zugrunde liegt.

Es steht nicht im Rahmen dieser Betrachtung, auf Gemein-
samkeiten oder Unterschiede einzugehen. Vielmehr liegt mir an
der Frage, ob und wie sich die Partnerschaft von A. und P. im
Hinblick auf die duale Erlebniseinheit gestaltet. Gemeint ist, ab-
gewandelt, jene zwischen ungeborenem Kind und seiner Mutter
– eine Erlebniseinheit, die jeder Mensch normalerweise die ersten
neun Monate »erlebt«, unabhängig davon, ob wir eine intrauterine Psyche anerkennen oder sie bestreiten[2].

Die Tatsache bleibt wohl unangefochten, daß wir im nachgeburtlichen Dasein in tausend Formen der Liebe immer wieder ein
Verschmelzen, eine Einheit suchen, deren Urphänomen die Beziehungen zwischen der Mutter und dem Kind in ihr ist. So wie

---

[1] im weiteren A. und P.
[2] Von den Publikationen, die eine intrauterine Psyche bejahen, erwähne ich nur:
Ein Sammelband von A. Raskovsky (Buenos Aires) »El psiquismo fetal« (ca.
10 Mitarbeiter, dt. Übersetzung bei Kindler i. V.), dann A. Garma (Buenos
Aires) »Nuevas Aportaciones al Psicoanalisis de los Suenos«, F. Kruse (Wiesba-
den) »Die Anfänge des menschlichen Seelenlebens«.

die Mutter im regressiven Wiederholungszwang als »Attrappe« (Verhaltensforschung) (Caruso, 1968), oder schlichter gesagt als Ersatz zur »Verschmelzung«, gesucht wird, so auch alle anderen Objekte – insbesondere Personen – wie vor allem der A., aber auch der P.

Die pränatale duale Erlebniseinheit bleibt im Menschen bis zum Tode in jener tiefsten Region des ubw. Selbst erhalten, wirksam und beeinflußt das Triebleben sowie alle psychischen Vorgänge im Ich als Sog. In der analytischen Situation begünstigt, bei der Einstellung auf den freien Einfall, das entspannte denkerische Sichgehenlassen die Kraft des Soges. Ihm fließen offenbar Energien zu, die sonst zur ichhaften Lebensbewältigung gebunden sind. In der Übertragung projiziert der P. in den A. unabwendbar in letzter und höchster Intensivität unbewußt die tragende, bergende und nährende Mutter. Er verharrt ubw. in ihr, so wie der Religiöse im Tempel verharrt, wenn er auf den Knien über alle Stufen der »Scala santa« bis zur obersten der Gottnähe hinaufkriecht. Zuoberst will er finden, was er zuunterst verlor.

Der A. seinerseits muß ebenso unausweichlich ubw. die beschriebene Projektion seines P. annehmen. Kann er sich dieser Rolle auch richtig und genügend bewußt sein oder werden? Kann er sie sich selber und seinem P. klarmachen, oder es wenigstens versuchen? Und wenn es geschieht, werden nicht beide trotzdem (hoffentlich gelockert!) stets – d. h. bis zum Schluß der letzten Sitzung einer Behandlung – in tiefster Unterströmung ihrer Psyche darin verharren? Ich bin davon überzeugt. Denn die ubw. oder bewußte absolute Heilungserwartung des P. kann gar nicht erfüllt werden, es sei denn, ihm widerführe das seltenste Ereignis eines Erlösungserlebnisses, verwandt etwa jenem, das K. v. Dürkheim (1954) als den »Durchbruch zum Wesen« schildert (speziell im Kapitel »Heilung von Wesen zu Wesen«, S. 135).

Im A. bleibt jedoch nicht allein die auf ihn projizierte absolute transzendent-göttliche Erlöserfähigkeit vom Leiden wirksam, sondern – wie bereits betont – die a priorisch in ihm selber angelegte und verankerte Gegebenheit der totalen »Heilung« für sich selbst und somit auch deren Gegenübertragung auf den P. Caruso schrieb mir dazu: »Ich für meine Person vermute mit steigender Entschiedenheit, daß der von mir in ›Psychoanalyse und Synthese der Existenz‹ damals als ›objektiv gegebener‹ beschrie-

bener ›Erlöser-Archetypus‹ in Wirklichkeit das Merkmal der
tiefsten psychoanalytischen Regression darstellt, welche auf die
primäre Erlebniseinheit hinweist.«

Die gegenseitige Identifizierung wird hier in der Erlebniseinheit zur Identität – ganz verwandt jener, die Nietzsche in seiner
»Geburt der Tragödie« geschildert hat: »Das Übermaß enthüllt
sich als Wahrheit, der Widerspruch, die aus Schmerzen geborene
Wonne sprach von sich aus dem Herzen der Natur heraus. Und
so war überall dort, wo das Dionysische durchdrang, das Apolli-
nische aufgehoben.« ». . . Hier bietet sich unseren Blicken das
erhabene und hochgepriesene Kunstwerk der attischen Tragödie
und des dramatischen Dithyrambus, als das gemeinsame Ziel
beider Triebe, deren geheimnisvolles Ehebedürfnis, nach langem
vorhergehendem Kampfe, sich in einem solchen Kinde – das zugleich Antigone und Kassandra ist – verherrlicht hat.«[1]

Trefflicher könnte ich das, was sich zwischen A. und P. ab-
spielt, nicht kundtun, als es Nietzsche für das Verhältnis von
Tragödienchor und Zuschauern schildert: »Die Konstitution des
Tragödienchors ist die künstliche Nachahmung jenes natürlichen
Phänomens, bei der nun allerdings eine Scheidung von dionysi-
schen Zuschauern und dionysischen Verzauberten nötig wurde.

Nur muß man sich immer gegenwärtig halten, daß das Publi-
kum der attischen Tragödie sich selbst in dem Chore der Orche-
stra wiederfand, daß es im Grunde keinen Gegensatz von Publi-
kum und Chor gab.«
Über die geschilderte duale Erlebniseinheit in der analytischen
Situation findet der Suchende in der bisherigen analytischen Literatur wenig verzeichnet, und ich kann mir sehr wohl vorstellen,
daß die Großzahl der Analytiker ihr auch heute noch skeptisch
begegnet oder sie entrüstet ablehnt. Die Frage nach dem Warum
ergibt eine eindeutige Antwort: sie anerkennen keine intrauterine Psyche, womit sie allerdings für den Ursprung und die pri-
märste und wichtigste Entwicklungsphase des Psychischen und
deren Manifestationen im postnatalen Dasein wenig einsichtig
bleiben und schließlich mit dieser Einstellung gegen die Gesetz-
mäßigkeit des Leib-Seele-Einheitsprinzips verstoßen.

[1] Ich verweise hier auf die vielen Vorträge und Vorlesungen, die Prof. D. E. Blum
über verwandte Themen im „Berner Arbeitskreis für Tiefenpsychologie« hielt.

II. Wenn sich der A. in der Analyse der dualen Erlebniseinheit zwischen ihm und seinem P. bewußt ist oder wenigstens bestrebt ist, es zu werden, dann stellt sich ihm die Frage seines Verhaltens oder seiner »Technik«. Im Zeitalter der Technik sollten wir allerdings gerade für das Geschehen in der Psychoanalyse den Begriff der Technik ausmerzen – ein unglücklicher Begriff, der vor allem dem Hilfesuchenden unfaßbar ist und ihn sogar abstößt. Es ist ja auch tatsächlich keine Technik, denn der Begriff beinhaltet ein starres, schematisches, ja seelenlos-unlebendiges, eben »technisches« Geschehen. Und gerade das wollen wir vermeiden.

Es gibt bessere Begriffe wie: Verfahren, Vorgehen, Handhabung, Methode usw. Durchgängige Richtlinie bleibt natürlich, auch beim Wissen des A. um die duale Erlebniseinheit, daß er vor allem immer wieder das, was der P. sprachlich oder in sonstigem Verhalten bekundet, annimmt und wenn angängig – d. h. wenn es dem P. einigermaßen erfaßbar werden kann – in der Deutung bewußter und in einen erweiterten Zusammenhang bringt.

Ich möchte richtig verstanden werden: Ich propagiere mit der Aufklärung über die duale Erlebniseinheit in der Analyse und mit den in meinen Büchern hervorgehobenen Vorstellungen und Ausführungen über die intrauterine psychische Entwicklung, über das Geburtstrauma, die Total-Regression, den Ur-Widerstand, den Einfluß des pränatalen Seelischen auf die postnatale Lebensgestaltung usw. keine neue Technik der Psychoanalyse, sondern lediglich eine Vertiefung des bisherigen Verfahrens, und ich stehe mit diesem Anliegen heute nicht mehr so ganz allein da.

Ein kurzer historischer Rückblick kann meine Stellungnahme verdeutlichen. Im Jahre 1926 erschien von O. RANK der erste von drei Bänden seiner »Technik der Psychoanalyse«, betitelt: »Die analytische Situation. Illustriert an der Traumdeutungstechnik«[1]. Es war die revolutionäre Idee RANKs, daß in der analytischen Situation stets die ihr »zugrunde liegende Mutterbindung« vom Beginn der Behandlung an analysiert werden müsse.

Der A. müsse entsprechend aktiv durch die von ihm geübte Terminsetzung und Provokation einer Ablösung von ihm mit der damit reaktivierten Geburtsangst, dem Trauma der Geburt, eine wesentliche Verkürzung der Analyse, eine raschere Heilung

---

[1] Mir ist nur dieser erste Band zugänglich. Die Titel der späteren lauten: *»Die konstruktiven Elemente«* und *»Die Analyse des Analytikers«.*

erzielen. RANK ging also in jeder Analyse stets von Anfang an das, was ich als den Urwiderstand bezeichnete (GRABER, 1968), an und wartete nicht ab, bis dieser »im Endprozeß der Kur als Wiederholung des Geburtstraumas automatisch abläuft«. RANK nennt sein Verfahren »nur ein mutigeres Anwenden unserer Kenntnisse, insbesondere von den tiefsten seelischen Schichten, zu denen der Zugang dem P. selbst immer verschlossen bleibt«. »Die ganze Therapie« ist auf das emotionale Übertragungsverhältnis basiert. »Kein historisches Material suchen, auch nicht auf Erinnerung warten, sondern nur die alten Affekte freimachen« – gemeint ist vor allem der Angstaffekt des Geburtstraumas.

FERENCZI (1924), der lange Zeit in der Auffassung über das aktivere Verfahren in der Analyse mit RANK einig ging, trennte sich dann von von ihm und veröffentlichte u. a. 1927 eine Arbeit: »Zur Kritik der RANKschen ›Technik der Psychoanalyse‹«, worin er mit Recht bemerkte, daß schon der Titel irreführend ist, denn »es ist nicht die Technik der Psychoanalyse, sondern ›die RANKsche Technik‹ oder etwa die ›Geburtstechnik‹ der Neurosenbehandlung«. FERENCZI wirft schließlich RANK »Oberflächlichkeit«, ja sogar »vollkommene Verblendung« vor.

Ich kann mir wohl vorstellen, daß RANK bei und nach der Abfassung seines Buches »Das Trauma der Geburt« in eine Art revolutionäre Faszination geriet. Aber das Revolutionäre drang, zunächst im »Comité«, dann bei FREUD und schließlich in der ganzen Internationalen Psychoanalytischen Vereinigung nicht durch. So stand RANK schließlich fast allein da und setzte allein seine »Revolte« fort. Mit ihm hatte ich leider nie Kontakt, und ich verlor ihn schon vor 40 Jahren auch zu seinen beiden von mir erwähnten Büchern. Heute kann ich den Unterschied zwischen seiner und meiner Handhabung der analytischen Praxis verdeutlichen: Statt Revolutionierung der psychoanalytischen Praxis, wie sie RANK forderte und ausübte, lag mir stets lediglich am Ausbau und der Vertiefung der bestehenden und grundlegenden Erfahrungen FREUDS, die mir im Verlauf von Jahrzehnten aus seiner Grundregel des freien Einfalls wegleitend blieb – außerdem daran, »die dem Kranken unbekannten Widerstände«[1] und jene im Analytiker unbewußten der Gegenübertragung aufzudecken und zu erkennen.

---

[1] Nach Abfassung dieses Beitrages erhielt ich die neueste Nummer der Zeitschrift »Action et pensée (45. Jhg., H. 3, Sept. 1969) mit einem einleitenden Aufsatz des

III. Im Zusammenhang mit meiner Skizzierung »Vom Ursprung
zum Sieg des Großen Aggressors« (GRABER, 1969) stellt sich die
Frage, wie sich das Gesetzmäßige des Ursprungs- und Einheits-
geschehens von Entstehung und Vernichtung von Leben und
Tod in der analytischen Situation manifestiert. Daß es sich auch
hier wirksam realisiert, daran kann kein Zweifel bestehen, denn
wo Leben existent ist, da ist auch der Tod in ihm existent. Bren-
nend bleibt die gesonderte Frage eines »Aufeinanderprallens«
beider in der Erlebniseinheit von A. und P. Kann sich, soll sich
der A. diesem Einheitserlebnis entziehen, wenn der P. Todesnöte
durchstehen muß? Oder muß er in der Konjunktion, wie sie
C. G. JUNG (1956) beschreibt, mit dem P. nicht nur die Todesnöte durchstehen, sondern mit ihm auch den »Tod« des Ichs und
aller Identifizierungen bis zur Identität miterleben, besser: »mit-
sterben«?

Beide erwähnten Verhaltensweisen des A. wären äußerste Ex-
treme. Sie werden in der Praxis kaum je durchführbar sein, vielmehr ist es so, daß der A. von beiden beeinflußt, je nach seiner
eigenen seelischen Strukturierung, seiner Identifizierungs- und
seiner Einfühlungsgabe mehr dem einen oder mehr dem anderen
zuneigt und zu seiner Realisierung in der Lage ist.

Einer der befähigtsten Analytiker hat bereits vor bald vierzig
Jahren in der Arbeit »Kinderanalysen mit Erwachsenen« eine
Darstellung der gezeichneten Problematik gewagt, in der er in
schonungsloser, unverhüllter und tiefgründiger Selbstanalyse
uns Analytikern – und besonders den Jungen unter uns – ein le-
bendigstes Vorbild ist oder sein sollte. Es ist S. FERENCZI (1931).
Er bekennt sich in diesem Festvortrag zum 50. Geburtstag
FREUDs zum allgemeinen »Vorwurf« als »unruhiger Geist«, als
»enfant terrible der Psychoanalyse« und nimmt die Einladung
der Wiener Psychoanalytischen Vereinigung an, sie zugleich »als

---

verstorbenen Kollegen Charles Baudouin: »Les éléments de la situation analyti-
que« (Abdruck aus Acta Psychotherapeutica et Psychosomatica, vol 4,
pp. 203–217, 1956), in dem der Verfasser sich mit Ranks Büchern »Technik der
Psychoanalyse« befaßt. Er schreibt in seiner »Conclusion«: »Otto Rank, ... 'un
des analystes les plus perspicaces de la première génération des élèves de
Freud ..., qui consacra d'ailleurs sa tardive ›dissidence‹, mais qui n'en demeure
pas moin une des oeuvres capitales de la litérature psychoanalytique et
aujourd'hui encore les plus riches d'enseignement.« und in einer Fußnote:
»... on ne se souvient pas toujours de se que l'on doit à Rank.«

Argument gegen die Orthodoxie der Internationalen Vereinigung und ihres geistigen Führers, S. FREUD, in die Wagschale zu werfen«.

FERENCZI mag heute noch in mancher Beziehung als »enfant terrible« der orthodoxen Psychoanalyse gelten. Die schwierigsten Fälle lagen ihm, und er widmete sich ihnen besonders. Er gab nie auf, behielt »viele, viele Jahre hindurch« Hoffnung und Glauben an eine Heilung des P., paßte sich »den Eigenheiten der Person, auch in der Methodik« an, mahnte zu »tieferer Relaxation«, wenn »das, was wir freie Assoziation nennen, immer noch zu sehr bewußte Gedankenauswahl« war. Die Anpassung an den P. ging so weit, daß er z. B. »das Du und die Umarmung eines P., der ihn mit dem Großvater identifizierte, annahm und mit ihm das ›Spiel‹ Großvater-Enkel fortsetzte«. Mit dem neuen »technischen Kunstgriff« erreichte er in steigendem Maße bei seinen Patienten die »reale Reproduktion der traumatischen Vorgänge der Urverdrängung, ... auf der Charakter und Symptombildung schließlich beruhen«. Sehr häufig stieß FERENCZI auf das Trauma des Verlassenseins als Wiederholung des Urtraumas der Trennung von der Mutter bei der Geburt. Es kam dabei vor, daß der P. anfing, »die Gefühle des Vergehens und Sterbens zu erleben, ... das Auftreten tödlicher Blässe im Gesicht und ohnmachtähnliche Zustände« sich zeigten – eine Art von »infantil-traumatischer Entrückung«. *Ferenczi* ist überzeugt, daß »bei grenzenloser Geduld« – und soweit seine Erfahrung reicht – »kommt es früher oder später, allerdings oft sehr spät, zum Zusammenbruch des intellektuellen Überbaus und zum Durchbruch der doch stets primitiven, stark emotionalen Grundlage«. Dann »erst beginnt die Wiederholung und Neuerledigung des ursprünglichen Konflikts zwischen dem Ich und der Umwelt, wie sie sich in der Infantilzeit abgespielt haben muß«.

IV. Vertiefen wir uns nochmals in einen kurzen historischen Rückblick. Es gibt so viele unter den jungen Analytikern, die wissen herzlich wenig über die Forschungsleistung unserer Vorgänger aus der Zeit vor 1933. Begreiflich, denn die entsprechenden Publikationen aus jener Zeit waren und sind ihnen kaum mehr zugänglich geworden. Deshalb mutet uns Ältere manches so uralt an, was über die Methode der Psychoanalyse als neue Entdeckung propagiert wird. Erinnern wir uns doch daran, daß

bis zu jenem Zeitpunkt die Vaterbeziehung in der Übertragung
und in Problemstellungen im Vordergrund stand, daß ferner
auch in der Analyse der Triebverdrängungen jene des Sexualtriebes das Hauptinteresse beanspruchte, daß FREUD erst 1931 eine
erste Abhandlung *Über die weibliche Sexualität* veröffentlichte
– gerade in einer Zeit, da er sein Interesse mehr und mehr dem
zweiten Primärtrieb, dem Aggressionstrieb zuwandte. In steigendem Maße gilt dieses Interesse seither bei den Tiefenpsycho-
logen allgemein dem Letzteren. Das hat drei Gründe: einmal
zwangen die Schrecken des zweiten Weltkrieges, mehr über Aggression und Destruktion zu wissen, zum anderen konnte die
Fixierung der Verdrängung des Aggressionstriebes erst nach der
Lockerung der Sexualverdrängungen angegangen werden, weil
sie tiefer verankert ist als jene des Sexualtriebes. Drittens – und
das scheint mir der wichtigste Grund – Aggression ist engstens
verhängt mit dem Tod. Alles, was im Leben an Lust, Unlust und
Schmerz dem Menschen begegnet, erträgt er eher als die Angst
und das Grauen vor dem Tod. Und da Geburtstrauma, Todes-
und Weltuntergangsangst als granitharter Komplex in tiefem
Seelengrund engstens zusammengehören, unterliegt er der Urverdrängung und begegnet uns in der analytischen Situation als
Urwiderstand – nicht nur beim P., auch beim A.

V. Nach einem Versuch einer »Analyse der geburtstraumatisch
und totalregressiv bedingten Urwiderstände« (op. cit.) seien hier
noch einige Gedanken geäußert, die neue Streiflichter zur analytischen Situation des Skotoms von A. und P. über Todes- und
Weltuntergangsängste geben mögen.

   Ein P. (51), der schon einige Jahre in Analyse ist, beruflich
»seinen Mann stellte« und Karriere machte, bekundet, daß ihn
der Tod nicht besonders störe. Er habe zu ihm eine ganz normale
Einstellung, wie andere Leute auch. Mit seinen Symptomen ver-
rät er aber, daß die infantilen, traumatischen Ängste vor Tod und
Weltuntergang noch ebenso heftig in seinem Ubw. wirksam sind.
Er intellektualisiert die Analyse wie ein braver Schüler, klagt, daß
er wohl sehr viele neue Erkenntnisse gewonnen habe, aber sie
hätten ihm wenig geholfen, hätten u. a. sogar seine Impotenz (eines seiner Symptome) verstärkt. Dabei wird immer deutlicher,
wie sehr er einem Zwang erliegt, jegliche aggressive Äußerung zu
vermeiden; denn sie könnte zu einem »Außer-sich-geraten« füh-

ren, »der Primitivmensch mit seiner Aggressivität könnte mit
ihm durchgehen. Er würde toben, schließlich in Ohnmacht fallen
und mit einem Herzinfarkt sterben«. Wir bemerken die Lücke
im Affektablauf. Das Toben gegen mich, der »Totschlag« gegen
mich fehlen. Schon als Kind war er ein »revolutionärer Anführer«, wollte später als Junge auftrumpfend »auf die Barrikaden
steigen«, provozierte mit seinem Vater Wortgefechte und brach
bei letzterem zum Schluß in Tränen aus. Im affektschwachen
»Wortgefecht« gegen mich kann es ebenfalls geschehen, daß ein
»befreiendes« Weinen beim P. einsetzt.

Wir verstehen, daß mit dem Vermeiden eines Affektdurchbru-
ches der Tod in Schach gehalten wird, »besiegt« wird. Dabei »gelingt« dem P. nicht nur die »unendliche Analyse«, sondern auch
die Illusion der ewigen Lebensdauer.

Der geschilderte Fall ist aus vielen mit verwandter Problematik
herausgegriffen, und es ist wohl denkbar, daß lesende Kollegen
nichts so Außergewöhnliches daran finden.

Wie aber verhält sich der A.? Was tut er? Muß er eine besondere »Technik« anwenden? Dauerndes Schweigen als Provokation? Affektives Provozieren? Vermeiden jeglicher Provokation?
Entspannender Dialog? – Jeder mag nach seiner Art und Erfahrung den Analysenverlauf zu fördern trachten.

Zum Abschluß dieses Beitrages sei mir gestattet, im Zusammenhang mit dem skizzierten Fall noch einige Gedanken zu äußern, die Überlegungen allgemeiner Natur zur analytischen Situation entsprechen.

Die von einem P. betonte Unfähigkeit eines Aggressions-
durchbruches kann – wie bei dem gezeichneten Fall – nicht allein
an der Todesangst liegen, sondern auch ganz äußerlich an der
klassischen analytischen Situation mit der »schiefen Ebene«, auf
der sich A. und P. befinden. Der A. oben, der P. unten. Der A.
hat »alle« Macht, wird vom P. erhöht, oder steigt selbst auf allen
Sprossen hinauf bis zur Gottähnlichkeit. Der P. ist der Macht-
lose. Er wird niedergelegt, erniedrigt, muß erliegen und ist – hat
er sich einmal in das Unvermeidliche gefügt – erlegen.[1]

---

[1] Etymologisches:
   Liegen: urgermanisches Wort: liegen im Mutterleib – also auch sprachlich uralt. ligen, licken. Die indogerm. Form legio. Griechisch: *leketai* = legt sich schlafen, viele Ableitungen aus dem indogerm. Lager, Hinterhalt. – Neulich fand eine
P., daß das Sitzen des A. hinter ihr hinterlistig und hinterhältig und daher beleidi-
gend sei.

Er befindet sich jetzt, auf dem Rücken liegend, in der Demutsstellung und verharrt darin notgedrungen Monate, Jahre.

Konrad LORENZ (1965) hat mit einer Fülle von Beobachtungen
aus der Tierwelt gezeigt, daß der Aggressionstrieb begrenzt ist,
vorausgesetzt, daß er in seiner Haltung verharrt. LORENZ stellt
die Frage nach verwandtem Verhalten beim Menschen. »Die Pa-
rallelen . . . sind in der Tat oftmals verblüffend und einander be-
stürzend ähnlich« (A. KOEBERLE, Jahrbuch *Der Psychologe*,
1969, S. 44).

Hunde z. B. legen sich als Besiegte auf den Rücken. Beim
Ringkampf der Männer gilt der auf den Rücken gelegte als besiegt
und anerkennt in dieser Demutsstellung die Niederlage.

Im larvierten Ringen zwischen A. und P. dauert es für den über
die klassische analytische Situation unaufgeklärten P. gelegentlich wochenlang und länger, bis er den Widerstand aufgibt und
die »Niederlage«, das Liegen und damit die Demutsstellung ein-
und annimmt. Manchmal weigert er sich so energisch und für alle
Zukunft dagegen, daß dem A. nichts anderes übrig bleibt, als sich
ihm gegenüberzusetzen; es sei denn, er läßt seine Autorität spielen und erklärt, was ich einmal aus dem Munde eines geschätzten
Kollegen vernahm: »Die Methode bestimme ich.«
Das Ringen zwischen A. und P. geht auch dann weiter, wenn der
P. äußerlich die Demutsstellung eingenommen hat – ein Ringen,
das letzterer von seinem Widerpart in ihm auf den A. projiziert
– genau so wie der Kampf zwischen einer besiegten Nation und
dem Besieger unterschwellig weitergeht, wenn der Besiegte in
der Demutsstellung verharren muß. Sie wird stets zum unver-
siegbaren Quell neuer Aggression.

Der Nieder-Lage des P. entspricht in der analytischen Situation stets eine biologische Verhaltens-Urform, das Liegen im

---

Im Altslawischen gibt es eine Präsenzform mit Nasal lega = lege mich.

Legen = ahd. und mhd. = Legen, ursprünglich aber legen machen – auch der
Vogel legt – er leget die Eier nieder (wie der A. den P.), macht sie liegen – auch
der Vogel legt – er leget die Eier nieder (wie der A. den P.), macht sie liegen (legen).

Ferner verwandt: löschen = erlöschen ist ursprünglich = sich legen – löschen
= erlöschen machen = aufhören zu brennen, verwandt dem freien Einfall =
Entspannung = erlöschen machen vom Gespannten, zielgerichteten Denken.
Löschen ist auch in der Seemannssprache (ab 1359 in Brügge), d. h. das Schiff
als Henne oder Mutter wird von seinen »Eiern« (Fracht, Kindern) entbunden –
gelöscht.

Mutterleib (wir sprechen nie vom Sitzen oder Stehen im Mutterleib).

A. und P. erwarten vom analytischen Verfahren eine Wandlung des P., eine Genesung, ein Wachstum aus seinen Infantilismen zum Erwachsenen. Vom A. wird keine derartige Wandlung erwartet oder gefordert, höchstens eine psychische »Ernährung« und Bergung seines P. Verwandt ist das Verhalten der schwangeren Mutter: Schutz, Bergung und körperliche Ernährung ihres Kindes, damit es wachse zum vollreifen Fötus, der eines Tages, nach der Überwindung eines »Todeskampfes« bei der Geburt, das Leben in der Welt gewinnt, zunächst auch noch liegend, dann sitzend, kriechend, stehend und schließlich schreitend. Dabei ging für den neuen Erdenbürger eine frühere Daseinswelt unter.

Die postnatale Daseinswelt fordert erhöhten Lebenskampf, in dem die Triebe und das Ich mobilisiert und in Dienst gestellt werden (GRABER, 1966). Der Kampf ist stets, auch in der kleinsten Regung, ein »Kampf um Leben und Tod«. Das mag unsinnig scheinen, weil wir uns dessen wenig und selten bewußt sind, weil der »Lebenstrieb« nach aller Erfahrung immer wieder »Sieger« wird, der Tod seine »Niederlagen« einstecken muß. Das ist eine »olympische Traumgeburt« (NIETZSCHE), die große Lebensillusion. Denn Sieger ist vom Ursprung des Lebens an der Tod in allem Lebendigen. Er ist in einer Erscheinung erkennbar, die gleichzeitig ihn stets abzuwehren vermag. So wie das Leben des Menschen mit der Urzelle beginnt, sich in der intrauterinen Phase mit dem Eingeschlossensein und der völligen Abhängigkeit fortsetzt, das ganze erste Lebensjahr nach der Geburt darin weiterreicht (A. PORTMANN, 1965), so können wir deutlich durch das Leben hindurch die Grundhaltung als Demutsstellung wahrnehmen. Im Kindesalter wird sie (sogar im Trotzalter) offensichtlich. Die Pubertät erzeugt einen Schub nach Befreiung, aber mit Ausnahme einiger krimineller Erscheinungen verharrt der Mensch in der Demutsstellung, die sich jetzt – ausgerichtet auf das Realitätsprinzip – mehr und mehr gegen Autoritäten in der Berufsausbildung und später im Beruf äußert. Aber sie behaftet ihn auch in der Einhaltung von moralischen und strafrechtlichen Kulturgeboten, die schließlich, verinnerlicht, vom herrschenden Über-Ich ausgehen. Freilich, in unserer Zeit sucht die Jugend alle diese Fesseln zu sprengen, und der Eindruck drängt sich auf, die Menschheit sei ins Pubertätsalter vorgestoßen.

In der analytischen Situation sind die Beziehungen zwischen der Autorität des A. und dem Darnieder-Liegenden m. E. noch zu wenig untersucht. Sie sollten von Grund auf analysiert und soweit wie möglich gelöst werden – dies ebensosehr wie diejenigen der geschilderten dualen Erlebniseinheit.[1]

Zum Abschluß meiner Ausführungen verweise ich nochmals darauf, wie gerade in der analytischen Situation der Lebens- und Todeskampf – im Ursprung des Lebens beginnend – wie kaum sonst irgendwie so tief bewußt werden kann und bewußt gemacht werden sollte. Gerade hier, wo des A. und des P. Weg wirklich zum Ursprung unseres Daseins zurückgehen kann, es wohl auch bewußt stets tut, um in der daraus erwachsenen Neubelebung des Strebens vorwärts, tiefer zu erkennen und zu verstehen, daß unser Leben immerzu, allem zum Trotz, dem Tode erliegt: eine Erkenntnis letzter Gewißheit, ebenso wie auch jene andere, daß seelische Energie niemals erlischt, sondern im Tode – vom Leib sich lösend – ihrem Ursprung im atomaren All, dem »Lebendigstewigen« (HÖLDERLIN), sich wieder verbindet.

A. und P. geraten mit der Verfolgung dieser Erkenntnisse mehr und mehr in die duale Erlebniseinheit, die aus der Haftung an Besonderem und Einzelnem hinausführt ans Allgemeine jeglicher Kreatur. Hier, im Allgemeinen, verblassen die kleinen Nöte des Lebens.

## Zusammenfassung

Die Arbeit geht von den neuesten Forschungen und der erwiesenen Tatsache der intrauterinen Psyche aus (LILEY, RASKOWSY, KRUSE, GARMA, KEMPER, GRABER u. a.). Die intrauterine Grundstruktur des Seelischen erweist sich auch im postnatalen Dasein als das ureigendste Seelische wirksam – so besonders in der psychoanalytischen Situation zwischen Analytiker und Analysand. In der Totalregression des Patienten wird die Wiederher-

---

[1] Um Mißverständnissen vorzubeugen, möchte ich nochmals betonen, daß ich keineswegs Gegner der klassisch-psychoanalytischen Methode, wie FREUD sie lehrte, bin. Ich habe sie ca. 50 Jahre ausgeübt. Ich meine bloß: Sie muß vertieft werden.

154 Gustav Hans Graber

stellung der Dual-Einheit, wie sie zwischen schwangerer Mutter und Kind bestand, unbewußt erstrebt. Die gegenseitigen Identifizierungsvorgänge zwischen Analytiker und Patient werden in tiefster seelischer Region zur unbewußten Identität. Ich propagiere für diese Erkenntnis und Erlebniseinheit keine neue Technik der Psychoanalyse, aber ihre Vertiefung (dies im Unterschied zu O. RANK).

# Experimentelle Traumuntersuchung bei Patienten mit psychotischen Reaktionen

*Von Lucio Pinkus*

Psychiater und Psychotherapeuten werden häufig vor die theoretische Frage gestellt und müssen eine praktische Entscheidung treffen, ob bei psychotisch Kranken eine psychotherapeutische Behandlung indiziert ist.

Der Anregung von GÜNTER AMMON folgend habe ich versucht, Konzepte einer neuen therapeutischen Technik zu entwickeln und in der Therapie von psychotischen und Borderline-Patienten anzuwenden. Im meiner Grundposition verstehe ich mich allerdings als Jungianer.

Für JUNG ist die Psychose einerseits Ausdruck von Konflikten, die auch im normalen Leben jedes Menschen vorhanden sind, andererseits ist sie das Ergebnis eines »abaissement du niveau mental«, wobei Inhalte des kollektiven Unbewußten das Bewußtseins-Ich überfluten (C. G. JUNG, 1898, 1912, 1919).

Auch die neuere psychoanalytische Forschung beschreibt bei den verschiedenen Psychosen die regressiven Veränderungen der Ichfunktionen und eine besondere Labilität der Ich-Zustände (G. BENEDETTI, 1969; B. NEUMANN, 1972).

Für JUNG hat die Psychose darüberhinaus eine besondere Bedeutung insofern, als er die psychotischen Produktionen als »Botschaften« versteht, die das Kollektive Unbewußte an die bewußte Sphäre richtet. Obwohl diese Botschaften sich auf so irrationale Weise äußern, haben sie doch eine tiefe Bedeutung für das menschliche Erleben. Diese zu erforschen bedeutet nicht nur, eine Krankheit zu bekämpfen, sondern auch das Leben zu bereichern.

Wenn das Unbewußte an die Stelle des Bewußtseins-Ichs getreten ist – am vitalsten manifestiert es sich im Traum (G. ADLER, 1972; J. JACOBI, 1971) – ist die tiefere Kenntnis des Unbewußten ein unentbehrliches, ja fast das einzige Werkzeug der analytischen Therapie.

Die Träume eines Patienten können als authentische Zeugnisse seines möglichen Lebens- und Selbstverwirklichungsplanes verstanden werden. Dabei ist nach JUNG gerade der offensichtliche Trauminhalt als objektive Wirklichkeit eine personale Darstellung und eine Projektion des Patienten selbst (C. G. JUNG, 1916, 1928b).

Die Bedeutung des Traumes ist nicht im Sinne eines latenten Trauminhaltes zu verstehen – der Begriff des latenten Trauminhaltes ist an die Vorstellung einer Zensur gebunden, die aber, wie auch neuere Forschungen ergeben haben (R. JONES, 1962, 1971), nicht notwendigerweise ein Traumelement darstellt –, sondern das Verständnis der Botschaft des Traumes ergibt sich aus dem Verhältnis zwischen Traum- und Sprachausdruck, d. h. zwischen Zeichen- und Symbolniveau (B. CALLIERI und A. SEMEVARI, 1959; G. BENEDETTI, 1971). In der Psychose wird Elementen, bei denen das normale Bewußtsein nichts als Zeichen finden würde, eine bestimmte »symbolisch« geladene Bedeutung zugeschrieben, so daß das, was für andere ein Zeichen ist – d. h. eine bestimmte Realität bezeichnet – für den psychotisch Kranken zum Symbol wird, oder anders ausgedrückt, dieser vollzieht eine psychoenergetische Transformation der Realität (M. MORENO, 1972).

ERNEST L. ROSSI (1972) hat auf dem Boden biochemischer, neurophysiologischer und genetischer Untersuchungen die Meinung vertreten, daß während des Träumens neue Strukturen entstehen können, im Sinne eines Wachstums der Persönlichkeit. Die Bildung neuer Proteinstrukturen im Gehirn sei dafür die organische Grundlage. Der offensichtliche Inhalt vieler Träume spiegle diesen organischen Wachstumsprozeß wider; viele Traumbilder drückten eine Zunahme, Verwandlung und kreative Veränderung der Persönlichkeit aus.

ROSSI bezieht sich auf KRECH, DEMENT, MASLOW und andere und betont (E. L. ROSSI, 1972, 1973), wie wichtig es ist, daß der Analytiker das Unbewußte im Patienten in Bewegung setzt, indem er dessen Traumproduktion »stimuliert« und mit ihm intensiv daran arbeitet, die Traumbotschaft zu verstehen.

Einen weiteren Beitrag zum Verständnis des Traums und zum Umgang mit Träumen in der analytischen Therapie lieferte GÜNTER AMMON (1972). Basierend auf den Forschungen von FEDERN, HARTMANN und RAPAPORT versteht AMMON den

Traum als Ausdruck von Ich-Zuständen und Identitätskonflikten. Er stellt dar, wie sich die Ich- und Identitätsentwicklung des Einzelnen in einer Gruppe vollzieht und wie deren Dynamik sich auch im Traum manifestiert. Er erweitert damit den Ich-psychologischen Ansatz der Traumdeutung um die Dimension der Gruppe. In therapeutischen Gruppen ist besonders klar erkennbar, wie Ich-Zustände und Identitätskonflikte Einzelner, in einer spezifischen Gruppensituation aktualisiert, in Träumen einen Ausdruck finden, und umgekehrt, wie Träume einen bestimmten Stellenwert und eine besondere Bedeutung für den gruppenanalytischen Prozeß haben.

Auf der Basis der erwähnten Forschungen ergeben sich für die Arbeit mit Träumen in der Psychotherapie von psychotischen Patienten folgende Probleme:

1. Die Forschungen von J.MENDELS, D. R. HAWKINS (1970), I. KARACAN, R. L. WILLIAMS (1972), N. I. TREVOR, R. und CH. B. KAEBLING (1970) zeigen, daß psychotische und Borderline-Patienten weniger träumen als andere Menschen; dem entspricht auch, daß bei diesen Patienten die REM-Phasen seltener auftreten und kürzere Zeit anhalten.
2. Psychotische Patienten haben große Schwierigkeiten, ihre Träume im Gedächtnis zu behalten und in die Analyse zu bringen.
3. Der oft erst nach einigen Tagen zur Analyse gebrachte Traum ist meist in seiner ursprünglichen Form verändert, zerstückelt, rekonstruiert und umgearbeitet (R. JONES, 1962).

Es ist aber von größter Wichtigkeit, den offensichtlichen Inhalt der Träume zu erfahren. Dies ist aber möglich mittels einer besonderen Technik, die ursprünglich bei psychophysiologischen Untersuchungen des Traumzustandes angewandt worden ist, die meiner Meinung nach aber auch therapeutisch eingesetzt werden kann.

Im Anschluß an die Untersuchungen von ASERINSKY, DEMENT und KLEITMAN (BERTINI M.,1964) stellten BERTINI, LEWIS und WITKIN Hypothesen auf über die Möglichkeit, die cerebralen Wachsamkeitsprozesse zu vermindern und somit hypnagogische Zustände zu erzielen. Die Technik bestand darin: Ein Explorand wird auf einem Bett liegend den Einflüssen eines Hör- und Sehganzfelds ausgesetzt und aufgefordert, frei assoziierend zu sprechen. Das Hör-Ganzfeld wird durch einen besonderen, »White Noise« genannten Ton erzeugt, der durch die »Randomisierung« aller Tonfrequenzen innerhalb einer bestimmten Breite hervorgerufen wird und ganz besonders monoton und strukturlos wirkt. Das Seh-Ganzfeld hingegen erhält man, indem man vor den Augen des Patienten weiße Plastikhalbkugeln anbringt, die von einer »kalten« Lichtquelle, z. B. einer roten Photographenlampe, beleuchtet werden.

BERTINI hatte festgestellt, daß die Versuchspersonen während dieser Reverie-Sitzungen mit größter Leichtigkeit sprechen konnten und daß ihre Gedanken dabei langsam imaginative Gestalt und schließlich geradezu die Form hypnagogischer Halluzinationen annahmen. Er unterwarf nun Exploranden systematisch dem oben beschriebenen Experiment, derart, daß sie darauf konditioniert wurden, nur zu sprechen, wenn sie den Ton hörten, und während der anderen Phasen des Experiments zu schweigen.

Jede Sitzung dieses Trainings dauerte 54 Minuten und zwar wie folgt eingeteilt: 10 Minuten Schweigen, 3 Minuten White and Noise, 10 Minuten Schweigen, 3 Minuten White and Noise, 10 Minuten Schweigen, 3 Minuten White and Noise, 10 Minuten Schweigen und 5 Minuten White and Noise.

Nach etwa zehnmonatiger Wiederholung dieser Situation waren die Exploranden hinreichend darauf konditioniert, beim Auftreten des Tons zu sprechen und wurden eine Stunde vor ihrer gewöhnlichen Schlafenszeit in das Laboratorium bestellt.

Dort wurden dem Exploranden unter besonderen Umständen – akustische Isolierung und konstante Temperatur – die Elektroden zur Ableitung von EEG, EMG und EKG angelgt, die mit einem Polygraphen verbunden waren. Sodann wurde noch ein Laryngophon angebracht, das an ein für tiefe Töne speziell empfindliches Tonbandgerät angeschlossen war.

Während der Explorand schlief, konnte der Experimentator die REM-Phasen beobachten und dann den White and Noise-Ton einschalten.

Ein Ergebnis von BERTINIS Versuchen war, daß die Exploranden während der REM- oder in den unmittelbar daran anschließenden Phasen unter dem Stimulus des White and Noise primärprozeßhafte Verbalisationen produzierten.

Die Technik hatte außerdem den Vorteil, daß die Exploranden weiterschliefen, so konnte man nicht nur den Verlust von Traummaterial vermeiden, sondern darüber hinaus ein Material aufnehmen, welches den Traumquellen so nah wie irgend möglich lag (BERTINI, M., 1970 a). Obwohl BERTINI bei seinen Versuchen keine klinischen Probleme im Auge hatte, wies er bereits selbst auf Möglichkeiten hin, seine Technik therapeutisch anzuwenden (M. BERTINI, 1970).

Nachdem ich die Anwendungsmöglichkeiten dieser Technik kennengelernt und mit BERTINI und LURBORSKY diskutiert hatte, stellte ich versuchsweise einige Hypothesen auf:

1. Die Exploranden sprachen während der Reverie-Sitzungen anfangs rational und geordnet, nach einiger Zeit flüssiger und anscheinend zusammenhangloser. Dies entsprach einem Übergang vom sekundärprozeß- zum primärprozeßhaften Denken. Die Hypothese war nun, daß dieses psychotherapeutische Setting es den Patienten erleichtern könnte, ihre unbewußten, vor allem ihre verdrängten Inhalte zu verbalisieren.

2. Eine zweite Aussicht war, auch nach den Erfahrungen der erwähnten, zu anderen Zwecken durchgeführten Forschungen, daß die bloße Möglichkeit, frei, aber dabei wie von einem Stimulus gestützt, zu verbalisieren, schon an und für sich kathartisch wirken könnte.

3. Alles, was während der Reverie-Sitzungen gesprochen wurde, wurde auf Tonband aufgenommen, und der Patient könnte nun beim Abhören die Möglichkeit haben, etwas von sich selbst bewußt wiederzuerleben und zu integrieren, im Sinne der Selbsterfahrung und Identitätsfindung.

4. Widerstand und Abwehr könnten verringert, Rationalisierung und defensive Umarbeitung ausgeschaltet werden.

5. Die Patienten könnten das Gefühl haben, vom Analytiker weniger abhängig und Co-Leiter des therapeutischen Prozesses zu sein.

6. Die mittels des White and Noise-Tons konditionierten Mitteilungen der Patienten, die in den Reverie-Sitzungen während der REM-Phasen aufgezeichnet wurden, könnten als unmittelbare Verbalisationen des Traumvorganges verstanden werden. Auf diese Weise könnte das Bewußtwerden und die Integration unbewußter Konflikte erleichtert werden.

7. Es bestand die Möglichkeit, während der Patient träumend schlief, in direktem Kontakt mit seinem Traumerleben, d. h. mit seinem Unbewußten, im psychotherapeutischen Sinne einzugreifen.

Auf der Basis dieser Hypothesen habe ich bei verschiedenen Patienten Reverie-Sitzungen durchgeführt und dabei interessante Ergebnisse erhalten. Da ich befürchtete, daß das Experiment für offen psychotisch Kranke zu gefährlich sein könnte, wählte ich zunächst zwei Patienten aus, die nach BENEDETTI (1969) subklinische psychotische Symptome aufwiesen, d. h. Patienten mit einem schwachen Ich, bei denen das Unbewußte stellenweise offen und unkontrolliert zu Tage trat, aber nicht in dem Ausmaß wie bei manifest schizophrenen oder manisch-depressiven Patienten.

Das erste Fallbeispiel stammt von einer 23jährigen Frau. Als Kind italienischer Emigranten wurde sie in Kolumbien geboren. Die Mutter starb bald nach der Geburt und die Patientin erinnerte sich nicht, sie kennengelernt zu haben. Sie wuchs auf im Hause eines Onkels, der verheiratet war und eine Tochter hatte. Auch diese Verwandten waren Italo-Amerikaner. Sie verhielten sich ihrer Umgebung gegenüber ziemlich steif und verschlossen und waren noch an Traditionen und Verhaltensweisen gebunden, die teils aus ihrer Heimat, teils aus einem übertrieben streng verstandenen Katholizismus stammten. Die Patientin besuchte deshalb die Grund- und Mittelschule in einem katholischen Internat.

Mit 15 Jahren kam sie in den Ferien nach Italien und lernte ihre dortigen Angehörigen kennen, darunter auch einen jungen Vetter, den ihre Pflegeeltern als ihren zukünftigen Ehemann vorgesehen hatten.

Mit 16 Jahren traten die ersten Symptome einer psychischen Störung auf: eine depressive Grundstimmung, häufige Weinkrämpfe und ein Schwindelgefühl beim Liegen.

Als sie 18 Jahre alt war, starb auch ihr Vater. Ein Jahr später heiratete sie und zog endgültig nach Italien. Kurz nach der Heirat wurden die Beschwerden stärker. Die Patientin hatte das Gefühl, daß sich »das Zimmer um sie drehte«, hatte fast ununterbrochen Ohrensausen und Schmerzen in der Kreuz- und Lendengegend, scheinbar rheumatischen Ursprungs, deretwegen sie angeblich

nicht aufrecht stehen konnte. Der Ehemann – ein Arzt – ließ sie
zwei Jahre lang in mehreren Krankenhäusern und Universitäts-
kliniken untersuchen, alle nur denkbaren diagnostischen Maßnahmen waren ergriffen worden. Nachdem alle Untersuchungen
erfolglos ausgefallen waren, wurden ein Neurologe und Psychologe konsultiert. Nach weiteren psychiatrischen Konsultationen
wurde sie in ein psychodiagnostisches Zentrum überwiesen, wo
man ihr zur Psychoanalyse riet.

Sie kam in psychoanalytische Therapie, doch nach einigen Sitzungen fühlte sich der Analytiker durch die Starrheit und das abwehrende Verhalten der Patientin genötigt, ihr eine Unterbre-
chung der Behandlung anzuraten. Danach wurden die
Symptome immer stärker, und die Patientin wandte sich an einen
Psychiater, der sie an mich verwies. Ich hatte mit ihr einige Ge-
spräche, wobei ich mich mehr explorativ verhielt, aus denen ich
folgendes Bild gewann:

Gegenwart, Vergangenheit und Zukunft waren für die Patientin weder kohärent noch klar voneinander abgrenzbar, ihr Zeitbegriff war sehr labil. Sie hatte ein sehr schwaches Ich, wobei sie
sich unfähig zeigte, eine »funktionelle« Abwehr zu organisieren
und eine starke Neigung zur Passivität und zur immer wiederholten Flucht in verschiedene körperliche Beschwerden aufwies.
Ihre Fähigkeit der Realitätskontrolle war unzulänglich; ständig
war sie auf der Flucht und auf der Suche nach einem »Ideal-
Mann«.

Das Gesamtbild war das einer subklinischen Psychose, so wie
BENEDETTI sie beschrieben hat; meine Analyse richtete ich dementsprechend aus. Während ich zum Beispiel zunächst drei Sitzungen pro Woche vorgesehen hatte, setzte ich die Zahl nunmehr
auf zwei herab.

Nachdem einige Sitzungen dem ausführlichen Bericht ihrer
Lebensgeschichte gewidmet waren, brachte die Patientin zwei
Träume. Dann aber hörte jegliche Mitarbeit ihrerseits auf und sie
bestand darauf, daß ich sie ausfragen sollte. Jeglicher Versuch, ihr
abwehrendes Verhalten als Widerstand gegen die Therapie zu interpretieren, erwies sich als nutzlos.

Ich machte ihr daraufhin den Vorschlag zu einigen Reverie-
Sitzungen und sie war damit einverstanden. Es wurden zunächst
drei Sitzungen durchgeführt, die Behandlung mußte dann aber
wegen eines Krankenhausaufenthaltes (Mandeloperation) der

Patientin unterbrochen werden. Nach ihrer Entlassung nahmen wir die Sitzungen wieder auf und es wurden dann sieben Reverie-Sitzungen und eine Nachsitzung durchgeführt.

Nach jeweils ein bis zwei Reverie-Sitzungen hörte ich zusammen mit der Patientin das Tonband wieder ab. Über diese Phase der Behandlung meine ich, folgendes bemerken zu können:

1. Der Patientin war es während der Reverie-Sitzungen endlich gelungen, zu verbalisieren und frei zu assoziieren.
2. Während der sieben Reverie-Sitzungen konnte sie bisher offensichtlich verdrängte Inhalte zum Ausdruck bringen. Diese drehten sich hauptsächlich um drei Episoden: Eine Verletzung ihres Onkels, bzw. Pflegevaters, einen Hundebiß und den Fall aus einer Hängematte. Doch kamen dabei auch viele andere Einzelheiten zutage, die für die Rekonstruktion ihrer psychischen Geschichte nützlich waren.
3. Zumindest hinsichtlich des Falls aus der Hängematte erscheint ein Zusammenhang mit ihrer Symptomatik, dem Schwindelgefühl beim Liegen, bedeutungsvoll.
4. Die Symptome bei der Patientin sind natürlich noch nicht verschwunden. Doch sie sagt, sie habe kein so starkes Angstgefühl mehr, sie nimmt weniger Medikamente und fühle sich nach den Reverie-Sitzungen jedesmal wie befreit.

## A  TONBANDAUFNAHME einer REVERIE-Sitzung
### White & Noise

Ich erinnere mich, als ich klein war, wachte meine (Pflege)Mutter eines Nachts laut schreiend auf und rief ihren Schwager, er möge sofort kommen, denn mein Vater war im Badezimmer hingefallen und lag blutüberströmt der Länge nach auf der Erde.

. . .

Ich war noch klein, damals war ich in meiner Heimat, ich war noch so ganz klein, und während ich im Haus meines Großvaters spielte, war ein Hund da, der an eine Kette gebunden war. Dieser Hund war sehr böse, da war mein Vetter, der sagte, ob ich imstande wäre, den Hund ohne Angst dabei zu haben, zu streicheln, und ich sagte ja, obwohl ich innerlich große Angst hatte, er würde mir etwas zuleide tun. So ging ich auf ihn zu und ging, um ihn am Kopf anzufassen und er biß mich so stark, nahm meine Finger in sein Maul und biß ganz stark zu, so stark, daß alle

Zähne auf meiner Hand gezeichnet blieben, und wenn nicht meine Mutter und andere Personen, in der Nähe gewesen wären, so hätte er meine ganze Hand und meinen ganzen Arm aufgefressen.

Dann erinnere ich mich auch noch, daß ich furchtbar gerne schlief, in einer Hängematte schlief, aber einmal hatten sie die Hängematte so hoch gehangen, daß ich, weil ich so stark schaukelte, auf die Erde fiel. Ich hatte mir nicht weh getan, war aber sehr erschrocken und fast wollte ich nicht wieder in diese Hängematte zurück.

## B NACHTSITZUNG
### Verbalisierungen der II. REM-Phase

Ich erinnere mich, erinnere mich an den Mann, der da unter dem Tisch war, da in Amerika, und meine Mutter schrie; sie sagte, da wäre ein Einbrecher und wir haben uns so erschrocken.

Dann, ein anderes Mal, war sie mit uns in meine Heimat gefahren, und ich schaukelte mich in einer Hängematte, ich schaukelte so stark, und dann bin ich auf der Erde gefallen; damals bin ich so erschrocken.

Hier war ein Hund, ein Hund in jenem Haus, er war angebunden, ich ging auf ihn zu, um ihn zu streicheln, denn da war mein Vetter, der zu mir gesagt hatte, daß ich nicht fähig und mutig genug gewesen wäre, mich diesem Hund zu nähern. Ich ging auf ihn zu und der hat mich so stark gebissen, daß wenn ich meine Hand nicht rechtzeitig weggenommen hätte, so hätte er mir alle Finger abgebissen. Vor allem jener Mann, der im Haus war, während wir allein geblieben waren, er klopfte an die Tür, sah sich überall innen um, fast so als ob er eintreten wollte oder sich versichern wollte, daß wir -meine Kusine und ich – allein waren.

Damals, als mein Onkel hingefallen war, als wir ihn blutend gefunden haben, wahrscheinlich war ihm schlecht und er war ohnmächtig geworden. Meine Mutter schrie, sie rief uns, ihm zu helfen, sich aufzurichten und er lag blutüberströmt mit dem Kopf auf der Erde.

Noch ein anderes Mal ging ich mit meiner Tante zur Messe und auf der Straße war es dunkel und ein Mann sagte:« Signorina, ich helfe Ihnen, das Kind tragen«. Es war nämlich viel Wasser auf der Erde. So nahm er mich in seine Arme und ich hatte das Gefühl, als ob er mich wegtragen wollte. Dann, noch ein anderes Mal, trug sie mich auf dem Arm, es wurde ihr aber zu viel, und wir fielen alle beide auf die Erde.

Im zweiten Fall handelt es sich um einen jungen Mann von 26 Jahren. Als er dreieinhalb Jahre alt war, starb seine Mutter an Krebs. Der Patient, das einzige Kind, schien zunächst den Verlust der Mutter nicht zu spüren, doch beim Schuleintritt zeigten sich die ersten Schwierigkeiten. Das Kind war verschlossen, hatte keinen Kontakt zu seiner Klassengruppe und ließ sich leicht von anderen dominieren. Bis zum Alter von 19 Jahren hatte er keine Freundin. Dann »entdeckte« er plötzlich eine entfernte Kusine und verliebte sich in sie. Durch diese Kusine kam er mit extremistischen Kreisen in Berührung, zuerst mit religiösen, dann mit marxistisch-außerparlamentarischen Gruppen. Er erlebte 1968 die Studentenunruhen intensiv mit. Im gleichen Jahr promovierte er in Physik. Er erschien wie verwandelt, hatte vielseitige Interessen und zu seinen Mitmenschen Kontakte.

Ein Jahr später heiratete er die Kusine. Wenige Monate danach verfiel er wieder in seine Isolation und Kontaktarmut, sprach wenig und war seiner Frau gegenüber sexuell impotent. Im Jahr darauf ging er mit einer geschiedenen Frau ein festes Verhältnis ein, während seine Frau gleichzeitig ein Verhältnis mit einem gemeinsamen Freund begann. Sie beschlossen, sich zu trennen, doch tatsächlich geschah nichts und sie lebten weiterhin zusammen und stritten sich.

Die Schwierigkeiten des Patienten wurden jetzt immer größer. Seit seiner Promotion hatte er zusammen mit Kollegen in einem Labor arbeiten können und wurde jetzt ausgebotet. Er versuchte, an die Universität zu kommen, doch fand er nur einen Stipendiatenposten, der zum Leben nicht ausreichte.

Er litt an Schlaflosigkeit, heftigen Wutausbrüchen und Verdauungsstörungen. Schließlich lebte er in einer derartigen Isolation, daß er oft den Zeitbegriff verlor.

Einige Monate ging er zu einem Arzt, der ihm Medikamente verschrieb, aber ohne Erfolg. Inzwischen wurde sein Abstand zur Realität immer größer und er verfiel in einen apathischen Zustand, der nur unterbrochen wurde durch die Wutanfälle gegenüber seiner Frau. Zum Vater bestand eine eigenartige Bindung: Er fühlte sich »ruhig«, wenn der Vater in der Nähe war.

Ein halbes Jahr später verließ er seine Frau und zog zum Vater zurück. Wiederum ein halbes Jahr später aber vergewaltigte er seine Frau und schwängerte sie ganz wissentlich. Daraufhin schalteten sich die Angehörigen der Frau ein und verlangten, daß ein Psychiater konsultiert werde. Dieser versuchte erst eine medikamentöse Therapie und schickte ihn aber etwas später zu mir.

Der Patient benötigte fast drei Stunden, um mir seine Lebensgeschichte zu erzählen. Dann hüllte er sich in Schweigen, das sieben Sitzungen anhielt. Als ich versuchte, die Bedeutung seines Schweigens als Widerstand zu deuten, antwortete er mir schließlich, daß irgendeine Kraft in ihm, die stärker sei, als er selbst, ihn zum Schweigen nötige; er wolle aber wissen, was in ihm vor sich gehe.

So schlug ich ihm einen Reverie-Versuch mit White and Noise vor mit einer anschließenden nächtlichen Sitzung. Auf diese Weise gelang es ihm, zu verbalisieren; alles, was er phantasievoll in ungeordneter Satzstellung vorbrachte, hatte semihalluzinären Charakter.

Während der Reverie-Sitzungen war folgendes auffällig:

1. Der Patient identifizierte sich mit dem »Fall Mattei« (einem bekannten italienischen Physiker. der auf ungeklärte Weise bei einem Absturz umgekommen war).
2. Er hatte Todesängste, die irgendwie mit dem Sprechen verbunden waren.
3. Es herrschten archetypische Inhalte vor, nach denen er eine »heroische« Lebensweise suchte, was er jedoch für sich in seinem Bewußtsein ablehnte.

Die Nachtsitzung brachte noch zwei weitere Komplexe zutage:

1. Die Abhängigkeit vom Vater, der nicht nur als Kastrator, sondern auch als Schicksal und irgendwie als Todesursache der Mutter erlebt wurde.
2. Er war sich im Grunde seiner psychischen Krankheit bewußt und glaubte, unheilbar zu sein.

Nach diesem Experiment, das kurz vor Niederschrift dieser Arbeit beendet war, entschloß sich der Patient, versuchsweise an einer Sommerarbeitsgruppe teilzunehmen.

Das bisher Vorgeschlagene soll auf keinen Fall einen Ersatz oder eine Alternative für eine psychoanalytische Therapie darstellen. Aufgrund gewisser theoretischer Voraussetzungen und einiger Erfahrungen – u. a. auch der Forschungen der Menninger Foundation – scheint mir, daß sich die Anwendung der Reverie-Sitzungen und der Versuch, mit geduldiger Systematik auf der angegebenen Spur weiterzuarbeiten, für einige Patienten, besonders für psychisch reagierende, als Hilfe erweist, ihre unbewußte persönliche Geschichte zu rekonstruieren und zugleich mit geringerer Mühe und besseren Erfolgsaussichten die abgespaltenen Elemente ihrer Seele zu integrieren.

Die Möglichkeit, direkt und in demselben Augenblick, in dem er stattfindet, in den Traum einzugreifen, könnte eine nicht zu unterschätzende Hilfe für die Psychotherapie darstellen.

# Das Borderline-Syndrom des Kindes

*Von Regine Schneider*

Es ist erstaunlich, wie wenig die psychoanalytische Forschung das kindliche Borderline-Syndrom, seine Genese, Symptomatik und Psychodynamik berücksichtigt hat.

GELEERD (1946) und MAHLER (1949) haben das Borderline-Syndrom des Kindes sozusagen als Nebenergebnis ihrer Forschungsarbeit mit psychotischen Kindern entdeckt und dieses Krankheitsbild als benigne Psychose, der die typischen psychotischen Merkmale fehlen, beschrieben. Das Borderline-Kind ist das allgemein bekannte schwer verhaltensgestörte Kind.

GELEERD (1949) und WEIL (1953 a, 1953 b) haben sehr detailliert eine genaue Beschreibung der Borderline-Symptomatik erarbeitet und dabei der Diagnostik eine große Hilfe geleistet. Sie erkannten, daß nicht ein einzelnes spezifisches Symptom dieses Krankheitsbild charakterisiert, sondern das klinische Bild als Ganzes die Diagnose bestimmt. Die Vielfältigkeit und Buntheit der Symptome, ihre Unbeständigkeit und Austauschbarkeit und ihr Erhaltenbleiben über eine bestimmte Altersstufe hinaus, sind signifikant und charakteristisch. Als immer nachweisbare Symptome fanden sie übereinstimmend die starke Abhängigkeitsbeziehung zur Mutter, von der das Kind sich nicht zu trennen vermag, die Schwäche der Objektkonstanz, die geringe Frustrationstoleranz, die emotionale Unreife und die für diese Kinder typischen heftigen Wutausbrüche oder Rückzüge in die Phantasiewelt.

WEIL (1953 a, b) und GELEERD (1958) weisen auf eine Störung der Ich-Entwicklung und auf eine Störung der Entwicklung der Objektbeziehungen hin. Während MAHLER (1949) und WEIL (1953) eine angeborene abweichende Anlage als Genese dieser Alterationen annehmen, sieht GREENACRE (1951) die Ursache der außerordentlichen Ich-Schwäche dieser Kinder in einer angeborenen erhöhten Angstbereitschaft. GELEERD (1949) diskutiert ihre Beobachtung, daß die Angstzustände der Borderline-Kinder mit dem zu vergleichen seien, was MAHLER (1953) beim kleinen Säugling als »organismischen Elendszustand« beschrieben hat (organismic distress). Dieses Phänomen des organismischen Elendszustandes zeigt der junge Säugling, der, wie BENEDEKT (1938) und HARTMANN, KRIS u. LOEWENSTEIN (1946) beschrieben haben, das vertrauensvolle Erwartenkönnen einer Bedürfnisbefriedigung noch nicht ausgebildet hat. Mit dem Postulat einer durch Trauma erworbenen Angst als Ursache der Ich-Schwäche verläßt GELEERD (1949) die fatalistische Betrachtungsweise einer angeborenen Ich-Insuffizienz.

Weitere Studien über Borderline-Kinder hat eine englische Analytikergruppe unter der Führung von SARAH ROSENFELD (1963) veröffentlicht. Sie untersucht subtil die Art der Störung der Objektbeziehungen dieser Kinder und beschreibt sehr differenziert die pathologischen Alterationen einzelner Ich-Funktionen. Über die abrupten Ich-Zustands-Wechsel der Borderline-Kinder hat RUDOLF EKSTEIN (1966) veröffentlicht.

Alle bisher zitierten Autoren haben sich eingehend mit der Symptomatik des kindlichen Borderline-Syndroms befaßt, ohne jedoch in ihrer Betrachtung über die Genese die Beziehung des Kindes zu seiner Primärgruppe, insbesondere zu seiner Mutter zu beachten.

GELEERD (1958) und ROSENFELD (1963) deuten an, ohne theoretische wie therapeutische Konsequenzen zu ziehen, daß Borderline-Kinder oft aus gestörten Familien stammen. Mutter und Primärgruppe bleiben jedoch undefiniert, und eine Untersuchung der Familiendynamik bzw. der Dynamik der frühinfantilen Symbiose des Borderline-Kindes bleibt aus.

GÜNTER AMMON (1973) sieht das Borderline-Syndrom auf dem Spektrum der archaischen defizitären Ich-Krankheiten als eine Mischform zwischen Psychose und Neurose. Im Zentrum – sagt AMMON – steht der in frühester Kindheit in der Interaktion zwischen Mutter und Kind erworbene Symbiosekomplex, dessen Spezifität aufgrund eines schweren narzistischen Defizits, in der Unfähigkeit, sich von der Mutter abzugrenzen, liegt. Die symbiotische Verbindung mit der Mutter löst Verschmelzungs- und Vernichtungsangst aus und bedeutet Identitätsdiffusion, die Abgrenzung von ihr ist gleichbedeutend mit Muttermord und begleitet von heftigen Schuldgefühlen. Der Borderline-Patient benutzt den Abwehrmechanismus des Splittings, mit dem er sowohl die symbiotische Trennungsangst, wie auch die eigene Identität abwehrt. Das Splitting verhindert die Integration des Ich und wird deutlich in der Vielfalt der Borderline-Symptomatik. Die Ich-Zersplitterung wird auch in der Unfähigkeit deutlich, stabile und kontinuierliche Objektbeziehungen einzugehen.

Ich meine, daß das kindliche Borderline-Syndrom, das eine etwas andere Symptomatik zeigt als das erwachsene Borderline-Syndrom, als dessen Vorstufe angesehen werden kann. Die Unterschiedlichkeit in der Symptomatik beruht, wie ich meine, auf einer ganz spezifischen Ich-Schwäche des Borderline-Kindes, wobei zu der Ich-Schwäche, die aus der frühkindlichen archaischen Ich-Schädigung resultiert, auch noch die altersgemäße Ich-Unreife hinzugefügt werden muß. Die Summation von archaischer Ich-Schädigung und altersentsprechender Unreife erklärt die, wie EKSTEIN (1966) sagt, Hypersensibilität und Verletzlichkeit des Ichs des kindlichen Borderline-Patienten. EKSTEIN (1966) beschreibt die Ich-Struktur des Borderline-Kindes als fließend, weich und beweglich, seine Ich-Funktionen schwach und oft verkrüppelt, teils rudimentär, teils noch gar nicht entwickelt; seine Ich-Grenzen werden als zarte permeable Membranen beschrieben, die von innen, also von der Seite des Unbewußten und von außen durch Umweltreize leicht überflutet werden können.

Die Labilität des kindlichen Ichs ist auch in der Tatsache begründet, daß das Kind noch in seiner Primärgruppe lebt, von seinen primären Liebesobjekten, die mit seinem verinnerlichten Objekten identisch sind und seine Objektbeziehungen geprägt haben, in der Realität umgeben ist. Das Kind steht zu diesen Objekten in einer noch starken Abhängigkeitsbeziehung, die nur teilweise als pathologisch anzusehen ist.

Innerhalb einer Falldarstellung möchte ich nun die kindliche Borderline-Symptomatik der sechsjährigen Patientin Anni darstellen, wie sie sich aus der Dynamik der fehlgeschlagenen, pathologisch arretierten Symbiose mit ihrer Mutter Frau K. entwickelte.

Das Material zu dieser Fallgeschichte wurde einmal in ausführlichen Interviews mit der Mutter vor Beginn der Simultantherapie von Mutter und Kind und in Gesprächen mit dem Vater gewonnen. Frau K. trug außerdem durch schriftliche Berichte über ihre Schwangerschaft und Annis erste Lebensjahre, die sie im Zuge der Anamneseerhebung ihrer Tochter anfertigte, bei. Zum anderen stammen die Daten aus Frau K.'s Berichten im Verlauf ihrer psychoanalytischen Arbeit mit mir, aus eigenen Beobachtungen der Interaktion zwischen Mutter und Kind während der Simultantherapie und aus meiner kindertherapeutischen Arbeit mit Anni. Berichte aus unserem Psychoanalytischen Kindergarten, den Anni über längere Zeit besuchte, vervollständigten das Bild.

Es soll in dieser Falldarstellung gezeigt werden, daß das gemeinhin als abnorm bezeichnete Verhalten dieser Kinder verstehbar ist und aus einem sehr schwachen Ich resultiert. Manche abnormen Reaktionen sind Ausdruck verkrüppelter Ich-Funktionen, was ich in kleinen Fallvignetten hier demonstrieren will. Insbesondere soll auf die abrupten Ich-Zustands-Wechsel dieser Kinder eingegangen werden, die psychotischen Reaktionen entsprechen, nur unvergleichbar deutlicher und klarer als beim Erwachsenen die spezifische pathogene Dynamik des Kernkonfliktes der Mutter-Kind-Symbiose, man könnte sagen, bildlich widerspiegeln.

Annies Mutter war eine knabenhaft-kindliche, anorektische Frau, die stets einen angespannten, ruhelosen und flatterhaften Eindruck vermittelte. Sie war bewundert und gemieden wegen ihrer endlosen Reden, sie wußte zu allem etwas zu sagen, hatte stets eine patente Lösung zur Hand und forderte für alles, was sie sprach, volle Aufmerksamkeit und Zustimmung. Mit Vehemenz managte sie ihren Haushalt, ihren eher stillen, femininweichen Mann und ihre kleine Tochter. Frau K.'s Kommunikation mit anderen Menschen war jedoch nur auf einer rein intellektuellen Ebene möglich. Emotional war sie hilflos und ängstlich, sie konnte weder Gefühle äußern, noch konnte sie sie erwidern, weil sie Gefühle entweder gar nicht wahrnahm oder aber diese bei ihr resonanzlos wie in einem großen Loch versackten. Zeigte sie Gefühle, so wirkten sie stereotyp, angelernt und leer.

Zu ihrem Mann und ihrer Tochter bestand eine starke Abhängigkeitsbeziehung, die darin begründet war, daß sich Frau K. panikartig vor dem Alleinsein fürchtete.

Sie war in einer kleinen Handwerkerfamilie aufgewachsen.

Aus ihrer Kindheit berichtete sie, daß sie der Liebling des Vaters gewesen sei. Er hatte sie sowohl ihren Brüdern als auch ihrer Mutter vorgezogen. Obwohl sie ihren Vater wegen seiner großspurigen, brutalen Herrschsüchtigkeit und seinen eifersüchtigen Verfolgungen haßte und fürchtete, versuchte sie ihm zu gefallen, indem sie das Abitur bestand und in endlosen Diskussionen Mutter und Brüder als Partnerin ihres Vaters ausstach.

Über die Beziehung zu ihrer Mutter konnte Frau K. lange Zeit keine Auskunft geben, sie konnte sie sich nur als eine Tag und Nacht sich für ihre Familie abrackernde Frau vorstellen, als Sklavin des Vaters, die oft einschlief, wenn sie mit ihr sprechen wollte. Sie empfand Leere, Verschwommenheit und Schuldgefühle, wenn sie an sie dachte. An eine Zärtlichkeit oder Bestätigung von ihrer Seite konnte sie sich nicht erinnern.

Als Frau K. schließlich ihre Eltern verließ, um tun zu können, was sie wollte, war sie überrascht, wie müde, elend und einsam sie sich fühlte und wie schwer sie Kontakt zu Studienkollegen fand. Dieser Zustand fand erst ein Ende, als sie ihren Mann kennenlernte. Sie schwärmte für ihn, weil er ganz anders war als ihr Vater. Er stammte aus einer alten, angesehenen Adelsfamilie, war freundlich, zärtlich, manchmal auch melancholisch, was sie mochte; sie hatte keine Angst vor ihm und es gefiel ihr, daß er so erfolgreich in seinem Architekturstudium war. Daß er viel Alkohol trank, störte sie wenig. Sie liebte besonders, mit ihm zusammen Zukunftspläne zu schmieden.

Als Frau K. schwanger war, heirateten sie. Damals bereitete Herr K. gerade sein Abschlußexamen vor, so daß er nur wenig Zeit für seine Frau hatte und sie oft allein ließ. Nachdem sich Frau K. ihrer Schwangerschaft sicher war, geriet sie in eine furchtbare Angst. »Jetzt bin ich gefangen, jetzt gibt es in meinem Leben etwas, das immer da sein wird, mich verfolgen und nicht mehr loslassen wird.« Mit der Absicht, eine Abtreibung machen zu lassen, wollte sie einen Arzt aufsuchen, wagte es dann aber doch nicht aus Angst- und Schuldgefühlen. Lange Zeit versuchte sie, ihre Schwangerschaft, indem sie sie einfach nicht wahrnahm, zu verleugnen. Ihre große Angst und Niedergeschlagenheit wechselten mit romantischen Vorstellungen über ein Mutter-Vater-Kind-Verhältnis, denen sie sich hingab, um ihre Verzweiflung abzuwehren. Dominierend waren ihre Unsicherheit und Angst gegenüber der Verantwortung, die auf sie zukam.

Als man ihr nach einer unkomplizierten Geburt das Kind schließlich in den Arm legte, fühlte sie sich zwar hilflos, war aber doch stolz und glücklich, daß sie es geschafft hatte. Obwohl ihr das Stillen eine Art freundliches Refugium bedeutete, während dessen sie die Nähe und Intimität mit ihrer Tochter genoß, tat sie nichts, um eine Mastitis zu verhindern, die sie zwang, nach 6 Wochen abzustillen. Mehr und mehr wuchsen in ihr Unsicherheit und Abneigung gegenüber den Bedürfnissen ihrer Tochter, indem sie sich, wie sie später sagte, nicht auf ihr »gelähmtes Einfühlungsvermögen« verlassen konnte, sich stets unbeholfen und hilflos fühlte, wenn sie sich, wie sie es gelesen hatte, zärtlich und liebevoll ihrer Tochter zuwenden sollte. Der unmittelbare Körperkontakt zu ihr, das Baden, Saubermachen, Cremen erfüllten sie mit Ekel, den sie zu unterdrücken suchte; sie vermied den körperlichen und emotionalen Kontakt zu ihrer Tochter, so weit es möglich war, und überließ ihre Fürsorge und Pflege weitgehend ihrem Mann.

Das ständige Sich-Kümmern-Müssen erfüllte sie mit Haß und Ablehnung, sie empfand es als Last und Bürde und nicht ertragbare Zumutung. Sie wußte nicht, was sie mit dem Kind anfangen sollte und war deshalb erleichtert, als sie es im Alter von drei Monaten in eine Kinderkrippe bringen konnte, um den Lebensunterhalt für die Familie während des Examens ihres Mannes zu verdienen. Anni, die bisher ein stilles, ängstliches Baby gewesen war, reagierte auf die Umstellung mit einer schweren Ernährungsstörung, die sie so elend machte, daß sie vorübergehend in ein Kinderkrankenhaus gebracht werden mußte.

Obwohl Frau K. deutlich fühlte, daß ihr Kind in der Babykrippe nur gefüttert und hygienisch versorgt wurde, war sie doch froh, wenigstens für Stunden von ihm befreit zu sein. Der Begegnung mit ihrer Tochter abends wich sie aus, indem sie sich in Übermaß ihrem Haushalt, ihrem Klavierspiel und den Vergnügungen mit ihrem Mann widmete, auf die sie nicht verzichten wollte. Schon in dieser Zeit fiel auf, daß Anni oft sehr still und apathisch wirkte und mit dem Kopf schaukelte. Als Anni ungefähr ein Jahr alt war, konnte Frau K. schließlich mit ihrer Tochter auf der ihr möglichen intellektuellen Ebene kommunizieren. Sie übte mit ihr das Sprechen, erfand für sie Geschichten, las ihr vor und entwickelte Geschicklichkeitsspiele mit ihr, die später in logische Denkspiele übergingen. Anni zeigte auf sprachlichem wie intellektuellem Gebiet sehr frühzeitig erstaunliche Fähigkeiten. In Frau K.'s eigener Analyse wurde deutlich, daß sie fast alles über die früheste Kindheit ihrer Tochter vergessen hatte; immer wieder aber überfiel Frau K. das Gefühl, daß ihre Tochter schuld daran sei, daß sie an ihrem eigenen Leben gehindert würde.

Als sie begriff, daß zwischen ihrer Theorie über Kindererziehung, zwischen dem, was sie gelesen und viel mit Bekannten diskutiert hatte und weshalb sie in dem Ruf stand, eine gute Mutter zu sein, ein himmelweiter Gegensatz bestand zu dem, was sie wirklich fühlte, entwickelte sie starke Schuldgefühle und fühlte sich noch überforderter und bedrängter. Unklar wurde ihr bewußt, daß sich ihre Zuwendung gegenüber Anni darauf beschränkte, sie gut zu ernähren. Sie erlebte ihre Tochter, wenn sie sie vor sich sah, oft als ein fremdes, bedrohliches Wesen, das gar nicht zu ihr gehörte und das sie gar nicht kannte.

Um sich von ihren Schuldgefühlen zu entlasten, überschüttete sie ihre Tochter dann mit Spielzeug, Bonbons und zuckersüßen Worten, sie verwöhnte sie und erlaubte ihr alles. Ging Anni begierig auf diese Kommunikationsangebote ein, zeigte sie ihre Wünsche nach Zuwendung und Zärtlichkeit, wurde Frau K. von panikartiger Angst ergriffen, fühlte sich überfordert und wehrte ihre Tochter mit Heftigkeit und Kälte ab. Anni blieb dann verzweifelt weinend und hilflos zurück, sie klammerte sich suchend an ihre Mutter, die sie kalt abwies.

Als Anni im Alter von 3 Jahren in einen Senatskindergarten kam, hatte sie jeden Morgen große Mühe, sich von ihrer Mutter zu trennen. Auf die Kinder des Kindergartens reagierte sie mit Ablehnung, Angst, Mißtrauen und oft wütenden Aggressionen. Sie spielte lieber zurückgezogen allein in Ecken, sprach mit sich selber und träumte vor sich hin; sie wirkte scheu und zurückgezogen. Ihrer Mutter sagte man damals, das Kind sei ein Sonderling. Zu Hause abends zeigte sie dann eine rastlose Aktivität, hampelte und zappelte herum, fiel oft hin und verletzte sich, so daß sie dauernd beaufsichtigt werden mußte; sie erfand bald gefährliche Spiele und Tricks, mit denen sie ihre Eltern in Atem hielt. Oft versuchte sie durch einfallsreiche Clownerien Aufmerksamkeit auf sich zu lenken, was ihren Eltern Vergnügen bereitete, da sie diese Mitteilungen als Ausdruck ihrer überragenden Intelligenz und Phantasie ansahen. Diese Form der Kommunikation – Faxen und Hampeleien – wurde später die einzige Kommunikationsmöglichkeit, die Anni hatte, um ihr Bedürfnis nach Bestätigung und Zuwendung mitzuteilen. Durch forderndes Nörgeln und Quengeln, durch Bitten und Drängen, durch Anklammern und Nachlaufen versuchte sie die für sie lebensnotwendige Liebe und Anerkennung zu erlangen. Blieb ihr Ringen um Zuwendung durch Ablehnung und Verbot ihrer Eltern erfolglos, zog sie sich zurück, wurde schweigsam, niedergeschlagen und weinte in sich gekehrt, oder aber geriet in maßlose Wut, warf sich, um ihrer Ohnmacht Herr zu werden, tobend auf den Boden, schlug um sich und schrie, bis sie im Gesicht blau anlief. Während dieser schweigsamen bzw. tobenden Zustände geriet sie so außer sich, daß man sie nicht mehr emotional erreichen konnte; sie verlor ihre Beziehung zur Realität, und ich hatte später im Verlauf ihrer Therapie während dieser Zustände den Eindruck, sie kämpfe gegen die ganze Welt, die sie bedrohte, bzw. sie habe sich vollkommen in ihre eigene innere Welt zurückgezogen. Diese eben dargestellten Zustände sind die von ECKSTEIN (1966) beschriebenen, für Borderline-Kinder typischen Ich-Zustands-Wechsel, auf die ich später noch näher eingehen werde.

Frau K.'s Verhalten schwankte zwischen grenzenlosem Erlauben und Verwöhnen und unverständlichen Einschränkungen und Verboten, so daß Anni in der Orientierung an ihrer Mutter und damit der Realität irre und diffus und ihr Verhalten mehr und mehr destruktiv-chaotisch und bizarr wurde.

Noch bevor Anni 5 Jahre alt war, hatte sich die Beziehung zwischen Herrn K. und seiner Frau zunehmend verschlechtert. Herr K. war im Begriff, ein angesehener, erfolgreicher Architekt zu werden und verbrachte die meiste Zeit außer Haus. Seine Frau verfolgte diese Entwicklung mit Eifersucht und Neid, fühlte sich zunehmend minderwertiger und benachteiligter. Wenn er sie allein ließ, beschäftigte sie sich in Gedanken unaufhörlich und zwanghaft mit ihm, vergaß darüber ihre Tochter oft ganz, geriet in Angst, daß er von ihr weggehen könnte und verdächtigte ihn der Untreue. Sie war ihm sexuell hörig und machte ihm laufend Vorwürfe.

Auf Anni war sie wütend und böse, daß sie sie daran hinderte, stets um ihn zu sein. In ihren Angstzuständen, von ihrem Mann verlassen zu werden, war ihre Tochter so gut wie nicht mehr existent. Nicht nur, daß sie vergaß, sie vom Kindergarten abzuholen, sie ließ sie auch abends oft allein, wartete nicht ab, bis sie eingeschlafen war, sondern appellierte wortreich an Annis Vernunft, wenn diese vor Angst verzweifelt weinte, sich an sie klammerte und nicht einschlafen wollte. Damals machten sich erstmals Annis schwere Einschlafstörungen bemerkbar.

Dieser totale Kommunikationsabbruch, bzw. die Verleugnung ihrer Tochter bedeutete für Anni eine existentielle Katastrophe, auf die sie mit panikartigen Angstzuständen, später aber mehr und mehr mit Rückzug in ihre eigene innere Welt reagierte. Sie entwickelte einen sekundären Autismus.

Sobald sich Frau K. der Liebe ihres Mannes sicher war, überkamen sie Schuldgefühle gegenüber Anni, und sie überschüttete sie mit Spielzeug, Süßigkeiten und grenzenlosem Gewähren. Diese ständig schaukelnde, ambivalente Beziehung machte Anni mehr und mehr mißtrauisch gegenüber allen Gefühlen und Beziehungen und unberechenbar aggressiv. Die Anklammerung und verfolgende Kontrolle gegenüber ihrer Mutter nahmen zu, dominierend aber war ihre starke, sie ständig beherrschende Angst.

Ihr Vater war ihr gegenüber freundlich weich, hatte Verständnis für ihre Bedürfnisse, verhielt sich aber ebenso abwehrend und hilflos gegenüber ihren Forderungen nach Bestätigung und Zuwendung. Er entzog sich den Ansprüchen von Mutter und Tochter, indem er seine Arbeit und Karriere vorschob.

Als Anni 5 Jahre alt war, wurde sie in unseren psychoanalytischen Kindergarten aufgenommen. Ihre Mutter hatte wortreich von sich das Bild der guten Mutter vermittelt und eine positive Einstellung gegenüber dem Kindergarten gezeigt, indem sie sagte, sie sei glücklich, ihre Tochter einem so guten Kindergarten anvertrauen zu können. Sofort aber fielen Annis Kontaktschwierigkeiten auf. Herzzerreißend weinend trennte sie sich morgens von ihrer Mutter. Wollte man sie freundlich trösten und in die Kindergruppe holen, schlug sie wütend um sich, kratzte und schrie: »Hau ab, geh weg«. Es war schwierig, mit ihr wieder in Kontakt zu kommen. Auch ihre schwere unberechenbare Aggressivität war bald eine körperliche Bedrohung für alle. Bei der kleinsten Frustration, besonders bei Rivalität um Zuwendung und Liebe der geliebten Kindergärtnerin, manchmal auch ohne erkennbaren Anlaß, schlug Anni los, biß, kratzte, warf mit Gegenständen, klemmte Finger in Türen ein und drohte, andere Kinder aus dem Fenster zu werfen. Sie stiftete andere Kinder zu gefährlichen Aktionen an, zog sich im entscheidenden Augenblick zurück, log und negierte dann ihre Beteiligung.

Sie war nicht in der Lage, in der Gruppe mitzuspielen. Alle Versuche, sie in gemeinsame Spielaktionen miteinzubeziehen, scheiterten, da nur sie, wenn sie überhaupt mitspielte, bestimmen wollte, was gespielt wurde; nur ihre Vorstellungen und Phantasien durften dargestellt werden, sie dominierte die Spielhandlung, spielte auch nur, wenn sie der Anführer war und die Hauptrolle spielen konnte. Sie kontrollierte die Spielsituation total. Auch mußte sie gewiß sein, daß ihr die Kindergärtnerin während des Spiels allein gehörte.

Wenn es ihr nicht gelang, das Spiel nach ihren Vorstellungen zu gestalten, zerstörte sie jede gemeinsame Spielaktion. Sie hatte auch kaum Freunde unter den Kindern. Einmal kam es tatsächlich zu einer herzlichen, längerdauernden Beziehung zu einem gleichaltrigen Mädchen. Diese Freundschaft aber wurde von Frau K. aus einem nichtigen Anlaß abgebrochen. Tatsächlich aber fürchtete Frau K., daß sich ihre Tochter ihrem Einfluß entziehen könne, daß sie sie verlöre und Annis Liebe mit der Freundin teilen müsse.

Auffallend war Annis hohe Intelligenz. Nicht nur, daß sie las und schrieb vor ihrer Einschulung, sie konnte schwierige Situationen im Nu erfassen und dann in ihrer logischen Abfolge erklären. Geschichten, die man ihr vorlas, lernte sie sofort auswendig. Ihr Gedächtnis war erstaunlich.

An den Elternabenden wurde Frau K. mit Annis Verhalten konfrontiert. Sie wehrte zunächst ab, fühlte sich angegriffen und zerschmettert. Sie berichtete, wie fordernd und anspruchsvoll ihre Tochter sei, wie sie sie tyrannisierte, indem sie sie keinen Augenblick allein lassen könne, wie sie tobe, wenn sie nicht sofort auf ihre Forderungen einginge, wieviel Mühe und Zeit ihre Tochter sie koste; sie täte doch alles für sie, was sie könne. Langsam aber wurden auch ihre eigenen Schwierigkeiten deutlich, ihre Hörigkeit und ihr Mißtrauen ihrem Mann gegenüber, ihre Kontaktschwierigkeiten zu anderen Menschen, die Unfähigkeit, allein zu sein, ihr Neid auf den Erfolg ihres Mannes in Zusammenhang mit ihrem eigenen Mißerfolg im Studium, und vor allem ihre Gefühlslosigkeit und Fremdheit gegenüber der Tochter.

Als Annis Destruktivität einen so realen Charakter annahm, daß man um die körperliche Unversehrtheit der anderen Kinder fürchtete und sie durch ihre Spiel- und Gruppenunfähigkeit nicht mehr für den Kindergarten tragbar war, wurde Frau K. dringend empfohlen, ihre Tochter in psychotherapeutische Behandlung zu geben und selbst eine Analyse zu beginnen. Darauf ging Frau K. rasch ein. Anni war gerade sechs Jahre alt, als sie und ihre Mutter zu mir zu einer Simultantherapie kamen. Die Lebensumstände von Frau K. waren zu diesem Zeitpunkt chaotisch. Sie hatte sich wegen eines anderen Mannes von ihrem eigenen Mann scheiden lassen, und nun war auch diese Beziehung gescheitert. Sie mußte ihre Wohnung aufgeben, wußte nicht, wie sie sich und ihre Tochter ernähren sollte und hatte auch keine Vorstellung, was sie beruflich weitermachen sollte.

Betrachten wir den Katalog von Annis bizarren Verhaltensweisen, so finden wir die Kardinalsymptome des Borderline-Kindes wieder:

Am auffallendsten war Annis Frustrationsintoleranz. Sobald sie allein war oder sich ungeliebt und unbeobachtet fühlte, geriet sie in panische Angst, zog sich in ihre Phantasien zurück oder aber reagierte mit schrecklichen Wutausbrüchen.

Sie konnte in keiner Gruppe funktionieren, denn das hätte bedeutet, das Liebesobjekt teilen zu müssen. Ständig mußte sie ihre Mutter kontrollieren, nur bei der körperlichen Anwesenheit der Mutter fühlte sie sich sicher und reagierte realitätsgerecht. Die omnipotente Kontrolle über ihre Mutter bestimmte weitgehend ihr verfolgendes, anklammerndes Verhalten und ihre rastlose Aktivität. Ihr offenes Mißtrauen gegenüber Kindern wie Erwachsenen zeigte ihre Unfähigkeit, vertrauensvolle Objektbeziehungen einzugehen. Ihre Lügereien, ihre Feigheit, unberechenbare Aggressivität, ihre Faxen und Clownereien, ihre Schlafstörungen und ihr sekundärer Autismus vervollständigten das Bild.

Eigentümlich mutete neben Annis emotionaler Unreife ihre in ihre Gesamtpersönlichkeit nicht integriert wirkende hohe Intelligenz, ihr Gedächtnis und ihre sprachlichen Ausdrucksmöglichkeiten. Dieser hochentwickelte Teil ihrer Gesamtpersönlichkeit verlieh ihr groteskerweise das Als-ob-Bild eines frühreifen, hochbegabten Kindes.

Annies Fallgeschichte zeigt, daß die bizarren und abnormen Verhaltensweisen, die für Borderline-Kinder typisch sind, das

Resultat einer Ich-Störung darstellen, die in der frühkindlichen pathologischen Interaktion mit der Mutter erworben ist. Die Symptome sind Ausdruck des in seinen integrativen wie funktionellen Aspekten gestörten Ichs und Manifestationen der pathologischen Arretierung der Ich- und Identitätsentwicklung auf präödipaler Ebene. Der triebpsychologische Aspekt dieses Krankheitsbildes wird in dieser Arbeit vernachlässigt. ROSENFELD (1963) und Mitarbeiter haben die Schwäche der Objektbeziehungen dieser Kinder in Hinblick auf ihre gestörte Libidoentwicklung untersucht; sie kamen zu dem Ergebnis, daß diese Kinder in der oralen Phase ihrer Libidoentwicklung fixiert bleiben und ihre Objektbeziehungen die Charakteristika dieser Entwicklungsstufe zeigen.

Ich möchte nun im Rahmen der Diskussion ausführlicher auf die Genese der Fragmentierung und der damit verbundenen Integrationsschwäche des kindlichen Ichs eingehen und ihre Manifestationen im kindlichen Verhalten zeigen. Aus der Fülle der gestörten Ich-Funktionen werde ich einige herausgreifen (die Ichfunktion der Sprache, des Essens, der Abwehr) und ihren Niederschlag im kindlichen Verhalten demonstrieren und schließlich auf die für diese Kinder typischen Ich-Zustandswechsel eingehen.

Frau K.'s Erfahrungsunfähigkeit und ihre Unmöglichkeit, Annis Bedürfnisse nach Zuwendung und Bestätigung zu erfüllen, ließen bei Anni ein großes emotionales Erfahrungsdefizit entstehen, das seinen Niederschlag als schweres strukturelles Defizit in Annis Ich fand. AMMON (1972) prägte für diese Leerstellen im Ich den Begriff des »Lochs im Ich«. Dieses narzißtische Defizit machte es Anni unmöglich, sich von ihrer Mutter zu trennen, und eigene stabile Ich-Grenzen aufzubauen. Stets fühlte sie sich sogartig zu ihr hingezogen, wollte immer in ihrer Nähe sein, sich an sie schmiegen, sie ungeteilt für sich haben. Die Sehnsucht nach ihrer Mutter nannte sie: »Mir ist so mammalich.«

Die Unfähigkeit, ein Liebesobjekt teilen zu können, macht Borderline-Kinder gruppen- und damit sozialunanpassungsfähig. Jede Teilung bedeutet für sie die Drohung des Verlustes. Anni konnte im Kindergarten nur spielen, wenn sie als Anführerin die Kindergruppe für sich hatte.

Da Annis Wunsch nach Nähe für Frau K. die unbewußte Angst vor Vernichtung und Identitätsdiffusion heraufbeschwor, ertrug sie die Intimität mit Anni nur kurzfristig, dann aber mußte sie sie zwanghaft von sich wegschieben, worauf Anni mit furchtbarer Wut und Verzweiflung reagierte. Andererseits aber kontrollierte auch Frau K. ihre Tochter. Annis herzliche Beziehung zu ihrer Freundin bedeutete für sie selbst eine schwere narzißtische Kränkung und die Drohung, daß Anni eigene Schritte von ihr weg unternehmen könnte. Ihre Angstabwehr bestand, sehr zu Annis Nachteil, in der Zerstörung dieser Beziehung.

Die Unmöglichkeit, sich von der Mutter zu trennen und die gleichzeitige Angst, von ihr vernichtet zu werden, steht im Zentrum des Borderline-Konfliktes.

Während der erwachsene Borderline-Patient sich in der Realität von der Mutter trennt und sie permanent durch andere Liebesobjekte – Partnerbeziehungen, Drogen, Zwangshandlungen usw. – ersetzt, ist das Kind aufgrund seiner entwicklungsbedingten Abhängigkeit von seiner Primärgruppe dazu nicht in der Lage. Für das Kind ist die Mutter nur schwer ersetzbar und kaum austauschbar.

Reale Trennung von ihr bedeutet für das Kind die Konfrontation mit der eigenen defizitären Ich-Struktur, das Loch im Ich des Kindes reißt sozusagen mit dem Weggehen der Mutter auf. Dadurch entsteht für das fragile, verletzliche kindliche Borderline-Ich die Gefahr des Zusammenbruchs seiner Ich-Grenzen und der Ich-Desintegration. Das Kind reagiert auf diese Gefahr mit panikartigen Angstzuständen, die ein Kardinalsymptom in seinem Verhalten darstellen. Ich erinnere nur an Annis Erregungszustände, wenn sie sich morgens im Kindergarten von ihrer Mutter trennen sollte. Den Trennungszustand erlebt das Kind als totalen Verlust seiner Mutter, da sie ja intrapsychisch für das Kind nicht erreichbar ist. Auch die Umwelt, die beim Borderline-Kind durch die Projektion, wie ich gleich zeigen werde, entstellt ist, wirkt bedrohlich und ist keine Hilfe. Die für Borderline-Kinder typischen schweren permanenten Angstzustände und ihre Hilflosigkeit finden, glaube ich, hiermit ihre Erklärung. Vor allem, wenn man sich vergegenwärtigt, daß diese Mütter, wie Frau K., sich tatsächlich dauernd von dem Kind trennen wollen. Die erhöhte Angstbereitschaft ist meines Erachtens die Reaktion eines in frühester Kindheit außerordentlich schwer gestörten Ichs und nicht, wie *Greenacre* (1951) und *Rosenfeld* (1963) annehmen, angeboren.

Annis Angstabwehr aber bestand in ihrem omnipotenten Kontrollbedürfnis gegenüber ihrer Mutter, das ihr bizarres Verhalten weitgehend prägte. Ihre außerordentliche Hilflosigkeit und Ausgeliefertheit demonstrierte sie in Bitten, Drängen, Quengeln, in ihrer suchenden, ruhelosen Hyperaktivität, sie klammerte sich an sie, wollte genau wissen, wohin die Mutter ginge, was sie täte, wann sie wiederkäme, ob sie sie lieb habe, ob sie ihre Liebste, Schönste, Klügste, ihre Einzige wäre.

Erlebt das Borderline-Kind seine Kontrollmöglichkeiten als zu schwach und gewinnt die Angst vor Vernichtung die Überhand, so kommt es zum Ich-Zustandswechsel, zur Regression, zur psychotischen Reaktion.

Obwohl Anni unzählige Male dieses Zurückgewiesenwerden von ihrer Mutter erlebte, schien es, als wolle sie die abweisenden Gefühle und die Feindseligkeit ihrer Mutter nicht wahrhaben. Unter Zuhilfenahme der in ihrem Alter verfügbaren Abwehrmechanismen, vornehmlich der archaischen, versuchte sie sich ihre Mutter »mammalich« vorzustellen: als eine immer zuverlässige, liebe Mamma. Alle von ihr verinnerlichten negativen, gegen sie selbst gerichteten Aspekte ihrer Mutter spaltete sie in ihrem Ich ab und projizierte sie auf ihre Umwelt, die dann einen bedrohlichen verschlingenden Charakter für sie annahm. Sie verleugnete die ablehnenden, feindseligen Gefühle der Mutter. Sie idealisierte ihre Mutter zusätzlich, um sie lieben zu können und die Vorstellung zu haben, von ihr geliebt zu sein. Diese Abwehrmechanismen setzte sie unter dem Preis der Fragmentierung und Nicht-Integrierung ihres Ichs ein, um das Gefühl der Harmonie mit ihr aufrechterhalten zu können. Erst die Halluzination einer glücklichen Symbiose mit der illusorischen Vorstellung einer gemeinsamen Dyaden-Grenze der in Wirklichkeit getrennten Individuen, über die hinaus alles Kränkende, Versagende projiziert werden kann, verleiht dem Kind dann das Gefühl der Existenz.

Aus der Fülle der gestörten Ich-Funktionen, die das Verhalten dieser Kinder prägen, möchte ich nur einige wenige herausgreifen, die besonders deutlich ihr Entstehen als Echo auf die gestörten Ich-Funktionen der Mutter illustrieren.

Rainer wurde im Alter von 3 Jahren von seiner Mutter wegen einer Sprachstörung zur Kindertherapie gebracht. Es schien, daß die Mutter selbst mehr unter dieser Störung litt als ihr Sohn. Rainer sprach mit dunkler, dröhnender Stimme ein eigentümliches, in der Tat unverständliches Kauderwelsch, mit dem er sich mitzuteilen versuchte.

Basierend auf dem Konzept von AMMON (1973), der die Sprache des Menschen als »Sprache der Wiege« ansieht, wurde die Bedeutung der Sprache zwischen Rainer und seiner Mutter in der frühestkindlichen Kommunikation untersucht. Dabei wurde offensichtlich, daß Rainers Mutter, die ledig geblieben war, ihren kleinen Sohn als den von ihr heiß ersehnten, erwachsenen Liebespartner ansah. Wenn man sie mit ihrer dunklen, erotisierenden Stimme Rainer fragen hörte, wie denn sein Lutscher schmeckte, assoziierte man ihr verführerisches Liebesgeflüster mit dem Partner. Was Rainer mit dunkler Stimme vorgetragenem, unverständlichen Kauderwelsch ausdrückte, war die verzerrte Reduplikation dessen, was er von seiner Mutter »in der Wiege« gehört hatte: eine für ihn unverständliche, kindungerechte Sprache, die die Bedürfnisse der Mutter ausdrückte, für ihn selbst aber verwirrend und unbegrenzlich war. Genau dies stellte er dann selbst mit seiner Ich-Funktion der Sprache dar: ein Kommunikationsangebot, das verunsicherte und auf das man nicht eingehen konnte, weil es nicht verstehbar war. Als die Mutter durch ihre eigene Therapie dies kindungerechte Verhalten aufgab, besserten sich die Sprachstörungen ihres Sohnes augenblicklich.

Jacob, ebenfalls ein Borderline-Kind, zeigte eine bei diesen Kindern häufig anzutreffende Eßstörung. Trotz seiner sechs Jahre war er ein viel zu kleines, anorektisches Kind. Jacob lebte bei seinem Vater; seine Mutter hatte ihn von Geburt an offen abgelehnt, sie war froh, ihn nach der Scheidung von ihrem Mann an den Vater abzuschieben. Beobachtete man Jacob beim Essen, so fiel auf, daß er sich gierig den Teller vollud, zwei oder drei Happen aß, dann aber alles mit einem Ruck von sich schob und erklärte, er sei satt. Wollte man ihm dann seinen Teller abnehmen, hielt er ihn krampfhaft fest und wollte ihn nicht hergeben.

Das gleiche Verhalten demonstrierte er in der Kindertherapie: Diffus häufte er massenhaft Spielzeug übereinander, bis es fast über den Tischrand hinunterquoll. Dann stand er hilflos davor, rührte darin herum und war glücklich, wenn er etwas kaputtmachen konnte. Versuchte ich eine Spielaktion einzuleiten, eine

Kommunikation über das Spiel zu ihm herzustellen, so riß er mir das Spielzeug aus der Hand, schreiend: »Gib her, laß los, das ist meins« und breitete beschwörend die Arme über dem ganzen Tisch aus. Diese auffallende Ähnlichkeit zwischen Eß- und Spielverhalten ließ die verkrüppelte Ich-Funktion des Essens in Hinblick auf das Kommunikationsverhalten zwischen Mutter und Kind in der frühkindlichen Symbiose untersuchen. Jacobs Mutter hatte ihren Sohn von Geburt an haßvoll abgelehnt und ihn wie einen unbelebten Gegenstand mit Verbot und Gebot verwaltet. Nach strengem Zeitplan war er mit der Flasche ernährt worden, seine sonstigen Bedürfnisse hatte sie mißachtet und sich ihm emotional völlig entzogen, um, wie sie sagte, ihre eigene Mutter, mit der sie zusammenlebte, zu bestrafen dafür, daß sie sie ebenso kalt behandelt hatte. Die Qualität der Beziehung zwischen Jacob und seiner Mutter wurde in Jacobs Eßverhalten sichtbar, seine Anorexie drückte die abwehrende feindselige Haltung seiner Mutter gegenüber seinem Affekthunger als Säugling aus. Sie hatte mit der Flasche seinen physischen Hunger gestillt, sonst aber seine emotionalen Bedürfnisse abgewiesen und so eine Kommunikationsdiffusion ausgelöst, die sich in Jacobs konfusem Spielverhalten ausdrückte. Daß er weder von seinem Spielzeughaufen noch von seinem Essensberg etwas hergeben wollte, ohne damit selbst etwas anfangen zu können, bringt zum Ausdruck, daß er bis heute noch das kleine Liebesangebot seiner Mutter in Form der Flaschennahrung vehement verteidigt, ohne es annehmen zu können.

Betrachtet man die Ich-Funktion der Abwehr, so fällt auf, daß Borderline-Kinder aus der Vielfalt der Abwehrmechanismen zur Abwehr ihrer Angst und anderer Stimuli vornehmlich die frühen gebrauchen: Splitting, Projektion, Introjektion, Verleugnung und Idealisierung. Sie benutzen auch neurotische Abwehrmechanismen, jedoch brechen diese sofort unter streßartigen Realitätsanforderungen zusammen.

Das für diese Kinder typische sogenannte »fabelhafte Gedächtnis«, worüber auch Anni verfügte, das Erinnerungsvermögen bis in die früheste Lebenszeit, beruht nicht nur auf der in diesem Bereich der Interaktion mit der Mutter hochentwickelten Ich-Funktion des Gedächtnisses, sondern zeigt auch das schwerwiegende Unvermögen des schwachen kindlichen Ichs, seine fundamentale Abwehrfunktion der Verdrängung auszuführen.

Das Unvermögen, selektiv vergessen zu können, darauf hat MAHLER (1972) hingewiesen, aber hat zur Folge, daß diese Kinder auf irgendein Merkmal eines Details eines späteren Erlebnisses, das von nebensächlicher Bedeutung ist, es aber an eine vergangene schmerzliche Situation erinnern, mit weitgehenden, dann unverständlichen abnormen Verhaltensweisen reagieren.

Die Ich-Schwäche des Borderline-Kindes in ihren integrativen und funktionellen Aspekten hat ihre Ursache in der Dynamik der pathologisch arretierten Symbiose, in der Unfähigkeit des Kindes, sich von der Mutter zu trennen. Unter der Wirkung der frühen Abwehrmechanismen, die die vernichtenden feindseligen Aspekte der Mutter aus dem Ich exterritorialisieren, entsteht ein fragmentiertes Ich mit nicht integrierten Ich-Funktionen und sehr labilen schwachen Grenzen. Die spezifische Schwäche beruht in dieser Nicht-Integration und der reifungsbedingten Verletzlichkeit.

Aufgrund der außerordentlichen Verletzbarkeit und Überempfindlichkeit des Ichs des Borderline-Kindes ist es nicht über längere Zeit in der Lage, die panikartigen Angstzustände zu ertragen. Es ist eindrucksvoll und erschütternd zugleich zu beobachten, wie schnell und abrupt die neurotische Abwehr zusammenbricht und der Realitätsverlust einsetzt, wenn das Kind sich zu schwach fühlt, eine Situation zu kontrollieren, wenn die Verlassenheitsangst und narzißtische Kränkung die Übermacht gewinnt. Dann kommt es zum Ich-Zustands-Wechsel, d. h. zu einer sehr raschen Regression auf eine archaische Stufe seiner Ich-Organisation, und die früharchaischen Abwehrmechanismen Projektion und Introjektion werden sichtbar. EKSTEIN (1966) bezeichnet die Ich-Grenzen dieser Kinder als porös und zart, und ich meine auch sehr regulationsschwach. Primär-prozeßhaftes Material überschwemmt das Ich und zeigt sich in Phantasien oralen Charakters, die für das Kind zur Wirklichkeit werden.

Bei Anni kam es jeden Abend zum Ich-Zustands-Wechsel, wenn sie einschlafen sollte. Einschlafen bedeutete für sie Trennung von der Mutter; das Schlafzimmer war erfüllt von vielzinkigen Ungeheuern, von greifenden Krallen und Spinnen, unter ihrem Bett vermutete sie Riesen, die sie auffressen wollten, sie ängstigte sich, wenn der Vorhang am Fenster sich bewegte, da sie meinte, daß jeden Augenblick jemand ins Fenster einsteige, mit der Absicht, sie zu ermorden. Annis unbewußte Ängste, die bösen gegen sie gerichteten verinnerlichten Gefühle der Mutter nahmen durch die Projektion Gestalt an und bedrohten sie. Sie saß dann zitternd und vor Angst naßgeschwitzt an ihre Mutter angeklammert im Bett, bat sie bei ihr zu bleiben, sie nicht zu verlassen, schrie, wenn sie in ein anderes Zimmer gehen wollte. Sie demonstrierte damit ihren Kernkonflikt: Ihre Todesangst, die liebende Mutter zu verlieren und die gleichzeitige tödliche Bedrohung durch die vernichtende Mutter. Anni war nur zu beruhigen, wenn sie schließlich mit ihrer Mutter gemeinsam in deren Bett wie in einem »erweiterten Uterus« schlafen konnte.

Abrupte Ich-Zustands-Wechsel bei Borderline-Kindern haben wie die psychotischen Reaktionen bei Borderline-Erwachsenen einen passageren Charakter (AMMON (1973), EKSTEIN (1966), GELEERD(1958) u. a.). Wird der Wunsch nach Zuwendung und körperlicher Anwesenheit erfüllt, manchmal genügt sogar auch ein unspezifischer Stimulus, womit man das Kind aufmerksam machen und eine Beziehung zu ihm aufrichten kann, kommt es genauso rasch und abrupt zum Rückgang der Regression, und die neurotischen Strukturen der Ich-Organisation werden wieder sichtbar. Ich meine, nach meinen Erfahrungen mit kindlichen Ich-Zustands-Wechseln in der Kindertherapie, daß, sobald ein emotionaler Kontakt wieder hergestellt ist und man dem Kind mitteilen kann, daß man seine Angst und seine Schwierigkeiten versteht, auch der Realitätsbezug wiederhergestellt ist und das Kind seine altersgemäße Stufe der Ich-Organisation wieder erreicht hat. Im allgemeinen aber werden Kinder im Ich-Zustands-Wechsel von ihrer Umwelt als abnorm verhaltensgestört abgelehnt und bestraft.

Bei der Untersuchung der Spezifität des Symbiosekomplexes, der zum Borderline-Syndrom führt, fiel auf, daß die borderlinemachende Mutter bisher in der psychoanalytischen Forschung kaum Beachtung gefunden hat. Es ist so, als wenn sich die psychoanalytische Forschung ebenso desinteressiert und abwehrend ihr gegenüber verhält, sie ebenso übersieht, wie sie selbst ihr eigenes Kind, bzw. sie durch ihre eigene Mutter abgewehrt wurde.

Betrachtete ich die Symptome, die die Mütter meiner in Therapie stehenden Borderline-Kinder boten, so fiel ihre unendliche Verschiedenheit und Buntheit auf, und die Auffindung gemeinsamer Merkmale war zunächst schwierig. Es handelt sich durchweg ebenfalls um Borderline-kranke Erwachsene, die in der Beziehung zu ihrer eigenen Mutter dasselbe narzißtische Defizit erfahren hatten, welches sie an ihre eigenen Kinder weitergaben. Sie lebten in symbiotisch – destruktiven Partnerbeziehungen und ihre diffuse Symptomatik spiegelte ihr gestörtes, fragmentiertes Ich und ihre Identitätszersplitterung wider. Die Angst vor der Identität als Mutter stand im Zentrum des Konflikts mit ihrem Kind.

Das Charakteristikum der borderline-machenden Mutter aber ist, daß sie sich der Angst vor ihrer Identität als Mutter nicht bewußt ist, wohl aber unter ihren schweren Schuldgefühlen leidet, die sie wegen ihrer für sie fühlbaren Insuffizienz als Mutter und ihrer feindseligen Gefühle gegenüber ihrem Kind entwickelt hat.

Für die borderline-machende Mutter bedeutet die Erfahrungsfähigkeit ihres Kindes symbiotische Verschmelzung mit dem Kind, was gleichbedeutend mit Angst vor Identitätsdiffusion ist.

Eine Trennung von dem Kind, eine Abwendung und Feindseligkeit aber ist für diese Mutter gleichbedeutend mit »Kindesmord«, worauf sie mit Angst und heftigen Schuldgefühlen reagiert. Zur Abwehr der Schuldgefühle benutzt sie die verschiedensten Strategien: Sie kommuniziert mit dem Kind auf den ihr möglichen Kommunikationswegen, d. h. eine Kommunikation mit solchen Ich-Fragmenten ihrer selbst, die die Möglichkeit einer mütterlichen Identität vermeiden, nämlich vornehmlich auf emotionsfreiem, im Fall von Frau K. intellektuellem Gebiet. Da diese Form der Kommunikation als ich-fremd von der Mutter erlebt wird, ist sie für sie akzeptabel. Das Kind bildet folglich aufgrund dieses intellektuellen Kommunikationsangebots hochdifferenzierte intellektuelle Ich-Funktionen aus. Möglicherweise beruhen viele solcher isolierten hohen Ich-Leistungen von Kindern, die sie als Wunderkinder erscheinen lassen, auf diesen einseitigen isolierten Mutter-Kind-Interaktionen.

Eine weitere Möglichkeit der Abwehr der Schuldgefühle ist die Kompensation durch Ersatzaktivitäten: Borderline-Mütter sind die perfekten, angespannten Hausfrauen, die sich tagein tagaus schwer arbeitend für ihre Familie aufopfern, die ihren Kindern alle Schwierigkeiten abnehmen und sie mit übermächtiger Fürsorge umgeben, wo diese sie längst nicht mehr nötig haben. Auf diese Weise binden sie sie in einer infantilen Abhängigkeit an sich.

Borderline-Mütter sind Mütter, die, wie Frau K., alles über Kinder lesen und wissen, darüber theoretisieren und diskutieren, aber nichts von dem Gelesenen verwirklichen können. Borderline-Mütter überschütten ihre Kinder als Ersatz für ihre mangelnde Liebe mit großen Geschenken: Spielzeug, Süßigkeiten, gutem und vielem Essen, später Geld, Autos, teuren Gegenständen usw., und sie betrügen sie damit.

Andere Borderline-Mütter wiederum projizieren ihre eigene Feindseligkeit auf ihr Kind und fühlen sich selbst als gute, bedauernswerte, mit einem so bösen Kind belastete Mütter. Diese Strategie der Abwehr der Schuldgefühle mit dem Verbleib des Bildes der »guten Mutter« hat die psychoanalytische Forschung wie auch unsere Gesellschaft bisher kritiklos akzeptiert.

Borderline-machende Mütter sind Frauen, die hinter der Fassade der guten Mutter infantil-hilflos, emotional arm und selbst schwer ich- und identitätsgestört sind; insbesondere können diese Mütter ihre Identität als Mutter nicht annehmen und leiden deshalb ständig an diffuser Angst und Schuldgefühlen gegenüber ihren Kindern.

Was ich in dieser Arbeit zeigen wollte, war, daß die bizarren und abnormen Verhaltensweisen der Borderline-kranken Kinder das Resultat einer Ich-Störung sind, die in der frühkindlichen pathologischen Interaktion mit der Mutter erworben ist, wozu noch als schwächender Faktor die altersbedingte Unreife des kindlichen Ichs hinzugefügt werden muß. Somit ist das Borderline-Syndrom des Kindes als Reaktion auf einen spezifischen Symbiosekomplex verstehbar und nicht die Folge einer angeborenen Ich-Insuffizienz oder abnormen Veranlagung.

# Literaturnachweise

GÜNTER AMMON, Ich-psychologische und gruppendynamische Aspekte der psychoanalytischen Gruppentherapie unter besonderer Berücksichtigung psychotischer Strukturen.

AMMON, G. (1971): »Auf dem Wege zu einer Psychotherapie der Schizophrenie I.« In: *Dyn. Psychiat.* (4) 9–28.

– (1927a): »*Zur Genese und Struktur psychosomatischer Syndrome unter Berücksichtigung psychoanalytischer Technik.*« In: *Dyn. Psychiat.* (5) 223–251.

– (1972b): »*Kreativität und Ich-Entwicklung in der Gruppe.*« In: Ammon, G., Hrsg. (1972): *Gruppendynamik der Kreativität* (Berlin: Pinel-Publikationen und München: Geist und Psyche, Kindler).

– (1973a): »*Aggression und Ich-Entwicklung in der Gruppe.*« Ein Beitrag zur psychoanalytischen Aggressionstheorie. In: *Z. Psychother. med. Psychol.* (23) H. 3.

– (1973b): *Dynamische Psychiatrie.* Grundlagen und Probleme einer Reform der Psychiatrie (Darmstadt/Neuwied: Luchterhand).

– (1973c): »*Zur Psychodynamik des Suizidgeschehens.*« Vortrag, Jahrestagung der *Arche*, 12. 4. 73, in München.

ANZIEU, D. (1971): »*Psychoanalytische Interpretation in großen Gruppen.*« In: *Dyn. Psychiat.* (4) 108–122.

BALINT, M. (1968): *The Basic Fault.* Therapeutic Aspects of Regression (London: Tavistock). Dt. Ausg.: *Therapeutische Aspekte der Regression.* Die Theorie der Grundstörung (Stuttgart: Klett).

BATESON, G., et al. (1969): *Schizophrenie und Familie* (Frankfurt/M. Suhrkamp).

COHEN, M. B., et al. (1954): »*An Intensive Study of Twelve Cases of Manic-Depressive Psychosis.*« *Psychiatry* (17) 103–138.

DOSUZKOV, T. (1971): *Das Mit-Ich in der Gruppenpsychotherapie.* Vortrag, III. Int. Symp. für Analyt. Gruppenther. in Stelzerreut/Kumreut (Bayern).

ERIKSON, E. H. (1956): »*The Problem of Ego-Identity.*« In: *J. Am. Psychoanal. Ass.* (4) 56–121.

ERIKSON, E. H. (1965): *Kindheit und Gesellschaft* (Stuttgart: Klett).

FEDERN, P. (1952): *Ego-Psychology and the Psychoses* (New York: Basic Books). Dt. Ausg.: *Ich-Psychologie und die Psychosen* (Bern: Huber, 1956).

FENICHEL, O. (1945): *The Psychoanalytic Theory of Neurosis* (New York: Norton).

FREUD, A. (1936): *Das Ich und die Abwehrmechanismen* (London: Imago, München: Kindler).

FREUD, S. (1911): *Psychoanalytische Bemerkung über einen autobiographisch beschriebenen Fall von Paranoia* (Dementia paranoides) Ges. W., VIII (London: Imago).

– (1914): *Zur Einführung des Narzißmus.* Ges. W., X, a.a.O.

– (1918): *Aus der Geschichte einer infantilen Neurose.* Ges. W., XII, a.a.O.

– (1924a): *Der Realitätsverlust bei Neurose und Psychose.* Ges. W., XIII, a.a.O.

– (1924b): *Neurose und Psychose.* Ges. W., XIII, a.a.O.

– (1938a): *Die Ich-Spaltung im Abwehrvorgang.* Ges. W., XVII, a.a.O.

– (1938b): *Abriß der Psychoanalyse.* Ges. W., XVII, a.a.O.

GRABER, G. H. (1973): *Persönliche Mitteilung.*

GUNTRIP, H. (1968): *Schizoid Phenomena, Object Relations and the Self* (London: Hogarth Press).

HARLOW, H. F., HARLOW, M. (1966): »*Learning to Love.*« In: *Am. Scient.* (54) 3.

HARTMANN, H. (1939): *Ich-Psychologie und Anpassungsproblem* (Stuttgart: Klett, 1960).

– (1953): »Contribution to the Metapsychology of Schizophrenia.« In: *Essays on Ego-Psychology*, Selected Problems in Psychoanalytic Theory (New York: Int. Univ. Press, 1964).

HUMAN, M. M. R. (1968): »Reparation to the Self as an Idolized Internal Object.« Die Reparation des Selbst als eines idolisierten inneren Objektes. Ein Beitrag zur Theorie der Perversionsbildung. In: *Dyn. Psychiat.* (1) 92–98.

– (1972): »Der Fetischismus als Negation des Selbst.« In: *Objekte des Fetischismus.* PONTALIS, J. B., Hrsg. (Frankfurt/M.: Suhrkamp).

KLEIN, M. (1952): *Developments in Psychoanalysis* (London: Hogarth Press).

MAHLER, M. S. (1969): *On Human Symbiosis and the Vicissitudes of Individuation* (London: Hogarth Press).

MENNINGER, K. (1963): *The Vital Balance.* The Life Process in Mental Health and Illness (New York: Viking Press). Dt. Ausg.: *Das Leben als Balance* (München: Piper, 1969; Kindler, 1974).

MITSCHERLICH, A. (1958): »Aggression und Anpassung.« In: *Psyche* (XI).

– (1969): Die Idee des Friedens und die menschliche Aggressivität.

PANKOW, G. (1968): *Gesprengte Fesseln der Psychose* (München: Reinhardt und Kindler).

RAPAPORT, D. (1958): »The Theory of Ego-Autonomy.« A Generalization. In: *Bull. Menn. Clin.* (22) 13.

SCHINDLER, W. (1951): »Familiy Pattern in Groupformation and Therapy.« In: *Int. J. Gr. Psychoth.* (1) 100–105.

– (1966): »The Role of the Mother in Group Psychotherapy.« In: *Int. J. Gr. Psychoth.* (16) 198–202.

SCHULTZ-HENCKE, H. (1951): *Lehrbuch der analytischen Psychotherapie* (Stuttgart: Thieme).

SPITZ, R. A. (1946): »Anaclitic Depression.« In: *Psychoanal. Study Child* 2 (New York: Int. Univ. Press).

– (1955): »Die Urhöhle: Zur Genese der Wahrnehmung und ihrer Rolle in der psychoanalytischen Theorie.« In: *Psyche* (IX) 641–667.

TAUSK, V. (1933): »On the Origin of the Influencing Machine in Schizophrenia.« *Psychoanal. Quart.* (II).

WINNICOTT, D. W. (1935): »The Manic Defense.« In: *Collected Papers* (London: Tavistock, 1958).

– (1948): »Reparation in Respect of Mothers Organized Defense against Depression.« In: *Collected Papers*, a.a.O.

– (1972): *The Maturational Process and the Facilitating Environment: Studies in the Theory of Emotional Development* (London: Hogarth Press; München: Kindler).

WOLBERG, A. R. (1973): *The Borderline Patient* (New York: Int. Medical Book Corp.).

WYNNE, L. C., et al. (1958): »Pseudomutuality in the Family Relations of Schizophrenics.« In: *Psychiatry* (21) 205–220. Dt. Ausg.: Schizophrenie und Familie. In: Bateson, G., et al (1969, a.a.O.

GÜNTER AMMON, Auf dem Wege zu einer Psychotherapie der Schizophrenie

AKERFELDT, S. (1957): zitiert in: ALEXANDER, F. G. & SELESNICK, S. T.: *The History of Psychiatry*, dt. Ausgabe, (1969): *Geschichte der Psychiatrie*, S. 369/370 (Konstanz: Diana).

AMMON, G. (1957): *The Psychotherapeutic Processs of a Painter, demonstrated through Pictures.* Proceedings 6. Convent. of the Interam. Soc. F. Psychol., Mexico City, Univ.

– (1959): *Theoretical Aspects of Milieu Therapy.* The Menninger School of Psychiatry, Topeka, Kansas.

– (1968): »Die »schizophrenogenic mother« in der Übertragung«, in: *Dyn. Psych.* 1. Jhg., H. 1.

– (1969a): »Oralität, Identitätsdiffusion und weibliche Homosexualität«, in: *Dyn. Psych.* 2. Jhg., H. 1/2, S. 63–69.

- (1969b): »Verifikation von Psychotherapie bei Schizophrener Reaktion«, in: *Confinia Psychiatrica*, Vol. 12, No. 1.
- (1969c): *Psychoanalytische Gruppentherapie – Indikation und Prozeß* (Berlin: Pinel-Publikationen).
- (1970a): *Gruppendynamik der Aggression*, insbes. Kap. VI: Ich-Struktur und Gesellschaft, Kap. IX: Gruppe und Aggression (Berlin: Pinel-Publikationen; München: Kindler).
- (1970b): »Auf dem Wege zu einer dynamischen Sozialpsychiatrie«, in: *Dyn. Psych.* 3. Jhg., H. 3, S. 121–126.
- (1970c): »Die Analytische Gruppentherapie im Rahmen der Sozialpsychiatrie«, in: *Dyn. Psych.*, 3. Jhg., H. 4, S. 185–190.
- (1973): *Dynamische Psychiatrie – Grundlagen und Probleme einer Reform der Psychiatrie* (Darmstadt: Luchterhand).
BATESON, G., JACKSON, D. D., HALEY, J. & WEAKLAND, J. W.; (1956): »Towards a Theory of Schizophrenia«, in: *Behavioral Science*, vol. I., p. 251–264.
BELLAK, L. (1952): *Manic Depressive Psychosis and Allied Conditions.* (New York: Grune & Stratton).
- (1967): *Selected Papers of Leopold Bellak*, Ed. Donald D. Spence (New York: Grune & Stratton).
- (1969): »The Systematic Diagnosis of the Schizophrenic Syndrome«, in: *Dyn. Psych.*, 3. Jhg., H. 3, S. 148–156.
BENEDETTI, G. (1970): »Schizophrenie«, in: *Dyn. Psych.*, 3. Jhg., H. 1, S. 20–30.
BIERMANN, G. (1968): *Kindeszüchtigung und Kindesmißhandlung.* (München/Basel: E. Reinhardt).
BLEULER, Eugen (1911): *Dementia Praecox oder die Gruppe der Schizophrenien.* (Leipzig).
BLEULER, M. (in Vorbereitung): »What do you think in regard to the genesis and nature of schizophrenia?« in: *Psychiatric Forum/Psychiatric Digest*, zit. bei G. BENEDETTI, *Dyn. Psych.*, 3. Jhg., H. 1.
BLOCH, G. R. (1970): *Briefl. Mitteilung vom 23. 12. 70.*
ERIKSON, E. H. (1959): *Identity and the Life Cycle.* dt. Ausg. (1970): *Identität und Lebenszyklus.* (Frankfurt a. M.: Suhrkamp).
FEDERN, Pm (1932): »The Ego Feeling in Dreams«, in: *Psychoanalyt. Quart.*, 1., S. 511–542.
- (1934): »The Awakening of the Ego in Dreams«, in: *Int. J. Psychoanal.* 15., S. 296–301
FERENCZI, S. (1955): *Final Contributions to the Problems and Methods of Psychoanalysis*, Ed. Michael Balint (London: Basic Books).
FREUD, S. (1900): *Die Traumdeutung.* Ges. Werke, Bd. II/III (London: Imago Publ.).
- (1911): *Psychoanalytische Bemerkungen über einen autobiographisch beschriebenen Fall von Paranoia.* Ges. Werke, Bd. VIII, a.a.O.

GRIESINGER, E. (1845): *Zur Pathologie und Therapie der psychischen Krankheiten*. (Berlin).

HALEY, J. (1956): s. Bateson et al. op. cit.

HARLOW, H. F. (1959): »Basic Social Capacity of Primates«, in: *The Evolution of Man's Capacity for Culture*. Ed. by J. N. SPULER. (Detroit: Wayne state Univ. Pres.).

HESTON, J. L. (1966): zit. nach SCHMIDBAUER, W.: *Seele als Patient* (München: Piper 1971).

HORWITZ, W. A. (1959): »Insulin Shock Therapy«, in: ARIETI, S. (Ed.): *American Handbook of Psychiatry*, vol. I, p. 1485–1499 (New York: Basic Books).

JACKSON, D. D. (1956) in: Bateson et al. op. cit.

JUNG, C. G. (1906): *Psychologie der Dementia Praecox* (Halle: Marhold).

KALLMAN, F. J. (1946/47): »The Genetic Theory of Schizophrenia.« *Am. J. Psych.* 103. 309.

KRAEPELIN, E. (1899): *Kurzes Lehrbuch*.

KRINGLEN, E. (1964): *Schizophrenia in Male Monozygotic Twins.* (Oslo).

LIDZ, THEODORE, et. al. (1957): »Marital Schism and Marital Skew«, in: *Am. J. of Psychiatry*, vol. 114, S. 241–248.

PENFIELD, W. SPEECH (1966): »Perception and the Cortex«, in: *Brain and Consious Experience*, ed. by JOHN C. HORLES (Berlin/Heidelberg/New York: Springer).

POLLIN, W. (1969): vergl. *Praxis Kurier 7*, Nr. 32, 1969, S. 2.

RÜMKE, H. C. (1958): »Die klinische Differenzierung innerhalb der Gruppe der Schizophrenen«, in: *Der Nervenarzt*. 29. Jhg., S. 49.

SCHMIDBAUER, WOLFGANG (1971): *Seele als Patient* (München: Piper).

SCHULTZ, J. H. (1971): *Zum Gedenken an den Ehrenvorsitzenden der Berliner Medizinischen Gesellschaft*. Vortrag gehalten vor der Berl. Med. Ges. am 17. 2. 1971.

SEARLES, H. (1965): *Collected Papers on Schizophrenia and Related Subjects.* (London: The Hogarth Press; München: Kindler).

SINGER, M.; WYNNE, L. C. (1955): »Thought Disorders and Family Relations of Schizophrenics. IV. Results and Implications«, in: *Arch. Gen. Psychiatr.*, 12, S. 201–212.

SPITZ, RENE (1956): *Die Entstehung der ersten Objektbeziehungen.* Direkte Beobachtungen an Säuglingen während des ersten Lebensjahres. (Stuttgart: Klett).

SULLIVAN, H. ST. (1953): *The Interpersonal Theory of Psychiatry.* (New York: W. W. Norton).

– (1962): *Schizophrenia as a Human Process.* (New York: W. W. Norton).

VOGEL, E. F.: BELL, N. W. (1960): *Modern Introduction to the Family*.

The Emotionally Disturbed Child as the Family Scape Goat. (New York: The Free Press).

WEAKLAND, J. W. (1956): in Bateson et al. op. cit.

WEISS, E. (1965): »Paul Federn, The Theory of the Psychosis«, in: *Psychoanalytic Theory*, ed. by FRANZ ALEXANDER et al. New York/London: Basic Books).

WILL, O. (1970): »Psychotherapy, Schizophrenia and the Identity of the Therapist«, in: *Bull. Menn. Clin.* Vol. 34 pp. 387–392.

WYNNE, L. C.; RYCKOFF, I. M.; DOW, J. & HIRSCH, S. J. (1958): »Pseudomutuality in the Family Relations of Schizophrenics«, in: *Psychiatry*, vol. 21 (1958), S. 205–220 (Washington, D. C.:William Manson White Psychiatric Found. Inc.).

WYNNE, L. C.; DAY, J.; RYCKOFF, I. M. (1959): »Maintenance of Stereotype Roles in the Families of Schizophrenes«, in: *Archives of General Psychiatry*, vol. 1, S. 109–114.

HAROLD F. SEARLES, Über die therapeutische Symbiose

FARBER, L. H. (1961): »Faces of Envy.« In: *Rev. Existential Psychol. and Psychiat.* (5)

HARTMANN, H. (1939): *Ego Psychology and the Problem of Adaptation* (London: Imago).

HEIMANN, P. (1962): »Notes on the Anal Stage.« In: *Int. J. Psycho-Anal.* (43)

KHAN, M. M. R. (1963): »The Concept of Cumulative Trauma.« In: *Psychoanal. Study Child* XVIII (New York: Int. Univ. Press).

– (1964): »Ego Distortion, Cumulative Trauma, and the Role of Reconstruction in the Analytic Situation.« In: *Int. Psycho-Anal.* (45)

MILNER, M. (1969): *The Hands of the Living God* – An Account of a Psycho-Analytic Treatment (New York: Int. Univ. Press).

PAO, P.-N. (1969): »Pathological Jealousy.« In: *Psychoanal. Quart.* (38)

ROGERS, C. (1942): *Counseling and Psychotherapy* (Cambridge: The Riverside Press; München: Kindler).

SEARLES, H. F. (1959a): »Integration and Differentiation in Schizophrenia.« In: *J. Nerv. and Ment. Dis.* (129)

– (1959b): »The Effort to Drive the Other Person Crazy – an Element in the Aetiology and Psychotherapy of Schizophrenia.« In: *Brit. J. Med. Psychol.* (32)

– (1961): »Phases of Patient-Therapist Interaction in the Psychotherapy of Chronic Schizophrenia.« In: *Brit. J. Med. Psychol.* (34)

– (1963): »The Place of Neutral Therapist Responses in Psychotherapy with the Schizophrenic Patient.« In: *Int. J. Psycho-Anal.* (44)

– (1965): *Collected Papers on Schizophrenia and Related Subjects* (Lon-

don: The Hogarth Press; New York: Int. Univ. Press, 1965; München: Kindler 1974).
– (1967): »Concerning the Development of Identity.« In: *Psychoanal. Rev.* (53)
– (1970): »Autism and the Phase of Transition to Therapeutic Symbiosis.« In: *Contemp. Psychoanal.* (7)
– (1971): »Pathologic Symbiosis and Autism.« In: *In the Name of Life* – Essays in Honor of Erich Fromm, ed. by B. LANDIS and E. S. TAUBER (New York: Holt, Rinehart and Winston).
– (1972): The Function of the Patient's Realistic Perceptions ot the Analyst in Delusional Transference. In: Brit. J. Med. Psychol. (im Druck).
WINNICOTT, D. W. (1941): »The Observation of Infants in a Set Situation.« In: *Collected Papers* (London: Tavistock, New York: Basic Books, 1958).

GAETANO BENEDETTI, Schizophrenie

ARIETI, S. (1967): *The Intrapsychic Self* (New York/London: Basic Book).
BENEDETTI, G. (1954): »Die Welt der Schizophrenen und deren psychotherapeutische Zugänglichkeit.« *Schweiz. med. Wschr.* 84, 36, 1029.
– (1955): »Möglichkeiten und Grenzen der Psychotherapie Schizophrener.« *Bull. Schweiz. Akademie der Med. Wissenschaften*, Vol. II, 1/2, 142.
– (1955): »Psychotherapie der Psychosen.« In: *Lehrbuch der Psychiatrie*. Basel: ed. H. HOFF, BENNO SCHWABE.
– (1960): »Grundprobleme der Psychotherapie bei Schizophrenen.« In: *Therapeutische Fortschritte in der Neurologie und Psychiatrie*. Wien: ed. H. HOFF, Urban u. Schwarzenberg.
– (1964): *Klinische Psychotherapie*. Bern: Huber.
BINSWANGER, L. (1957): *Schizophrenie* (Pfullingen/Tübingen: Neske).
BLEULER, E. (1911): »Dementia praecox oder Gruppe der Schizophrenien.« In: ASCHAFFENBURG, B., *Handbuch der Psychiatrie*. Leipzig: Franz Deutke.
BLEULER, M. (1941): *Krankheitsverlauf, Persönlichkeit und Verwandtschaft Schizophrener und ihre gegenseitigen Beziehungen*. Leipzig: Georg Thieme.
– (1954): »Zur Psychotherapie der Schizophrenie.« *Dtsch. med. Wschr.* 79, 841–842.
– (a): »What do you think in regard to the genesis nature of schizophrenia?« *Psychiatric Forum, Psychiatry Digest* (in publication).
– (b): Persönliche Mitteilung.

BLEULER, M. U. E. (1966): *Lehrbuch der Psychiatrie* (Berlin: Springer).

BLEULER, M. U. BENEDETTI, G. (1957): *La Schizophrenia, Enciclopedia medica italiana, Sasoni.* Roma: Edizione Scientifiche.

HARLOW, H. F. (1959): *Sci. Amer.* 200:68–74.

HERON, W., DOANE B. C. AND SCOTT, T. H. (1956): *Canad. J. Psychol.* 10:13.

JUNG, C. G. (1943): *Über die Psychologie des Unbewußten.* Zürich: Rascher.

KALLMANN, FRANZ J. (1946/47): »The genetic theory of Schizophrenia« (an analysis of 691 schizophrenic twin index families).« *Am. J. Psychiatr.* 103, 309.

– (1950): *The genetics of psychosis.* An analysis of 1232 Twin index Families. Génétique et Eugénétique Congres intern. Psych. Paris: Herman et L.

KRINGLEN, EINAR (1964): *Schizophrenia in Male Monozygotic Twins.*

– (1966): »Schizophrenia in Twins: An Epidemiological-Clinical Study.« *Psychiatry* 29: 172–184.

– (1967): *Heredity and Environment in the Functional Psychoses, Case Histories.* Oslo.

– (1967): *Heredity and Environment in the Functional Psychoses.* An Epidemiological-Clinical Twin-study. Oslo.

LIDZ, W. R. AND LIDZ, TH. (1949): »The family environment of schizophrenic patients.« *Am. J. Psychiat.* 106, 332.

LIDZ, TH. (1968): »Familie, Sprache und Schizophrenie.« *Psyche,* XXII Jg, H 9–11.

MELZACK, R. AND THOMPSON W. R. (1956): *Canad. J. Psychol.* 10: 82, and *Canad. J. Psychol.* 14: 13–20.

MORUZZI, G. (1966): »Functional significance of sleep for brain mechanisms.« In: *Brain and conscious experience,* ed. by J. C. ENLEJ (Berlin/Heidelberg/New York: Springer).

NISSEN, H. W. and CHOW, K. L. (1951): *Amer. J. Psychol.,* 485–507.

PENFIELD, W., Speech (1966): »Perception and the cortex.« In: *Brain and Conscious Experience,* ed. by JOHN C. ECCLES, (Berlin/Heidelberg/New York: Springer).

PIAGET, J. (1937): *La construction de réel chez l'enfant.* Paris: Delachaux.

SCHULTZ-HENCKE, H. (1962): *Das Problem der Schizophrenie* (Stuttgart: Georg Thieme Verlag).

SECHEHAYE, M. A. (1947): »La réalisation symbolique, Nouvelle méthode de psychothérapie appliquée à un cas de schizophrénie.« *Revue suisse de psychol. et de la psychol. appl. Suppl.* 12, Bern, Huber.

SLATER, ELIOT (1947): »Genetical Causes of Schizophrenic Symptoms.« *Mtschr. Psych.* 50, 113.

SPITZ, R. A. (1956): *Die Entstehung der ersten Objektbeziehungen.*

Direkte Beobachtungen an Säuglingen während des ersten Lebensjahres (Stuttgart: Klett Verlag).

THALER SINGER, M. WYNNE, L. C. (1963): »Differentiating characteristics of parents of childhood schizophrenic, childhood neurotics and young adult schizophrenics.« *Amer. J. Psychiat.* 12/3, 234–243.

THALER SINGER, M. WYNNE, L. C. (1955): »Thought disorders and family relations of schizophrenics. IV. Results and implications.« *Arch. gen. Psychiat.* 12, 201–212.

TIENARI, P. (1963): »Psychiatric Illness in identical twins«. *Acta psychiat. scand.* 39, Suppl. 171.

LAWRENCE S. KUBIE Die Beziehung der Psychose zum neurotischen Prozeß.

KUBIE, LAWRENCE S.: »Psychiatric and Psychoanalytic Considerations of the Problems of Consciousness«: pp. 444–469: from *Brain mechanisms and consciousness.* A Symposium under the Council for int'l Organizations of Med. Sciences under auspices UNESCO and WHO, Aug. 23–28, 1953; Blackwell Scientific Pub., Oxford, Eng., 1954, pp. 556.

KUBIE, LAWRENCE S.: »The Neurotic Process as the Focus of Physiological and Psychoanalytic Research«; read in port before the Royal Soc. of Med., London on Sept. 10, 1957; *J. of Mental Science,* London, Apr. 1958, Vol. 104 (No. 435), pp. 518–536.

KUBIE, LAWRENCE S.: »Neurotic distortion of the creative prozess«: *Porter Lectures,* Series 22, Univ. of Kansas Press, Lawrence, Kansas, 1958, pp. 151.

KUBIE, LAWRENCE S.: »The Central Affective Potential and Its Trigger Mechanisms«, pp. 106–120: *from Counterpoint, Libidinal object and subject.* A Tribute to Rene A. Spitz on his 75th Birthday; edited by GASKILL, HERBERT S., Int'l Univ. Press. Inc., N.Y.C., 1963, pp. 200.

KUBIE, LAWRENCE S.: Editiorial: »A Tribute to Louis Dublin; Multiple Determinants of Suicidal Efforts«; *The J. of Nerv. and Ment. Dis.,* Vol. 138 (No. 1), Jan. 1964, pp. 3–8.

KUBIE, LAWRENCE S.: »A Re-consideration of Thinking, The Dream Process, and »The Dream«; read before The American Psychoanalytic Assn., New York City, Dec. 1964. *The Psychoanalytic Quarterly,* Vol. XXXV, 1966, pp. 191–198.

KUBIE, LAWRENCE S. & Israel, Hyman A.: »Say You're Sorry«: pp. 289–299 from *The Psychoanalytic Study of the child,* Vol. X, Int'l. Univ. Press, New York, 1955, pp. 394.

RAVICH, ROBERT A.: »Say You're Sorry: A Ten-Year Follow-Up«; *Amer. J. of Psychotherapy,* Vol. 2 (No. 4), October 1966, pp. 615–623.

SPITZ, RENE A.: »Anaclitic Depression«; *The Psychoanalytic study of the Child;* Int'l. Univ. Press, New York, 1946, Vol. 2, pp. 313–342.


DONALD A. SHASKAN, Merkmale erfolgreicher Behandlung von Borderline-Patienten

KERNBERG, O. (1973): »Prognostic Considerations Regarding Border-line Personality Organization.« In: *J. Am. Psychoanal. Ass.* (19) 4.
– (1973): »Zur Diskussion von Adler«, G.: Borderline Patients. In: *Am. J. Psychiat.* 130.
SHASKAN, D. A. (1957): »Treatment of a Borderline Case with Group Analytically Oriented Psychotherapy.« In: *J. Forensic Sciens.* (2).
– (1971): *Management and Group Psychotherapy of Borderline Patients.* 5. Weltkongr. Psychiat., Mexico.


LEOPOLD BELLAK, Die systematische Diagnose des Schizophre-nie-Systems

BELLAK, L. (1949): »A Multiple-Factor Psychosomatic Theory of Schi-zophrenia.« In: *Psychiat. Quart.* (23) 738–755.
– (1952): *Manic-Depressive Psychosis and Allied Conditions* (New York: Grune & Stratton).
– (1955): »Towards an Unified Concept of Schizophrenia.« In: *J. Nerv. Ment. Dis.* (121) 60–66.
– ; HURVICH, M.; SILVAN, M.; JACOBS, D. (1968): »Towards an Ego-Psychological appraisal of Drug Effects.« In: *Am. J. Psychiat.* (125) 5.
– ; – (1969a): »A Systematic Study of Ego-Functions.« In: *J. Nerv. Ment. Dis.*
– ; – ; CRAWFORD, P. (1969b): »Psychotic Egos.« In: *Psychoanal. Rev.*
– ; LOEB, S. (1965): *The Schizophrenic Syndrome* (New York: Grune & Stratton).
– ; SMALL, L. (1965): *Emergency Psychotherapy and Brief Psychotherapy* (New York: Grune & Stratton).
HURVICH, M.; BELLAK, L. (1968): »Ego-Function Patterns in Schizoph-renics.« In: *Psychol. Rep.* (22) 299–308.
SILVAN, M.; JACOBS, D.; BELLAK, L.; CRAWFORD, P. (1967): »An Expe-rimental Study of Ego-Functions.« Paper presented at Mid-Winter Meeting, *Am. Psychoanal. Ass.,* New York.

LEIGHTON WHITAKER, Einleitung zum Schizophrenie-Denk-Index (WSDI)

American Psychiatric Association, Committee on Nomenclature and Statistics. Diagnostic and Statistical Manual: Mental Disorders. Washington, D. C.: American Psychiatric Association, Mental Hospital Service, 1968.

ARIETI, S. (1959): »Schizophrenia: The Manifest Symptomatology, the Psychodynamic and Formal Mechanism.« In S. ARIETI (Ed).), *American Handbook of Psychiatry.* (New York: Basic Books). Vol. I.

BLEULER, E. (1911): *Dementia Praecox or the Group of Schizophrenias* (New York: International Universities, 1950).

MENNINGER, K. (1963): *The Vital Balance: The Life Process in Mental Health and Illness* (New York: Viking Press; München: Kindler).

SELEY, L. (1968): »*The Relationship between Thinking Disorganization and Behavioral Adjustment in Hospitalized Chronic Schizophrenics.*« A paper presented at the Annual Meeting of the Rocky Mountain Psychological Association in Denver, May, 1968.

SHAPIRO, D. (1965): *Neurotic Styles* (New York: Basic Books).

SHEARN, C. R., & WHITAKER, L. C. (1968): *The Problem of Subject Selection in Studies of ›Schizophrenia‹.* Paper presented at Rocky Mountain Psychological Association Convention, Denver, Colorado, 1968.

WHITAKER, L. C. (1965): »The Rorschach and Holtzman as Measures of Pathognomic Verbalization.« *J. Consult. Psychol.,* 1965, 29. S. 181–183.

GUSTAV HANS GRABER, Die duale Erlebniseinheit in der analytischen Situation.

CARUSO, I. A. (1952): *Psychoanalyse und Synthese der Existenz* (Wien/ Freiburg: Herder).

– (1968): *Die Trennung der Liebenden.* Eine Phänomenologie des Todes (Bern/Stuttgart: Huber).

DÜRKHEIM, v., K. (1954): *Durchbruch zum Wesen* (Zürich: M. Nichans).

FERENCZI, S. (1927): »Zur Kritik der Rankschen »Technik der Psychoanalyse«, in: *Bausteine der Psychoanalyse* Bd. II (Bern: Huber, 1964).

– (1931): »Kindergarten mit Erwachsenen.« Festvortrag zum 50. Geburtstag Freuds, in: *Int. Z. f. Psychoanalyse,* Bd. XVII, H. 2.

–, RANK, O. (1924): *Entwicklungsziele der Psychoanalyse.* Zur Wechselbeziehung von Theorie und Praxis (Wien: Int. Psychoanalytischer Verlag).

FREUD, S. (1931): *Über die weibliche Sexualität.* Ges. W. Bd. XIV (London: Imago).

GRABER, G. H. (1966): *Die Not des Lebens und ihre Überwindung.* Zur Tiefenpsychologie des Geburtstraumas und der nachgeburtlichen Lebensgestaltung (Bern: Ardschuna).

– (1968): »Zur Analyse der geburtstraumatisch und totalregressiv bedingten »Urwiderstände«, in: *Jhb. f. Psychologie, Psychotherapie u. med. Anthropologie,* 15. Jhg., H. 3–4.

– (1969): »Vom Ursprung zum Sieg des Großen Aggressors.« Referat gehalten auf der 5. Tagung der Innsbrucker und Berner Arbeitskreise f. Tiefenpsychologie in Innsbruck, in: Jahrbuch *»Der Psychologe«* (Bern: Ardschuna).

– (1969): Hrsg. v. G. H. Graber (Bern: Ardschuna).

JUNG, C. G. (1956): *Psychologie der Übertragung* (Zürich: Rascher).

LORENZ, K. (1965): *Das sogenannte Böse* (Wien: Borotha-Schoeler).

PORTMANN, A. (1965): *Vom Ursprung des Menschen* (Basel: Reinhardt).

RANK, O. (1924): *Das Trauma der Geburt und seine Bedeutung für die Psychoanalyse* (Wien: Int. Psychoanalytischer Verlag).

– (1926): *Technik der Psychoanalyse,* Bd. I. Dìe analytische Situation. Illustriert an der Traumdeutungstechnik (Leipzig/Wien: Deuticke).

## LUCIO PINKUS, Experimentelle Traumuntersuchungen bei Patienten mit psychotischen Reaktionen

ADLER, G. (1966): *Psicologia analitica,* trad. it. (Turin: Boringhieri, 1972).

AMMON, G. (1971 a): »Dynamique du rêve et de la réalité dans le traitement psychanalytique de la schizophrénie.« Vortrag auf dem Congres des Psychanalystes des Langues Romanes, Lyon. In: *Revue Franc. Psychanal.* 5–6 Tome XXXV.

– (1971/1972): »Auf dem Wege zu einer Psychotherapie der Schizophrenie I–IV.« In: *Dyn. Psychiat.* (4) 9–28; 123–167; 181–201; (5) 81–107.

– (1972): »Der Traum als Ich- und Gruppenfunktion.« In: *Dyn. Psychiat.* (6) 145–164.

ARLOW, J. A. (1969): »La psicopatologia delle psicosi: proposta di una revisione.« In: *Rev. Psicanal.*

BENEDETTI, G. (1969): »La manifestazione subclinica delle psicosi.« In: *Pscioter. Scienz. Umane.*

– (1971): *Segno, simbolo, linguaggio* (Turin: Boringhieri).

BERNHARD, E. (1937): »Introduzione allo studio del sogno.« In: *Riv. psicol. analitica* (2) 1.

BERTINI, M. (1968): »Processi di trasformazione simbolica del periodo di dormiveglia e nel segno.« In: *Ikon.*

- (1970a): »Lo studio dei contenuti mentali durante il sonno mediante l'ausilio di una nuova tecnica sperimentale.« In: *Gli stati di coscienza.*
- (1970b): »Prospettive terapeutiche di una tecnica per la rilevenzione di contenuti mentali durante il sonno.« In: *Riv. sperimentale di freniatria e med. legale.*
- ; Lewis, H. B.; Witkin, H. A. (1964): »Some Preliminary Observations with an Experimental Procedure for the Study of Hypnagogic and Related Phenomena.« In: *Arch. Psicol. Neurol. Psichiatr.*
- ; Gregolini, H. C.; Bellagamba, A. (1967): Studi psicofisiologici e di personalita sui processi di elaborazione simbolica di materiale filmico in condizioni ipnigogico simili. In: Atti del symposio int. sulla psicofisiologia del sonno e del sogno.
- Callieri, B.; Semerari, A. (1959): *Aspetti Fenomenologici del l'esperienza schizzofrenica di significato simbolico.* In: Atti del XXVII Congr. S oc. Ital. Psichiatr.
- Fierz, H. K. (1965): »Die verbrecherische Zerstörung der Einheit.« In: *Spectrum Psychol.* (Zürich: Rascher).
- (1972a): »Psychotherapie der Depression.« In: *Z. Anal. Psychol. Grenzgeb.*
- (1972b): »Methodik, Theorie und Ethik in der analytischen Psychotherapie.« In: *Klinik Forschungsstätte Jung'sche Psychol.*
- Freemon, R. F. (1972): *Sleep Research* (Springfield, Ill.: Thomas).
- Fromm, E. (1962): *Il Linguaggio dimenticato* (Mailand: Bompiani).
- Freud, S. (1951): *Sommario di psicoanalisi,* trad. it. (Florenz: Univ.)
- Jacobi, J. (1971): *Complesso, Archetipo, Simbolo,* trad. it. (Turin: Binghieri).
- Jones, R. M. (1962): *Ego Synthesis and Dreams* (Cambridge: Schenkman).
- (1970): *The New Psychology of Dreaming* (New York: Grune & Stratton).
- Jung, C. G. (1909) *The Analysis of Dreams,* Ges. W. Noital. ed. (Turin: Boringhieri).
- (1914a) *Comprensione psicologica di pricessi patologici,* Ges. W. III, a.a.O.
- (1914b): *Importanza dell'inconscio in psicopatologia,* Ges. W. III. a.a.O.
- (1911): *Morton Prince, the Mechanism and Interpretation, of Dreams: a critical Review.* Ges. W. IV. a.a.O.
- (1916): *The Psychology of Dreams.* Ges. W. VIII. a.a.O.
- (1919): *Il problema della psicogenesi della malattia mentale.* Ges. W. III.a.a.O.
- (1928a): *Malattia mentale e psiche.* Ges. W. III.a.a.O.
- (1928b): *General Aspects of Dreams Psychology.* Ges. W. VIII. a.a.O.
- (1931): *The practical Use of Dream-Analysis.* Ges. W. XVII.a.a.O.

– (1939): *Psicogenesi della schizzofrenia.* Ges. W. III. a.a.O.
– (1908): *Il contenuto della psicosi.* Ges. W. III. a.a.O.
KARACAN, I., WILLIAM R. L., (1972): *Sleep, Dreaming and Clinical Psychiatry.*
MAHLER, M. (1952): »Rapporto oggettuale psicotico«. In: *Pssiche.*
MEIER, C. A. (1971): »L'interpretazione dei sogni.« In: *Riv. psicol. analitica.*
MENDELS, J.; HAWKINS, D. R. (1970): »Electoencephalografic sleep studies in depression.« In: *Science Psychoanal.* (XVII).
MORENO, M. (1973): *La dimensione simbolica* (Padua: Marsilio).
ROSSI, E. L. (1972a): »Self Reflection in Dreams.« In: *Psychother.* (IX).
– (1972b): *Dreams and Growth of Personality: Expanding Awareness in Psychotherapy,* (New York: Pergamon).
– (1973): »Psychosyntesis and the New Biology of Dreams and Psychotherapy.« In: *Am. J. Psychother.* (XXVII).
SCARINCI, A. (1969): »Moderne ricerche neurofisiologiche sul ciclo sonno-sogno e possibili utilizzazioni in psicoanalisi.« In: *Psiche.*
SIEBENTHAL, W. v. (1955): Die Angst bei den Psychosen. In: *Schw. Z. Psychol. Anwend.*
SINGER, J. (1966): *Daydreaming.* (New York: Random House).
TREVOR, N. I.; KAEBLING, R. (1970): »Catecholamines, a Dream Sleep Model and Depression.« In: *Am. J. Psychiat.*

REGINE SCHNEIDER, Das Borderline-Syndrom des Kindes

AMMON, G. (1972): »Zur Genese und Struktur psychosomatischer Syndrome unter Berücksichtigung psychoanalytischer Technik.« In: *Dyn. Psychiat.* 17.
– (1973): *Dynamische Psychiatrie.* Borderline-Syndrome (Darmstadt: Luchterhand).
– (1974): *Was ist psychoanalytische Therapie?* Unveröffentlichtes Vortragsmanuskript für 9. Int. Kongreß für Psychotherapie, Oslo, 25.–30. 6. 1973.
BENEDEKT, T. (1938): »Adaptation to Reality in Early Infancy.« *Psa. Quart.* VII.
EKSTEIN, R. (1966): *Children of Time and Space of Aktion and Impulse* (New York: Appleton Century-Crofts).
GELEERD, E. R. (1946): »Contribution to the Problems of Psychosis in Childhood.« *Psy. Study Child,* II.
– (1949): »The Psychoanalysis of a Psychotic Child.« *Psy. Study Child* III/IV.
– (1958): »Borderline States in Childhood and Adolescence.« *Psa. Study Child* XIII.

GREENACRE, P. (1951): »The Predisposition to Anxiety I u. II.« *Psa. Quart.* X.

HARTMANN, H., KRIS, E. u. LOEWENSTEIN, R. M. (1946): »Comments on the Formation of Psychic Structure.« *Psa. Study Child* II.

MAHLER, M. S. (1949): »Clinical Studies in Benign and Malignant Cases of Childhood Psychoses.« *Americ. J. Orthopsychiatry.* XIX.

– ; GOSHINER (1953): »On Symbiotic Child Psychosis: Genetic, Dynamic and Restitutive Aspects.« *Psa. Study Child* X.

– (1972): *Symbiose und Individuation*, Band 1 (Stuttgart: Klett-Verlag).

ROSENFELD, S. K. u. SPRINCE, M. P. (1963): »An attempt to formulate the meaning of the concept »Borderline.« *Psa. Study Child* XX.

WEIL, A. P. (1953a): »Clinical Data and Dynamic Considerations in Certain Cases of Childhood Schizophrenia.« *Americ. J. Orthopsychiat.* XXIII.

– (1953b): »Certain Severe Disturbances of the Ego Development in Childhood.« *Psa. Study Child* VIII.

# Quellennachweis

Ammon, G., Auf dem Wege zu einer Psychotherapie der Schizophrenie
   I. in: Dyn. Psychiat. (4) 9–24.

Searles, H. F., Über die therapeutische Symbiose. In: Dyn. Psychiat. (6)
   373–387.

Benedetti, G., Schizophrenie. In: Dyn. Psychiat. (3) 20–30.

Kubie, L. S., Die Beziehung der Psychose zum neurotischen Prozeß. In:
   Dyn. Psychiat. (1) 35–44.

Bellak, L., Die systematische Diagnose des Schizophrenie-Syndroms.
   In: Dyn. Psychiat. (2) 148–156.

Whitaker, L., Einleitung zum Schizophrenie-Denk-Index (WSDI). In:
   Dyn. Psychiat. (3) 86–97.

Gonzáles, J. L., Quevedo, G., Entwurf einer Psychosentherapie. In:
   Dyn. Psychiat. (6) 405–411.

Graber, G. H., Die duale Erlebniseinheit in der analytischen Situation.
   In: Dyn. Psychiat. (4) 202–212.

# Biographische Notizen

GÜNTER AMMON, geb. 1918, Dr. med., ist frei praktizierender Psychoanalytiker und Psychiater in Westberlin. Nach seinem Studium und klinischer Tätigkeit war er von 1952–1956 am Berliner Psychoanalytischen Institut in Ausbildung. Von 1956–1965 arbeitete er als Psychoanalytiker, Psychiater und Dozent an der Menninger Clinic und School of Psychiatry in Topeka (Kansas).

Er leitet das Lehr- und Forschungsinstitut für Dynamische Psychiatrie und Gruppendynamik, Ausbildungsinstitut für Psychoanalyse (LFI), Berlin. *Ammon* ist Mitglied zahlreicher in- und ausländischer Fachvereinigungen, u. a. Corresponding Fellow der American Psychiatric Association, Founding Member des Internationalen Kollegiums für Psychosomatische Medizin, Präsident der Deutschen Akademie für Psychoanalyse (DAP) e. V. und der Deutschen Gruppenpsychotherapeutischen Gesellschaft (DGG) e. V. Er ist Herausgeber der internationalen Zeitschrift für Psychiatrie und Psychoanalyse *Dynamische Psychiatrie*, Mitherausgeber des *International Journal of Psychoanalytic Psychotherapy*, New York, sowie der Zeitschriften *Comparative Group Studies*, Los Angeles, und *Investigacion Psicosomatica*, Buenos Aires.

LEOPOLD BELLAK, geb. 1919, Prof. Dr. med., studierte Medizin und Psychoanalyse in Wien, Boston, Harvard, New York. Er ist Professor für Klinische Psychiatrie am Albert Einstein College of Medicine, New York, und an der New York University, sowie frei praktizierender Psychoanalytiker. Neben der Schizophrenieforschung hat sich Bellak besonders der Entwicklung und Erforschung der Ich-Funktionen gewidmet und entsprechende, häufig angewandte psychologische Testverfahren (CAT und SAT) entwickelt. Er ist ständiger Mitarbeiter der *Dynamischen Psychiatrie*.

GAETANO BENEDETTI, geb. 1920, Dr. med., Professor für Psychotherapie an der Universität Basel, gilt als einer der Pioniere der Psychotherapie der Schizophrenie in Europa, insbesondere durch seine Tätigkeit an der Psychiatrischen Universitätsklinik, Zürich, Burghölzli. Er ist Direktor der Poliklinischen Psychiatrischen Abteilung der Universitätsklinik Basel und Mitherausgeber verschiedener deutschsprachiger Fachzeitschriften, u.a. der *Praxis der Psychotherapie* und der *Dynamischen Psychiatrie*.

JOSE LUIS GONZALES, Prof. Dr. med., ist Präsident und Direktor des Instituts der Mexikanischen Gruppenpsychotherapeutischen Gesellschaft und einer der bedeutendsten Vertreter der Gruppenpsychotherapie und der Psychoanalyse kleinianischer Richtung in Mexiko.

GUSTAV HANS GRABER, geb. 1893, am alten Berliner Psychoanalytischen Institut ausgebildet, seit 1944 als Psychologe und Psychoanalytiker in Bern tätig, gründete und leitete den Berner Arbeitskreis für Tiefenpsychologie. Sein besonderes Interesse gilt der peri- und pränatalen Forschung. Graber ist Gründer (1971) und Präsident der Internationalen Studiengemeinschaft für Pränatale Psychologie, der er sein Lebenswerk gewidmet hat. Er ist Mitglied und Lehranalytiker der DAP.

LAWRENCE S. KUBIE (geb. 1896, gest. 1973), Dr. med., war u. a. Klinischer Professor für Psychiatrie an der Medizinischen Fakultät der University of Maryland, Baltimore, und der John Hopkins University. Über 14 Jahre arbeitete er als beratender Psychiater für Forschung und Ausbildung am Sheppard and Enoch Pratt Hospital, Towson, Maryland, und war Begründer und Herausgeber des *Journal of Nervous and Mental Disease*. Kubie gilt als einer der großen Forscher auf dem Gebiet der Psychoanalyse und Psychiatrie mit besonderem Interesse für die Beziehung physiologischer Aspekte zur Psychoanalyse, das in seiner neuroanatomischen und neurophysischen Forschung in den USA und besonders in den Zwanziger Jahren in Europa begründet ist. Von 1929 bis 1930 machte er seine Lehranalyse bei EDWARD G. GLOVER und war von 1933 bis 1959 Mitglied des New York Psychoanalytic Institute.

LUCIO PINKUS, geb. 1942, Dr. theol., ist Professor für Psychologie an der Theologischen Fakultät Marianum, Rom, und der römischen Staatsuniversität. Nach einer jungianischen und freudianischen Grundausbildung widmete er sich besonders der Gruppenpsychotherapie und Psychosenforschung. Diese Interessen führten ihn zu der sich um Ammon gebildeten neuen psychoanalytischen Richtung und zu einer engen Zusammenarbeit mit ihr, sowohl auf Kongressen wie auch durch seine Herausgabe der italienischen Lizenzausgabe der Zeitschrift *Dynamische Psychiatrie*.

REGINE SCHNEIDER, geb. 1940, Dr. med., hat sich nach ihrer psychoanalytischen Ausbildung bei der Deutschen Akademie für Psychoanalyse (DAP) besonders der Kinderpsychotherapie und der Psychosenforschung im Rahmen der von Ammon begründeten Berliner Schule gewidmet und ist jetzt ärztliche Leiterin und Lehranalytikerin des Düsseldorfer Ausbildungsinstituts der DAP.

HAROLD F. SEARLES, Dr. med., Professor für klinische Psychiatrie an der Columbia University, New York, und am National Medical Center in Bethesda, ist Lehr- und Kontrollanalytiker am Washington Psychoanalytic Institute und wurde besonders durch seine Schizophrenie-Forschung bekannt; er ist z. Z. beratender Psychiater besonders für die Psychotherapie schizophren reagierender Jugendlicher am New York Psychiatric Institute und ständiger Mitarbeiter der Zeitschrift *Dynamische Psychiatrie*

DONALD A. SHASKAN, ist Direktor der Mental Hygiene Clinic des Veterans Administration Hospitals in Oakland, California. Shaskan war Präsident der American Group Psychotherapy Association und ist besonders durch seine gruppenpsychotherapeutische Arbeit hervorgetreten. Er ist ständiger Mitarbeiter der Zeitschrift *Dynamische Psychiatrie* und Korrespondierendes Mitglied der Deutschen Gruppenpsychotherapeutischen Gesellschaft (DGG).

LEIGTHON D. WHITAKER, Prof. Dr. phil., ist Direktor der Adult Psychology Section der University of Colorado. Als Direktor des Community Centers von Hays/Kansas nahm er Anfang der 60iger Jahre an der Entwicklung von Community Mental Health Centers teil. Später leitete er das psychologische Department des psychiatrischen StateHospitals in Larnet/Kansas, wo er sich besonders mit Gruppenpsychotherapie beschäftigte. In beiden Zentren widmete er sich neben der Gruppenpsychotherapie der Erforschung schizophrener Denkstörungen in ihren Anfängen. In dieser Zeit stand er mit Günter Ammon, der seinerzeit als sein beratender Psychiater fungierte, in engem Arbeitskontakt. Später interessierte sich auch René Spitz für die Entwicklung des Whitaker-Denk-Indexes zur Feststellung früherer Anzeichen schizophrener Denkstörungen.

# Namenregister

# Sachregister

# Studienausgaben

## verlegt bei Kindler

# Psyche des Kindes

## Herausgegeben von Dr. Jochen Stork

BRUNO DETTELHEIM
### Die symbolischen Wunden
Pubertätsriten und der Neid des Mannes
256 Seiten, Paperback

JULIEN BIGRAS
### Gute Mutter — Böse Mutter
Das Bild des Kindes von der Mutter
216 Seiten, Paperback

EDWARD DE BONO
### Kinderlogik löst Probleme
Ca. 220 Seiten, Paperback (erscheint im Juni '75)

MELANIE KLEIN/JOAN RIVIERE
### Seelische Urkonflikte
Liebe, Haß und Schuldgefühl
156 Seiten, Paperback

MELANIE KLEIN
### Der Fall Richard
Das vollständige Protokoll einer Kinderanalyse
durchgeführt von Melanie Klein
Ca. 700 Seiten, Paperback Sonderband (erscheint im Juni '75)

HANNA SEGAL
### Melanie Klein
Eine Einführung in ihr Werk
180 Seiten, Paperback

DANIEL WIDLÖCHER
### Was eine Kinderzeichnung verrät
Methode und Beispiele psychoanalytischer Deutung
244 Seiten, Paperback

D. W. WINNICOTT
### Reifungsprozesse und fördernde Umwelt
(Maturational Processes and Facilitating Environment)
376 Seiten, Paperback

## verlegt bei Kindler